폭력의 예감

BORYOKU NO YOKAN
by Ichiro Tomiyama
© 2002 by Ichiro Tomiyama
Original published in Japan by Iwanami Shoten, Publishers, Tokyo, 2002.
This Korean language edition published in 2009 by Greenbee Publishing Company, Seoul
by arrengement with the proprietor c/o Iwanami Shoten, Publishers, Tokyo.

폭력의 예감

초판1쇄 발행 2009년 3월 20일
초판2쇄 발행 2019년 1월 30일

지은이 도미야마 이치로 • **옮긴이** 손지연, 김우자, 송석원
펴낸이 유재건 • **펴낸곳** (주)그린비출판사 • **주소** 서울시 마포구 와우산로 180, 4층
전화 02-702-2717 • **이메일** editor@greenbee.co.kr • **신고번호** 제2017-000094호

ISBN 978-89-7682-723-4 04910   978-89-7682-972-6 (세트)
이 도서의 국립중앙도서관 출판예정도서목록(CIP)은 서지정보유통지원시스템 홈페이지(http://seoji.nl.go.kr)와
국가자료공동목록시스템(http://www.nl.go.kr/kolisnet)에서 이용하실 수 있습니다.(CIP제어번호: CIP2009000833)

철학이 있는 삶 **그린비출판사** www.greenbee.co.kr

아이아 총서 005

도미야마 이치로 지음

손지연 · 김우자 · 송석원 옮김

폭력의 예감

그린비

서문을 대신하여 ─ 겁쟁이들

높이 들어라 적기(赤旗)를 / 그 그림자에 죽음을 맹세하니

비겁한 자들이여, 갈 테면 가라 / 우리는 적기를 지키리

이 「적기가」(赤旗歌)라는 노래는 「소나무」(Der Tannenbaum)라는 독일 민요에 영어 가사를 붙인 것으로 1920년대에 노동운동가로 세계 각지에서 널리 유행했다고 한다. 나도 학창시절에 윗세대들이 술에 취해 이 노래를 부르던 것을 기억한다. "비겁한 자들이여, 갈 테면 가라"의 원래 영문 표기는 "Though cowards flinch and traitors sneer"로, 문자 그대로 두려움과 비겁이 같은 의미로 병치되고 있다. 그리고 깃발 아래에 죽음을 맹세하고, 그것이 불가능한 겁쟁이를 비겁자로 지탄하는 이 노래를 접하고 기분이 영 좋지 않았다.

죽음과 상처의 아픔을 애써 감추고, 목숨을 건 결기를 예찬하는 일은 혁명이나 해방의 시기에는 흔한 일이다. 혹은 그것은 반(反)혁명이나 파시스트들에게도 똑같이 적용된다. 거기서 두려움은 눌러 참아야 하는 것, 혹은 추방되어야 할 것으로 치부된다. 또 이러한 경향은

역사나 사상(思想)을 말하는 자들에게 오히려 깊이 각인되어 있을지 모른다. 용감한 비전향자는 늘 역사의 주인공으로 떠받들어지고, 겁쟁이는 배신한 전향자로 극복해야 할 역사의 장해물로 자리매김 된다. 이 책에서는 이러한 겁쟁이에 대한 틀에 박힌 평가 이전에 겁쟁이 자신을 우선 중심에 놓고 싶었다. 겁쟁이의 신체에는 상처, 혹은 상처와 관련된 상상력이 흘러넘치는 것은 아닐까? 이 상상력을 확장시키는 것이 바로 역사나 사상을 생각하는 작업이 아닐까 생각한다. 그런 면에서 이하 후유(伊波普猷)는 겁쟁이다.

의사이면서 평론가였던 마쓰다 미치오(松田道雄)는 아시아태평양전쟁에서 일본군으로의 병역을 거부한 사람들의 증언을 읽은 후, 비전향을 관철하는 굳은 의지가 아니라 고통과 죽음에서 어떻게든 벗어나고자 하는 두려움이 바로 병역 거부를 낳았다고 지적했다. 그리고 또한 침략전쟁에 가담하게 된 것도 사실은 이 두려움 때문이라고 기술한다. 병역 거부와 전쟁 참가. 두려움은 역사를 구성하는 어떤 쪽의 세력도 될 수 있는데, 많은 일본국민은 전쟁에 가담하는 쪽으로 기울었다.

그것은 또 아이덴티티와도 관련된 문제일 것이다. ○○으로서 총을 들라고 요구받았을 때, 이 아이덴티티라고 불리는 ○○이라는 명칭은 바꿔 말하면 폭력의 문제이다. 이 ○○에는 여러 가지 명칭이 들어갈 수 있을 것이다. 또한 아이덴티티와 폭력이 얽혀 펼쳐지는 상황에서는 총을 잡을 수 없는, 혹은 사람을 죽일 수 없는 겁쟁이들은 ○○이라는 명확한 아이덴티티의 심연에 몸을 감추고 있거나 그렇지 않으면 ○○의 적으로 간주돼 살해되어 버릴 것이다. 그리고 모든 사람은 겁쟁이의 신체를 갖는다. 이 책은 이와 같은 문제제기에서 시작되었다.

대부분의 경우, 어느 쪽으로 기울지 모르는 겁쟁이에게 강한 비전향의 의사가 중요하다고 여겨져 왔다. 그러나 이 책에서 나는 두려움을 내던지고 죽음의 각오를 맹세하는 것이 아니라, 겁쟁이이기 때문에 상처받을 것을 두려워하고, 사람을 죽이는 것을 두려워하는 것이 바로 사회를 구성해 가는 가능성이라는 점에 무게를 두었다. 오키나와(沖繩)를 대표하는 지식인으로서의 이하의 말은, 오키나와인의 역사도 아니거니와 오키나와학(沖繩學)도 아니다. 나에게는 이러한 도박을 계속해 온 말로서 존재한다. 혹은 내가 기술하는 말에 학문적인 정당성이나 진실성으로 의미를 부여하고자 하는 것이 아니라, 이 도박을 계속해 온 행위 속에서 의미를 확보하고자 했다.

이 책의 후기에서도 언급했지만 이 글은 9·11 이후의 상황이 깊숙이 중첩되어 있다. "자폭 테러"나 "테러와의 전쟁" 등과 같은 공허한 말이 범람하는 가운데 누가 어떤 것에 저항하고, 왜 죽고, 누가 승리했는지, 혹은 누가 적인지, 희생자 수를 나타내는 기호만을 매일 접하면서 거기에서 무엇을 받아들여야 좋을지. 오키나와에서 성장하고, 기지의 존재에 격한 분노를 계속 품으면서 때로는 무장 투쟁의 필요성까지 말하던 한 친구는 9·11 직후에 나하(那覇)를 출발하는 비행기 안에서 갑자기 망상이 엄습했다고 한다. 만약 이 비행기가 납치되어 극동 최대의 미군기지인 가데나(嘉手納) 기지로 돌진한다면, 일본에 있는 미군시설에 대한 공격이 수차례 언급되고 있는 상황에서 그것은 결코 망상만은 아닐 것이다. 만약 그가 비행기와 함께 죽게 된다면, 나는 그 공격으로 인해 발생하게 될 미군의 사자(死者)들을, 기지 주변에 거주하는 주민의 사자들을, 비행기에 탑승한 자들의 죽음을, 그리고 그의 죽음을 어떤 죽음으로 받아들이면 좋을까. 나도 돌진해야 하는 걸까, 아니면…….

지금 필요한 사상은, 매일 보도되는 희생자 수를 대할 때 그 희생자들은 "자폭 테러"라든가 "테러와의 전쟁" 등과 같은 공허한 말로는 절대 해소(解消)되지 않는다는 사실에서 시작되어야 한다고 생각한다. 또한 저항운동에서의 무장 투쟁을 둘러싼 시비(是非)를 남의 일처럼 논의하기에 앞서, 그것이 무장 투쟁에 한발 앞서 다른 미래를 열어 가지 못하는 우리들 자신의 문제이기도 하다는 점을 출발점으로 삼아야 한다. 또 이 한발 앞선다는 것은 이미 일어나 버린 일에 대해서도 소급적으로 제기해야 할 물음이기도 하다. 목숨을 건 투쟁은 도망자나 전향자를 낳을 것이다. 그러나 역사는 결기한 자들에 의해 그려지는 것이 아니라, 도망한 자나 전향한 자로 간주되는 겁쟁이들로부터 탄생하는 것은 아닐까?

그리고 반복하지만, 모든 사람은 겁쟁이다. 거기에서는 결기한 자들이 엿보았던 미래를 결기한 자들의 독점물로 삼는 것이 아니라, 그들의 입장에서 보면 배신자로 간주되는 존재에게서 다시 확보하는 것이 필요할 것이다. 결기라는 힘이 미래를 여는 유토피아의 순간을 만들어 냈다 해도, 그 미래는 겁쟁이의 신체를 매개로 해서 펼쳐져 나가야 한다. 거기에 바로 사상의 역할이 있다고 나는 생각한다. 따라서 도망간 자, 굴복한 자를 평가하려 하지 않는 사상은 그 역할을 망각하고 있는 것이라 할 수 있다. 또 그것은 결기의 힘이 무의미하다는 것은 결코 아니다. 목숨을 건 행동을 포함한 겁쟁이의 연대를 생각하고 싶다.

다시 말하지만 이하 후유는 겁쟁이다. 그리고 그의 사상은 겁쟁이의 사상이기도 하다. 이 책을 간행하고 나서 이하를 둘러싼 새로운 사실이 논쟁을 불러 일으켰다. 1945년 4월 3일과 4일에 『도쿄신문』(東京新聞)에는 이하 후유의 「결전장·오키나와 본도」(決戰場 沖繩本島)라는 제목의 글이 실려 있다. 여기에서 이하는 "바야흐로 황국민(皇國民)이라는 자각에 입각해 전 류큐(琉球)가 결속하여, 적을 격퇴"하라고 주장한다. 이 글에서 역사학자 이사 신이치(伊佐眞一)는 익찬(翼贊) 지식인으로 변모한 전쟁동원의 추진자로서의 이하를 발견했다.[*] 그것은 또한 자유주의자이며 익찬체제에 계속 비판적이었다고 알려진 이하상(像)에 대한 통렬한 비판이기도 했다.

이사의 평가는 옳다고 생각한다. 그러나 그것이 다른 진정한 비전향 사상을 희구해 가고자 한다면, 사상을 생각하는 것이 될 수는 없을 것이다. 사상을 생각한다는 것은 옳은 사상과 옳지 않은 사상을 선별하는 것이 아니라, 무참하게도 익찬 지식인으로 변모한 겁쟁이 이하가 사는 다른 미래를 말로써 어떻게 확보할지를 생각하는 것이다. 즉 겁쟁이가 병역을 거부할지 모르는 가능성을, 희구해야 할 미래로 어떻게 말로 표현할 수 있을까가 중요하다.

이 책이 간행된 이후, '폭력의 예감'이라는 표현에 대해 전형적인 오독이 있음을 알았다. 즉 이 책이 공갈[恫喝]에 굴복하는 일 없이 결기할 것을 주장하고 있다는 것이다. 혹은 "방어태세를 취하다"라는 표현에서는 공갈에 굴복한 자들의 변명이라는 오독도 있었다. 이러한 오독은 목숨을 건 용감한 결기에 최대한의 가치를 두는 사고이다. 그러

---

[*] 伊佐眞一, 『伊波普猷批判序説』, 影書房, 2007.

나 '폭력의 예감'이라는 말로 표현하고자 한 것은, 폭력의 구체적인 작동에 한발 앞서 방어태세를 취하고 있는 겁쟁이들이 만들어 내는 새로운 관계성에 대한 예감이다. 폭력을 감지한 자들이 방어태세를 취하는 그 수동성 자체에 의의가 있다는 것, 즉 "수동성에 잠재력이 항상 깃들어 있다는 것"이야말로 중요하다. 그리고 반복하지만, 그것은 어쩔 수 없이 결기한 자들을 부정하는 것은 결코 아니다.

내가 너무나 좋아하는 펠릭스 가타리(Félix Guattari)는 일찍이 역사학이란 "모든 것이 거꾸로 뒤집어지는 순간을 파악하는 것"이라고 말했다. 그것은 살짝 들여다본 미래를 기존 집단의 점유물로 삼지 않는 것을 의미한다. 바꿔 말하면, 역사적 사건에서 어느 특정한 결기 자들의 의의를 아무리 강조하더라도 "모든 것이 거꾸로 뒤집어지지"는 않는다. 그런 것이 아니라, 투쟁의 의의의 한정성을 나타내는 근거가 될 도망친 자, 전향한 자, 비겁자로 여겨진 겁쟁이들이, 방어태세를 취하는 자들로, 즉 역사의 주인공으로 생성되는 것이 무엇보다도 필요하다. 그때 과거의 역사에서 모든 것이 거꾸로 뒤집어지는 순간이 발견되며, 동시에 아직도 모든 것이 거꾸로 뒤집어지지 않고 있는 지금을 다른 미래의 가능성을 향해 공중에 떠 있게 할 것이다. 역사학이란 이러한 작업이라고 생각한다.

그리고 겁쟁이를 말하는 자 또한 겁쟁이다. 겁쟁이의 신체를 자신이 갖고 있다는 점을 겁쟁이를 언급함으로써 안다고 할 수 있다. 겁쟁이 이하 후유는 내 곁에 있지만 이미 남의 일이 아니다. 거기에서는 논의하는 것 자체가 겁쟁이를 만들어 내는 관계성을 짊어지는 말이다. 또 거꾸로 말하면 그것은 연구든 뭐든 간에 사상에 옳음을 추구하고 그릇됨을 지탄하는 말이 타자를 누르고, 옳음의 자리를 둘러싼 쟁탈전을 만들어 내는 일은 있어도, 겁쟁이를 만들어 내는 일이 전혀 없다는 것이기도 할 것이다. 그렇기 때문에 이 책에서 생각하고자 한 것은 타자를 누르는 것이 아닌 말이 있는 곳을 계속 확보해 가는 것이었다. 타자를 누르고 옳은 것에 부복하지 않는 말이 있는 곳, 생성하는 겁쟁이들을 매개해 가는 말이 있는 곳.

그 말들은 옳은 사상을 보다 광범위하게 유포시키려고 하는 강력한 미디어에 있는 것이 아니라, 계속되는 대면(對面)관계 속에서 이루어지는 토의 공간에서 주고받는 말인지도 모른다. 혹은 이러한 토의 속에서 의미를 갖는 팸플릿과 같은 미디어에 있는지도 모른다. 혹은 그 말들은 탈색된 투명한 연구자의 말이 아니라, 사는 일과 관련된 것인지도 모른다. 산다는 것은 자신이 얼마나 겁쟁이인가를 확인하는 행위일지 모른다. 살기 위해 질서를 받아들인다. 그리고 살기 위해 모든 것을 무효화하지 않으면 안 되는 순간이 찾아온다. 겁쟁이가 사는 데에는 항상 그런 양의적인 가능성이 잠재해 있다. 그리고 말은 여기에서부터 시작된다.

따라서 이 책의 번역이 생각하는 것과 산다는 것을 수행적으로 중첩시켜 다양한 토의 공간을 만들어 가는 일과 연결된다면, 그것은 나에게 무엇보다 기쁜 일이 될 것이다. 이 책을 번역해 준 송석원 교수, 손지연 교수, 김우자 교수께 감사의 마음을 전하고자 한다.

2008년 초가을

도미야마 이치로

::차 례

| 일러두기 |

1 이 책은 도미야마 이치로(冨山一郞)의 『暴力の予感』(岩波書店, 2002)을 완역한 것이다.

2 각주의 대부분은 지은이 주이며, 옮긴이 주의 경우 각주 끝에 '—옮긴이'라고 표기해 지은이 주와 구분했다. 본문의 대괄호([ ])는 독자들의 이해를 돕기 위해 옮긴이가 추가한 부분이다.

3 외국의 인명이나 지명, 그리고 작품명은 〈국립국어원〉에서 2002년에 펴낸 '외래어 표기법'에 근거해 표기했다.

4 단행본·전집·정기간행물 등에는 겹낫표(『 』)를, 논문·단편·기사·노래 등에는 낫표(「 」)를 사용했다.

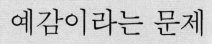

예감이라는 문제

1_앙금

일본어가 그런 건지 좌익운동 용어가 그런 건지는 모르겠으나 우리
는 자신의 사상이나 정치적인 내용을 표현하기 위한 언어 선택에 쓸
데없이 많은 시간과 노력을 허비해야 한다. —오키나와청년동맹[1]

오키나와라고 이름 붙여진 종류의 글을 읽거나 나 자신이 오키나와에
대해 기술할 때마다 내 안에는 위화감이 팽배해진다. 이 위화감은 때
로는 가시처럼 아프게 기술하는 행위를 멈추게 하는 고통을 안겨 주기
도 했고, 때로는 새로운 사유로 비약하는 기점이 되기도 했다. 기술이
라는 언어행위에서 오키나와라는 말을 꺼낼 때마다 그 말이 어떤 종류
의 이해 구조 안으로 흡수되어 그 틀을 추인하고 갱신하기 위한 영양
소로 변화되는 것을 느낀다. 이러한 이해 구조가 전제가 되는 한 해결
될 것 같지 않은 과제가 몸 안에 앙금처럼 쌓여 갔다.[2]

---

1) 沖縄青年同盟 編, 『沖縄解放への道』, ニライ社, 1972, p. 93.
2) '앙금'이란 표현은 니하라 미치노부(新原道信)와의 대화에서 차용한 것이다.

그것은 자신이 발화한 언어이지만 빌려 온 것에 불과하며, 자신의 언어행위가 견고하게 구축된 오키나와라는 용어의 틀 속에서 허우적거리는 것에 지나지 않는다는 것을 점차 알아가는 과정이며, 박탈감을 수반하는 과정이다. 때문에 이 앙금은 이러한 과정을 가리키고 있다고도 할 수 있다. 또한 이 과정은 언어가 자신의 도구가 될 수 없다는 사실을 뼈저리게 느끼게 해온 무참한 흔적이기도 하다.

그러나 동시에 그것은 언어가 사용하기 편한 도구로는 환원되지 않는 어떤 무게를 지니게 되는 과정이기도 하다. 언어가 자신의 자유로운 도구가 될 수 없다는 불편함은 실제로 표현을 담당하는 주체가 언어를 구사한다고 믿었던 내가 아니라 언어 쪽일지도 모른다는 데에서 비롯된다. 더 나아가 그것은 내가 아닌 다른 사람들이 사용한 말에 대해서도 독자라는 이름으로 언어의 무게를 읽어 가는 것이며, 이를 통해 표현을 담당하는 기술자(記述者)로서의 임무가 언어로부터 나에게 주어지는 것이기도 하다.

내게 있어서는 앞으로 자주 등장하게 될 이하 후유나 파농(Frantz Omar Fanon)의 언어가 그러하다. 그들의 언어는 매우 자유스럽지 못했으며 언어가 이하와 파농의 몸 안에 앙금을 계속 남겨 왔다는 사실을 알게 되었다. 이와 동시에 나는 내 몸 안에도 그러한 앙금이 쌓여 있음을 발견했다. 그것은 무참한 흔적의 발견임과 동시에 그들의 언어의 무게를 통해 기술을 하기 위한 기본적인 자세를 내게 준비시켰다고도 할 수 있다.

서장은 지금까지 써 온 글들을 되돌아보고 그 글들을 한 권의 책으로 엮어 내기 위해 요약하는 대신, 그 안에 직접적으로 표현하지 않

왔던 내용을 조금이라도 부각시킴으로써 이미 생성된 언어에 새로운 의미를 갖도록 하는 예비 작업으로 삼고자 한다.[3] 그런데 다시 말하지만 그것은 내 임무라기보다는 언어로부터 주어진 임무다. 내 소유물이라고 생각해 왔던 언어가 실은 빌려 온 것임을 알게 되고, 빌려 온 말을 계속적으로 사용하는 가운데 쌓여 왔던 앙금을 꺼내려고 하는 작업은 이미 내 점유물이 아닌 언어에 다시 관여하려고 한다는 점에서 '나'와 언어 사이의 승부는 이미 끝났다고 볼 수 있다. 따라서 만약 기술하는 데 있어서 '나'라는 표현을 사용하고자 한다면 결코 내 것이 될 수 없는 내 언어에 다시 관여할 때에만 가능할 것이다.

서장에서는 내가 지금까지 오키나와에 관련된 기술을 하면서 쌓아 왔던 앙금을 식민주의와 자본주의라는 이미 설정된 두 영역에 따라 언급해 가고자 한다. 이에 앞서 지적해 두고 싶은 것은 이 두 영역은 결코 오성적(悟性的)으로 설정된 것이 아니며 그 하나하나와 관련된 이론적 전개를 지향하는 것도 아니라는 점이다. 이것은 내 안의 앙금을 언어에 가깝게 하기 위한 임시적인 정리에 지나지 않는다.

1. 식민주의

나는 오키나와를 정면에서 논의할 수 없는 식민주의 기술은 받아들일 수 없다. 그리고 식민주의를 문제화할 수 없는 오키나와 연구 역시 거

---

3) 여기서는 각 장의 문제설정과 방법론은 다루지 않겠다. 이와 같은 개별적인 문제설정을 통괄하는 이론 개진이 서장의 목적이 아니기 때문이다.

부해야 한다고 생각한다. 오키나와 식민주의를 둘러싼 이 두 가지의 위화감은 지금부터 전개하려고 하는 논의의 통주저음(通奏低音)으로 계속 존재할 것이다.

물론 그렇다면 식민주의란 무엇인지를 정의하라는 물음이 곧 되돌아올 것이다. 그러나 연구 대상을 먼저 정의하고 분석에 들어가기 전에 식민주의를 둘러싼 논의 속에서 무엇을 사고(思考)하지 않았는가 하는 점을 명확하게 해두고자 한다. 예를 들자면 식민주의를 둘러싼 논의 속에서 왜 오키나와에 대한 사고를 하지 못했으며, 또 오키나와를 둘러싼 논의 속에서 왜 식민주의를 문제화하지 못했는가에 대한 문맥의 환원불가능성에 끼인 위치야말로 나에게는 중요한 것이기 때문이다.

따라서 내가 지금부터 논의하고자 하는 것은 오키나와 역시 식민지라는 말로는 수렴되지 않는다는 사실이다. 식민주의라는 개념을 지리적 영역인 오키나와에 적용하고 분석하는 것이 목적은 아니다. 그렇게 되면 오키나와는 다른 식민지들과 나란히 놓이게 되고, 상하관계 속에서 서열화되고 비교되면서 공통성이나 이질성으로 표현되기 쉽다. 여기서 우선 살펴보고 싶은 것은 보편적인 식민주의의 부분집합을 이루는 지리적 영역이다. 이것은 또 누가 이 전체집합을 설정하는가에 대한 물음이기도 하다.

다시 말해서 식민주의란 무엇인가라는 물음은 경제, 정치, 사회, 문화 그 어떤 문맥을 문제 삼든 간에 먼저 어디가 식민지인가라는 지리적 공간의 문제로 치환되고, 이어서 이 지리적 공간이 이미 설정된 보편적인 식민주의를 체현하는 방법으로 정의되고 분석되며 이해되어 왔다. 수사학적으로 말하면 거기에는 종(種)으로 류(類)를 가리키는 제유(提喩)적 관계가 존재하며, 그러한 부분과 보편적 전체의 예정조화적인 관계를 전제로 보편을 말하면서 부분을 명명(命名)하는 초연(超然)한 분석자가 등장하게 된다. 물론 이러한 지리적 공간을 복잡하게 하거나 상호 관련성을 문제 삼을 수는 있겠지만, 여기에서 주목하고 싶은 것은 식민주의를 정의할 때 이루어지는 일련의 작업에 있어서의 지리적 공간으로의 치환 그 자체이다. 또, 이러한 치환은 학계에서 말하는 인식의 문제에 그치는 것은 아니다. 이에 대해서는 나중에 다시 검토하겠지만 굳이 말하자면 이것은 자본주의의 영토 문제와 관련된다.

'어디가 식민주의 지배를 받은 곳인가?', '어디가 식민주의 지배를 받고 있는가?'라는 식의 문제설정이 식민주의 연구와 그 연구자들을 이끌어 간다. 그리고 이 문제설정에는 설령 명시되어 있지 않더라도 '어디가 식민주의의 영향을 받지 않았는가?', '어디가 식민주의(식민지배)로부터 벗어났는가?'라는 식의 질문을 항상 동반한다. 바꿔 말하면 식민주의를 지리적으로 확정하는 것은 식민주의 혹은 탈식민주의 분석을 가능케 하는 정지(整地) 작업인 것이다. 그리고 이 과정에서 오키나와는 정지되지 않은 빈터로 남겨지게 된다.

또, 이처럼 식민주의의 지리적 한정을 통해 생겨나는 명쾌함은 역사적 기술과 관련된 문제이기도 하다. 예컨대, 이케다 히로시(池田浩士)는 언어에 대한 예리한 사고를 바탕으로 일본 식민주의와 관련된 '침략'이라는 말을 이렇게 표현한다.

예컨대 '침략'이라는 말도 개념도 존재하지 않으며 살육이나 수탈, 유린도 '진출'이라는 깃발 아래 정의의 한 부분이 된 현실만을 현실로 받아들이며 살아 왔던 사람들을 바로 내 이웃으로서, 나로서 지금 현실에서 적나라하게 드러내는 곤란함이, 걸핏하면 침략을 '침략'이라고 말하는 지점에서 우리를 멈추게 한다.[4]

'살육', '수탈', '유린'인 침략을 '진출'로서 살아 왔다는 것. 이것이 모든 것의 출발점이다. 또 침략을 사고하는 것이란 '진출'로서의 현실을 살아 왔다는 것에서 시작할 수밖에 없다. 그리고 이케다의 이 응축된 문장이 표명하는 것은 침략을 사고하는 것과 침략을 '침략'이라고 명명하는 것의 결정적인 차이다. 전자의 어려운 상황은 후자에 의해 멈춘다. 식민주의의 지리적인 대상화와 함께 '어디어디로의 침략'이라고 말해 버릴 때 생겨나는 명쾌함, 바꿔 말해서 침략이 '침략'으로 치환됨으로써 쉽게 이해되어지는 것은 침략에 대한 사고를 멈추게 한다. 때문에 '진출'을 단지 반복하는 것이 아니며 그렇다고 '침략'이라고 바꿔 명명하는 것도 아닌 '진출'을 출발점으로 해서 침략을 사고할 필요가 있다. 또 '침략'이라는 단어가 주는 명쾌함은 단지 지리적 한정을 통해서만 생겨나는 것은 아니다. 이케다가 표현한 '곤란함'이란 '진출'이 '지금 현실에서 적나라하게 드러나는 곤란함'인 것이다. 따라서 이 곤란함을 멈추게 하는 것은 '진출'을 지금 드러내는 것이 아니라, 과거의 경험으로 고착시키는 것에 지나지 않는다. '침략'이란 표현

---

4) 池田浩士, 『『海外進出文学』論序説』, インパクト出版会, 1997, p. 388.

에서 느껴지는 명쾌함은 침략을 역사적으로 한정시키는 것으로도 생겨날 수 있다.

이 역사적인 한정으로 인해 '지금의 현실'에 여전히 존재하는 아직 사고되지 않은 침략은 분석 대상으로서의 과거의 '침략'으로 치환된다. 이와 동시에 침략을 사고하지 않는 현재가 등장하고, 그 현재를 사는 자들이 과거의 '침략'을 연구하게 된다. 이렇게 해서 침략을 사고하는 것은 역사적으로 한정된 '침략'을 식민주의 문제로 보는 연구로 치환되며 결과적으로 곤란함은 멈춰지게 된다. 다시 말해서 침략을 사고하지 않은 '진출'이 여전히 계속되고 있는 것이다.

'식민주의 지배를 받은 시기는 언제인가?'라는 문제설정이 식민주의 연구와 그 연구들을 이끌어 간다. 이 문제설정은 설령 명시적으로 언급되어 있지 않더라도 '식민지 지배로부터 벗어난 시기는 언제인가?'라는 질문을 항상 수반한다. 바꿔 말하면 식민주의를 시기에 따라 구분하는 역사로 확정하는 것은 식민주의 혹은 탈식민주의의 분석을 가능케 하는 토대인 것이다. 그리고 이 토대를 만들어 가는 작업 속에서 오키나와는 다시 정지되지 않고 남겨진 공터가 된다. 그러나 나중에 논의하는 바와 같이 오키나와라는 공터는 단순히 남겨진 공백이 아니다. 그 공백에는 보신(保身)을 통해 부동의 위치를 점유해 가는 기술자(記述者)와 거기에서 생산되는 기술을 온몸으로 거부하는 자들이 존재한다.

오키나와라고 이름 붙여진 영역이 추구하는 기술이란, 움직이기 어려운 전체(全體)로서의 식민주의를 전제로 하며, 그 전제와 전제를 담당하는 연구자가 부동의 위치를 확보하면서 전체를 지리적 지역과 시기적 구분에 따라 제유[5]로 표현하는 식민주의 연구와는 다르다. 즉, 지리적 혹은 시기적인 구분으로는 정리되지 않는 사태가 일단은 오키나와라고 명명되고 언어화되는 것이다. 이것은 오키나와가 환유[6]와 남유[7]의 수사학으로 표현되는 이들 영역을 향해, 식민주의라는 전칭명제 (全稱命題)에 저항하거나 혹은 교섭하면서 수행되는 기술의 필요성을 알려 준다.[8] 앙금이 추구하는 기술이란 바로 이런 것이다.

식민주의라는 전칭명제와 관련해서 축적된 앙금에 대해 좀더 언급해 보도록 하자. 예컨대 오키나와 전투에서의 전장(戰場)과 그곳에 이르는 도정(道程)에 대해 오키나와와 조선은 어떤 문제계로 표현되어야 할까? 이 질문은 오키나와의 식민주의를 어떻게 설정할 것인가 하는 문제와도 직결될 것이다.

미 제국주의가 베트남에 군사력을 개입하면서 오키나와는 그 출

---

5) 제유(提喩, synecdoche)란 유(類)와 종(種)의 관계를 바탕으로 하는 것으로 전체로 부분을, 또 부분으로 전체를 표현하는 수사법. 제유에는 일반화와 특수화가 있으며, 일반화는 대상을 일괄하는 것이고, 특수화는 예를 드는 것이라고 할 수 있다.—옮긴이

6) 환유(換喩, metonymy)란 두 가지 사물의 근접성을 이용하는 수사법. 구체적으로는 전체를 가지고 부분을 나타내는 방법, 용기로 내용을 나타내는 방법, 산지로 산물을 나타내는 방법, 주제로 장소를 나타내는 방법, 원인으로 결과를 나타내는 방법, 주체로 속성이나 특징을 나타내는 방법, 사람으로 물건이나 작품을 나타내는 방법 등이 있다.—옮긴이

7) 남유(濫喩, catachresis)는 말을 빌려오는 수사법. 어떤 대상을 표현하는 데 적당한 말이 없을 경우 이것을 보완하기 위해, 또한 일반적인 언어표현으로 충족시킬 수 없는 틈을 채우기 위해 그 모양에 유사한 양상을 나타내는 표현을 사용한다. 이 방법은 말의 수가 한정되어 있는데도 표현하고 싶은 것이 무한하게 있다는 상황에서 생긴다. 예컨대, 책상의 '다리'를 나타내는 고유한 말이 없다고 가정할 때 원래 인간이나 동물에 대해 사용되는 '다리'라는 말을 가져와서 가구인 책상의 '다리'로 사용한다. 그렇게 하면서 원래 잘못이었던 말이 말로 통용되게 된다.—옮긴이

8) 전칭명제란 용어는 나가하라 유타카(長原豊)의 다음 논고에서 참고했다. 長原豊,「全稱命題に抗して」,『aala』, 100号, 1995/III冬.

격기지가 되었다. 베트남에서 들려오는 오키나와에 대한 평판, '악마의 섬'. 이 소리를 들은 어떤 사람은 자신이 경험한 것은 아닌 오키나와 전투를 떠올리면서 이렇게 말한다.

전장화(戰場化)를 강요하는 자가 없었다면 나는 오키나와 전투에 관여하지 않았을 것이다. 그런데 분명 오키나와인을 살해한 일본인이 있다. 오키나와인을 살해한 오키나와인이 있으며, 조선인을 살해한 오키나와인이 있다. 그리고 오키나와인은 바로 나다. 내가 일본인에게 살해당하고, 오키나와인을 살해하고 조선인을 살해했던 것이다.[9]

전장화를 강요한 자는 조선인을 살해한 '나'를 한패로 끌어넣으려고 할 것이다.[10] 그 책략은 한패가 되지 않으면 피식민자로 간주해 죽인다는 공갈이기도 하다. 또, 양심적인 자는 공터에 살고 있는 '나'를 식민지에 사는 피식민자 일반에 섞어 놓으려 할 것이다. 그러나 오키나와인을 살해하고 조선인을 살해한 '나'를 반(反)제국주의의 양심에 기반한 식민지배의 조감도 안으로 끌어들여서는 안 된다. 이 조감도 안의 식민지의 병치와 진열에는 '내'가 조선인을 살해했다는 사실에 대한 식민자의 무책임한 사고의 정지가 역시 존재한다. 혹은 이 사고의 정지는 전장을 강요한 자들이 오키나와인인 '내'가 오키나와인을 살해한 전장으로부터 양심이라는 청정한 안전지대로 사라져 가는

---

9) 野村浩也,「日本人へのこだわり」,『インパクション』, 103号, 1997, p. 40.

10) 이에 관해서는 인용문의 저자 노무라가 논한 바 있다. 野村浩也,「日本人と共犯化の政治—「沖縄人も加害者だ」という言明をめぐって」,『広島修大論集』, 42巻 1号, 2001.

보신(保身)이기도 할 것이다. 그리고 '나'에게 전장에 머무를 것을 강요한다. 정지되지 않는 공터인 오키나와를 식민지 혹은 비(非)식민지의 제유로 재설정하여 더할 나위 없이 소중한 하나의 '나'에게서 필요한 부위만을 떼어 내어 보신을 위해 의미를 부여하고자 하는 방식을 나는 거부한다.

오키나와 구시(久志)촌 출신 여성과 결혼한 부산 출신 구중회(具仲會)는 다니가와 노보루(谷川昇)라는 이름으로 구메지마(久米島)에서 행상을 하고 있었다. 1945년 8월 20일 밤 구메지마에 주둔하고 있던 가시마(鹿島) 부대는 그의 일가를 습격하여 가족 모두를 '스파이'로 지목해서 학살했다. 이 학살 현장에는 섬 주민들도 있었다. 이 일가의 유골은 1977년에 부산으로 귀환했다.[11] 이 오키나와 전투 당시의 구메지마 학살사건은 오키나와인도 가해자라거나 오키나와도 조선도 식민지 지배를 받았다는 식의 단순한 말로 표현해서는 안 된다. 이 사건은 오키나와 소학교에서 있었던 교사의 다음과 같은 발언과 함께 생각해 봐야 한다.

관동대지진 당시 표준어를 말하지 못한다는 이유로 많은 조선인이 살해되었다. 너희들도 자칫 오인되어 살해당하는 일이 없도록.[12]

---

11) 이 학살사건에 관해서는 이미 많은 논의가 나와 있다. 『沖縄県史 10』, 沖縄県, 1975, pp. 810~4; 大島幸夫, 『沖縄の日本軍』, 新泉社, 1975; 福地曠昭, 『哀号 朝鮮人の沖縄戦』, 月刊沖縄社, 1986.
12) 沖縄勞克組合協議会, 『日本軍を告発する』, 1972, p. 69.

"오인되어 살해당하는 일이 없도록"이라는 교사의 발언을 곧 식민지배의 계층구조라든가 오키나와의 일본으로의 동화라든가, 아니면 오키나와나 조선이나 같은 식민지였다는 식의 난폭한 유형론으로 도출해서는 안 된다. 오히려 이 발언에서는 살해당할지도 모른다는 절박감, 그리고 언어행위를 통해서 폭력에서 벗어나고자 하는 극한의 기대감이 무엇보다도 먼저 감지되지 않으면 안 된다. 무장이라는 면에서 압도적으로 불리한 상황에서 이루어지는 언어행위에서는 지배구조의 정리된 배치도가 아니라, 폭력에 대치하는 말이 지니는 가능성의 임계를 먼저 발견해야 한다. 그리고 이 말에 거는 기대는 바로 옆에서 이미 폭력이 행사되고 있음을 항상 암시하고 있다. '오인되지 않도록'이라는 말은 살해당한 자 바로 옆에 있는 자의 목소리인 것이다. 그리고 이 말이 암시하는 폭력은 옆에서 이루어지고 있지만 이미 남의 일이 아닌 것이다.

살해당한 시체 옆에 있는 자는 그 다음 순간에 공범자가 되어 살해하는 자 쪽에 서게 될지도 모른다. 그러나 거기에는 살해당할지도 모른다는 절박감을 회로로 하여 살해당하는 쪽과의 일체화가 늘 존재한다. 혹은 시체 옆에 있는 자는 그와 마찬가지로 살해당하게 될지도 모른다. 그러나 옆에 있는 한, 아직 시체는 아니다. 그리고 시체 옆에서 이루어지는 이러한 언어행위의 임계로부터 발견해 내야 할 것은 폭력에 저항할 어떤 절박한 가능성이다. 그것도 말로서 말이다.

내가 『전장의 기억』(戰場の記憶, 1995)에서 고찰하고 싶었던 것은 '기억의 역사학'이나 '역사를 이야기하는 방식' 등과 같은 그럴듯한 아카데믹한 테마가 아니다. 단도직입적으로 말해서 군사적 폭력에 저

항할 가능성이었다. 그리고 그것은 시기적으로 한정된 과거의 가능성이나 공간적으로 한정된 전장에서의 가능성이 아닌, 일상세계가 전장으로 조직되는 세계에 있어서의 반군투쟁의 가능성이다. 여기서 말하는 세계는 우리가 거주하는 세계를 뜻하며, 여기서 말하는 가능성이란 우리가 살아남을 가능성을 의미한다. 또 기억이란 이 가능성을 말로 사고하려고 할 때 개입해야 할 상황으로 통하는 회로일 뿐, 그것 자체가 가능성인 것은 아니다.

앞서 말했듯이 오키나와를 유형론적인 제국의 계층구조 속에서 이해하는 것 또한 이 가능성을 계산된 억압의 정도로 치환해 버리는 것이다. 폭력에 저항하는 가능성을 과거의 식민지라는 관찰된 타자에게 떠넘기거나 계산된 억압의 정도로 표현할 것이 아니라, 현재 자신이 살아가고 있는 평범한 일상에서 표현하는 것이 필요하다. 왜냐하면 군사적 폭력은 점점 더 이 세계를 위압하고, 일상을 구성하는 힘으로 군림해 가고 있기 때문이다. 전장을 일상에서 분리하거나 식민지 지배를 타자의 문제로 이해해 버리는 방식은 아무리 그것이 양심적 심성을 바탕으로 한다고 해도 거부해야 한다고 생각한다.

바로 그렇기 때문에 살해당한 시체 옆에 있는 자가 획득해야 할 폭력에 대한 저항의 가능성은 기술(記述)이라는 작업을 통해 제시되어야 한다. 그리고 대부분의 사람들은 시체 옆에 있다. 사람들은 시체와 일체화될 수도, 시체로부터 도망칠 수도 없다. 이런 의미에서 세계는 언제나 가능태(可能態)이기도 하다. 우리의 언어행위를 둘러싼 기본적인 상황이란 이러한 세계일 터이다. 그리고 시체는 말하지 않는다. 이 저주받은 세계에서 주의 깊게 말을 엮어 내고 폭력에 저항할 가능성을 우리의 가능성으로 사고하는 것은, 그것이 누구의 말이든 간에 말과 만날 수 있는 자들이 이루어 내야 한다.

다카하시 가즈미[13](高橋和巳)의 작품 중에 「사자(死者)의 시야에 있는 것」이라는 짧은 글이 있다. 학생 시절 읽은 글인데도 아직도 생생하게 기억하고 있다. 이 에세이는 1960년대에서 1970년대에 걸쳐 경찰 권력에 의해 살해당한 사람들의 이야기를 묶은 평론집의 서장으로, 여기에는 숨이 끊어진 시체의 망막에 최후의 영상이 계속 남는다는 우화(寓話)가 등장한다.[14] 시체는 말하지 않는다. 단지 볼 뿐이다. 그 죽음의 순간에 본 영상을 망막에 새겨 넣은 채 시체는 계속 존재한다. 그리고 그 망막에 새겨진 영상에 등장하는 자는 비록 시체 옆에 있기는 하지만 아직 시체는 아니다.

총살을 기다리는 사람들의 대열에서 이미 총을 맞은 자가 그 죽음의 순간에 다음 순서를 기다리는 사람의 옆얼굴을 자신의 망막에 포착했다고 하더라도 그것은 아직 시체의 얼굴은 아니다. 또한 그 옆얼굴은 죽음이 예정되고 죽을 운명을 피할 수 없는 자의 얼굴도, 그렇다고 총살로부터 완전히 자유로운 밝은 얼굴도 아니다. 그리고 폭력에 저항할 가능성에 대해 사고하고자 한다면 사자의 망막에 포착된 바로 곁에 있는 자의 옆얼굴에서 시작해야 한다. 시체 곁에 있는 자는 언제나 응시되고 있으며, 응시되고 있다는 것은 다음 총살을 기다리는 사람의

---

13) 高橋和巳(1931~1971). 소설가·중국문학자. 오사카(大阪) 출생. 교토(京都)대학에서 중국문학 전공. 일본 전후문학의 영향을 받아, 지식인의 운명과 책임, 윤리문제에 천착한 작품을 집필했다. 주요 작품으로는, 『悲の器』(1962), 『散華』(1963), 『邪宗門』(1965~66), 『わが解体』(1969) 등이 있다.
14) 高橋克巳 編, 『明日への葬列』, 合同出版, 1970.

운명이 아직 끝난 것이 아님을 의미한다. 그리고 그 옆얼굴은 기술자 자신의 얼굴이기도 하다.[15)]

'어디가 식민지인가? 언제가 식민지 통치기인가?' 라는 물음으로 시작되는 식민주의 분석에서 놓치고 있는 것은 시체의 망막에 새겨져 있는 이 기술자 자신의 옆얼굴이다. 또 시체의 망막에 자신의 얼굴이 새겨져 있음을 놓친 자가 행하는 기술이 말의 밖으로 버려져 사라져 가는 것은 압도적인 약세의 위치, 바꿔 말해서 죽음 곁에서 표현되어야 할 폭력에 저항하는 가능성이다. 그리고 이렇게 시각적 우화로 표현되는 가능성을 말로 어떻게 기술할 것인가 하는 물음은 다음에서 논의하는 예감이라는 지각(知覺)의 문제와 직결된다.

---

15) 다음 글에는 루쉰이 말하는 희망이 기술자의 얼굴에 남아 있다. 『신청년』(新靑年)의 편집자가 루쉰을 찾아와 글을 한 편 써 달라고 부탁하자 루쉰은 이렇게 대답한다. "만약 강철로 된 방이 있다고 합시다. 창문 하나 없고 절대 부술 수도 없는 방 말이오. 안에는 많은 사람들이 깊은 잠에 빠져 있소. 곧 질식사하겠지만 혼수상태에서 죽음으로 가는 것이니 죽음의 비애를 느끼진 않을 것이오. 큰 소리로 아직 조금이나마 의식이 남아 있는 사람들을 깨운다고 해도 어차피 이 불행한 사람들에게 아무런 도움도 되지 못하고 임종의 고통만 안겨 주게 되니 이 또한 가엾지 않겠소?" 이에 편집자는 다음과 같이 답한다. "하지만 몇 사람이라도 깨어난다면 강철로 된 방을 부술 수 있는 희망이 전혀 없다고 할 수 없지 않겠습니까?" 이에 루쉰은 이렇게 말한다. "그렇소. 내겐 나름의 확신은 있지만 희망이란 말에 다다르면 이것은 말살할 수가 없소. 왜냐하면 희망은 미래이기 때문에 절대로 있을 수 없다는 나의 증거로는 있을 수 있다는 그의 주장을 논파하기란 불가능하오. 그래서 결국 나는 글을 써 주기로 승낙했소." 루쉰과 편집자의 첫 대화에 등장하는 역학적으로 계산된 가능성으로서의 희망과, 루쉰이 기술한 희망은 서로 다른 것이다. 루쉰은 역학적 계산을 바탕으로 한 가능성의 예측이라는 점에서는 여전히 부정적이었다. 그러나 그럼에도 불구하고 희망은 있다. 글을 씀으로써. 鲁迅, 『阿Q正伝・狂人日記』, 竹内好 訳, 岩波文庫, 1955, pp. 12~3.

2. 자본주의

폭력에 저항할 가능성에 대한 문제를 다루기 전에 내 안에 존재하는 앙금에 대해 언급해 두고 싶다. 그것은 자본주의라는 용어와 관련된다. 지리적으로, 또 역사적으로 한정된 자신을 문제화하는 식민주의 기술을 목표로 할 때, 거기에는 식민주의를 자본주의 혹은 제국주의의 역사로 일관되게 기술한다는 입장이 존재할 것이다. 예컨대 나 역시 이렇게 말한 적이 있다.

> 이 책의 결론은 단순하다. 여기서 그리고 있는 것은 '오키나와인'이라든가 '일본인'이라는 담론과는 모순되지만 근대사회 전체를 포괄하는 '전체적'(全體的)인 인간상이다.[16]

인용문에서 말하는 '전체적' 인간이란 노동력으로 자본주의적 재생산에 참가하는 인간을 의미한다. 즉 이 말은 사르트르의 『『레 탕 모데른』(Les temps modernes) 창간사』에 나오는 '전적 인간'(全的人間, homme total)에서 인용한 것이다.

그런데 인간은 나무나 돌멩이처럼 존재하는 사물이 아니다. 인간은 스스로를 노동자로 자리매김해야 한다. 자신의 계급, 자신의 임금, 자신의 일의 특성에 의해 전적으로 조건지어지고, 자신의 감정마저, 자

---

16) 冨山一郞, 『近代日本社會と 沖繩人』, 日本経済評論社, 1990, p. 307.

신의 사상마저도 조건지어진 것이면서도 자신이 처한 조건의 의미와 동료들이 처한 조건의 의미를 결정하는 것도 그 자신이다. …… 이리하여 그는 한편으로는 프롤레타리아에게 의미를 부여하며, 스스로를 노동자로, 또 동시에 인간으로 선택한다. 이것이 우리들이 생각하는 인간, 즉 전적 인간이다. 전적으로 구속되어 있는, 그러나 전적으로 자유로운 인간.[17]

무엇보다 먼저 스스로를 노동자로 자리매김하는 사태 자체를 비판적으로 검토해야 한다. 또 근대사회가 본래적으로 자본주의 사회인 이상 식민주의와 관련되는 기술을 고찰할 때 그것이 일관되게 자본의 재생산이었다는 사실을 문제 삼아야 한다. 그러나 스스로를 노동력의 판매자로 자리매김하기 위해 계속 힘들게 발버둥치는 과정을 '전적인 간'이라고 일괄해 표현할 수밖에 없는 것일까? 예컨대, 이 '전적'이라는 표현에 '그럼에도 전적으로 자유로운 인간'이라는 변증법적 해석을 더한다고 해도, '전적'이라는 이름으로, 움직이기 어려운 전제로서의 자본주의를 추인하는 위험성이 명백하게 존재하는 것은 아닐까? 이 자본주의라는 전칭명제도 제유를 담당하는 부분으로 오키나와를 설정할 수는 없다.

자본의 축적운동에서는 한편으로는 시민에게 가탁(假託)된 계약적 합의에 의해 상품 처분권으로서의 노동과정에서의 명령·지휘권이

---

17) Jean-Paul Sartre, Situation II, Gallimard, 1948. 加藤周一·白井健三郎·伊吹武彦·白井浩司 訳, 『シチュアシオン II』, 人文書院, 1964, pp. 20~1.

형식적으로 조정되고, 다른 한편으로는 합의 없이 이루어진 강제성이 그 얼굴을 명확하게 드러내고 있다. 자본에 의한 노동력의 포섭은 거칠게 말해서 분명히 이 두 가지 노동력의 유형을 만들어 가는 것으로 볼 수 있으며, 노동력의 유형으로 식민주의를 설정할 때 후자의 경우가 식민주의와 겹치게 된다. 이에 따라 노동력은 자본주의의 순수 부분(노동력 상품=계약적 합의)과 그 나머지(=강제)라는 계층화된 범주로 분류된다. 그것은 식민주의가 언제나 별도의 생산양식의 문제, 곧 순수한 자본주의(=시민사회)의 타자로서 발견되어 왔다는 의미이기도 하다.[18]

오키나와에서 나고 자란 이들을 노동력으로 자본에 포섭할 때, 대부분의 경우는 이른바 강제성을 띠고 있지 않으며 계약적 합의에 기반하고 있다. 노동에서 계약적 합의를 자유로운 임금노동으로, 강제를 식민지 노동으로 설정하는 한, 오키나와와 관련된 자본주의의 전개는 자유로운 노동의 범주로 포섭되는 과정으로 논의될 것이다. 그렇지 않으면 거꾸로 오키나와에 있어서의 식민주의 검토는 자유의 대척점에 있는 강제노동의 사례를 수집하는 식이 되어, 결과적으로 오키나와에 있어서의 자본주의의 전개는 이 두 가지 방향으로 나뉘어 논의된다.

---

18) 이 문제는 스피박의 '아시아적 생산양식'에 대한 논의와 밀접한 관련이 있다. "아시아적 생산양식은 타자의 이론화에 대한 근거를 확실하게 제시하고 있다" Gayatri Spivak, A Critique of Postcolonial Reason: Toward a History of the Vanishing Present, Harvard University Press, 1999, p. 72. 인용문의 번역은 이 책 제1장 제3절을 번역한 長原豊의「ポストコロニアル理性批判」(『現代思想』 27巻 12号, 1999)을 참조했다. 이 점에 관해서는 植村邦彦,「マルクスにおける「世界史」の可能性」(『現代思想』 27巻 12号, 1999)을 참고하기 바란다. 이 논문은 植村邦彦, 『マルクスを読む』(青土社, 2001)에도 수록되어 있다.

이러한 노동 범주를 둘러싼 식민주의 문제는 1920년대 및 1930년대 노동시장에서의 오키나와 출신자의 위치와도 관련된다. 오키나와 출신자의 노동시장 포섭에 대한 논의에서 어떤 사람은 조선인 노동자와의 유사성을 지적하여 식민지 노동이라는 범주 속으로 문제를 흡수하려고 하며, 또 어떤 사람은 국내 농촌 노동력과의 공통성을 지적하여 강제성을 띤 식민지 노동과의 차이를 발견하려고 한다. 분명 오키나와 출신자가 노동시장으로 포섭되는 양상은 이 두 개의 범주 사이에서 야누스처럼 요동하는 것처럼 보인다. 일전에 내가 '오키나와적 노동시장'이라고 표현했던 것은 이 명확하게 분할할 수 없는 영역을 우선 편의적으로 드러내 보이고 싶었기 때문이다.[19]

오키나와라고 이름 붙여진 영역과 관련된 자본주의 기술은 강제된 노동/자유로운 노동이라는 제유와 관련된 용어의 사용으로 절취되고 분리되며 무시되어져 왔다. 그러나 오키나와로부터 유출된 많은 노동력이 아무리 계약과 합의를 통해 노동과정에 포섭되었다고 하더라도 결과적으로는 어떤 범주의 노동과정으로 완전히 포섭되는 노동력 또한 존재하지 않는다. 노동시장으로 포섭된다는 것은 노동력으로서의 신체가 상품화로 인해 끊임없이 쪼개어지는 과정으로서만 존재하며, 이미 예정된 혹은 사후적으로 설정된 노동력 범주로 표현되는 것은 아니다. '오키나와적 노동시장'이라는 세련되지 않은 표현을 사용한 이유는 이러한 과정으로서의 노동력 상품화 문제를 설정하고 싶었기 때문이다.

---

19) 富山一郎, 『近代日本社会と '沖縄人'』 중에서 특히 제2장과 제3장 참조.

노동력이 상품으로 교환되는 것은 고용계약에서의 계약적 합의의 순간은 아니다. 바꿔 말해서 노동과정에서 지휘 및 명령(처분권 이행)에 대응하는 규율은 노동과정뿐만 아니라 공장 밖 혹은 고용계약 이전 영역에서의 끊임없는 교섭의 산물이다.[20] 끊임없는 교섭 속에서 사람들은 노동력을 계속해서 팔아넘기게 되고, 이런 교섭 과정을 사르트르가 말했던 것처럼 '전적'으로 묶여 있다고 단언하는 것도, '전적'으로 자유롭다고 정의하는 것도 적절하지 않다. 노동력이 시장으로 포섭되는 것은 계약 이전에 선취되며, 계약 이후에도 계속해서 저지된다. 이러한 과정에서 자신을 노동력으로 제시하는 행위가 우선 논의의 시발점으로 설정되어야 한다. 이 설정을 '노동력으로서의 경험'이라고 해두자. 그 구체적인 고찰은 이 책의 4장에서 전개하겠지만, 문제는 이 노동력으로서의 경험이 어떤 말로, 어떤 문체로 기술되고, 어떤 대리

---

20) 이처럼 과정으로서의 노동력 상품화라는 문제설정은 우노(宇野)·우메모토(梅本)의 논쟁(『자본론』을 「원리론」으로 순수화하려는 우노가 「순환의 논리」를 제기했고, 거기에 대해 우메모토는 유물사관에 입각한 「이행(移行)의 논리」를 내세워 「혁명의 필연성」을 주장했다. 이 논쟁 속에서 노동력 상품화 문제는 큰 주제였다—옮긴이)을 거론할 필요도 없이, 지금까지 많은 논쟁을 거듭해 왔다. 거기에는 사회과학이 담당해야 할 영역이 여전히 존재하고 있음을 부정할 생각은 없다. 또 이 문제가 우노가 말하는 단계론이나 오코우치(大河内)가 말하는 사회정책론을 피해 가며 수행해야 할 역사분석에 대한 의무감과 책임감이 여전히 내 안에 존재하는 것도 사실이다. 이에 대해서는 다음 논문들에서 도움을 받았다. 또 이 책 4장에서 언급할 노동력으로서의 경험이라는 설정은 이러한 의무감과 책임감 속에서 얻어진 나의 입장이기도 하다. 冨山一郎, 「大河内理論における存在論的「勞克力」概念について」, 荒木幹雄 編, 『小農の史的分析』, 富民協会, 1990; 同 「勞克の規律と「伝統的」なるもの」, 『新しい歴史学のために』 198号, 1990. 이런 입장은 또, 거리를 두면서도 E. P. Thompson을 논한 나가하라 유타카(長原豊)와 새로운 모노그래프의 가능성에 승부를 걸려는 사키야마 마사키(崎山政毅)와 의견을 같이한다. 長原豊, 「〈自称〉する人々の歴史を記述する文体——主体を価値として過程的に術定する経験」, 『思想』 890号, 1998; 崎山政毅, 『サバルタンと歴史』, 青土社, 2001.

(代理)로 정치화하는가, 또 그 정치화하는 정치공간이란 무엇인가 하는 것이다.

노동력이 시장으로 포섭되는 것은 선취되며 저지된다. 그렇기 때문에 노동시장으로의 포섭에는 노동과정 밖에 있는 일상생활에서의 언어행위나 관습적 행위에 대한 감시가 수반된다. 오키나와 출신자들에게 '오키나와적'으로 간주되어지는 언어행위나 관습적인 몸짓이 생활개선의 항목으로 설정되는 것은 바로 노동시장으로의 포섭을 의미한다.[21] 바꿔 말하면 그것은 공장 안뿐 아니라 생활 전반에 걸친 언어행위나 몸짓이 상품화를 둘러싼 교섭 테이블을 형성하는 것으로 노동력은 계약 이전부터 선취되며 계약 이후에도 최종적인 상품화는 계속 지연된다고 할 수 있을 것이다. '오키나와적 노동시장'이라는 설정에서 논점이 되는 것은 노동력 범주의 애매함에 있다기보다 상품의 수수(收受)가 선취되고 또 계속 저지되는 매매교섭(=상담, 商談) 과정으로서 노동력의 상품화가 존재한다는 점에 있다.

앞서 말한 자본축적과 관련된 두 가지 노동력의 범주라는 논점은 탈식민화 과정을 자본주의와 관련되는 문제로서 어떤 식으로 고찰하는가 하는 문제와 직결된다. 바꿔 말해 그것은 탈식민화에 있어서 프롤레타리아트가 담당하는 역할의 문제이기도 하다. 그리고 오키나와라고 이름 붙여진 영역에서 생기는 힘을 전칭명제에 저항하면서 기술할 때, 이 프롤레타리아트의 역할이라는 논점은 항상 등장할 수밖에 없다.

---

21) 富山一郎, 『近代日本社會と '沖繩人'』의 제3장을 참고하기 바란다.

예를 들어, 앞서 말한 '오키나와적 노동시장'에 포섭된 오키나와 출신자들은 1924년 '간사이오키나와현인회'(関西沖縄県人会)라는 단체를 조직하는데, 이 단체의 지도자들이 중심이 되어 노동운동에 합류할 것을 주장하는 과정에서 지도력을 상실하게 된다. 1920년대의 이러한 운동의 등장과 쇠퇴 과정은 당시의 조선인 노동자의 노동운동과 일본 노동조합 전국협의회와의 관계, 그리고 수평사(水平社) 운동[22]에 있어서의 이른바 해소파(解消派) 문제와 함께 논의되어야 한다.[23] 이 문제는 일본자본주의 논쟁, 나아가 코민테른 제2차 대회에서 마나벤드라 로이의 테제와 미르 사이드 술탄갈리에프(Mir Said Sultangaliev)가 제기한 민족적 세계나 농촌공동체를 둘러싼 논의와도 겹쳐진다. 또 이 탈식민주의에 있어서 프롤레타리아의 역할이라는 문제는 나중에 언급하겠지만 프란츠 파농의 사상적 과제이기도 했다. 가가미 미쓰유키(加々美光行)나 사키야마 마사키(崎山正毅)가 지적하듯이, 파농이 위치하는 사상적 계보에는 로이나 술탄갈리에프, 그리고 아직도 결론

---

22) 정식 명칭을 전국수평사(全國水平社)라고 한다. 2차 대전 이전에 생긴 부락(천민거주지역)해방운동의 전국 조직으로 1922년 3월에 발족되었다. 수평사라는 명칭은 차별이 없는 수평 사회를 지향한다는 의미이다. 1930년대의 대공황을 계기로 계급투쟁이 활발해지면서 부락민들의 조직화가 진행되었다. 그 과정에서 계급의식에 각성한 사람이 많아졌고 신분을 바탕으로 한 조직인 수평사의 영향력은 떨어지기 시작했다. 수평사의 지도권을 장악한 좌파는 1931년 제10회 대회에서 '전국 수평사 해소 제의'를 제기하였다. '차별규탄투쟁은 우리 편으로 손을 잡아야 할 노동자를 적으로 만들어 버린다', '부락민만 모이는 운동은 국민 전체가 단결하는 데 장애가 된다'라는 주장이 지도부 쪽에서 나온 것이다. 이후, 수평사 내부에서 노선 대립이 생기고 이는 대외적으로도 큰 반향을 불러일으켰다. 결과적으로 해소파는 그 제의를 잘못이라고 스스로 비판하게 되었다. ─ 옮긴이

23) 같은 책, pp. 168~9.

이 나지 않은 일본자본주의 논쟁이 분명 존재하는 것이다.[24]

　이 프롤레타리아트의 역할을 둘러싼 이러한 사상적 과제는 예컨대 '간사이오키나와현인회' 결성이 '초레'(형제)라는 우치나구치〔오키나와 방언〕를 사용해 호소했던 것과 관련된다. 이러한 우치나구치에 의한 호소가 현인회의 응집력을 낳은 것은 문화적 혹은 민족적 동일성 따위가 아니다. 거기에는 상품화 속에서 분절되어 간 노동력으로서의 신체가 존재했기 때문이다. 즉 '오키나와적'인 언어행위나 몸짓이 끊임없이 교섭 테이블을 형성한다는 것은 노동력 상품화라는 역사의 임계로서 '오키나와적'이라고 이름 붙여진 영역이 존재했기 때문이다. 바꿔 말해서 선취되고 계속 저지되는 끝없는 노동력의 상품화라는 일방적인 역사에서 역사화되지 않은 흔적이 '오키나와적'인 영역에 각인되는 것이며, 또 그 때문에 이 영역이 끊임없이 감시의 대상이 된다. 간사이오키나와현인회의 '초레'라는 말은 역사를 둘러싼 이러한 긴장관계 속에서 간파되어야 한다. 탈식민화와 관련된 프롤레타리아트의 역할 문제는 노동력의 범주에서 기능적으로 정의되는 것이 아니라, 이 문제에서도 역시 노동력으로서의 경험이 논의의 기점이 될 것이다. 이 경험은 어떤 기술을 요구할까?

　예컨대, 일본민예협회의 「오키나와 언어문제에 대한 의견서」라

---

24) 시기 구분이나 지리적 영역을 전제한 '사상사'와는 결정적으로 다른 이 사상적 계보를 사키야마(崎山)는 '잇닿음'(地続き)이라고 표현한다. 이 표현은 굳이 설명하자면 연대의 문제로 이어진다. 加々美光行, 「飽食に刻印された者に真の '越境' は可能か」, 東アジア反日武装戦線への死刑・重刑攻撃とたたかう支援連絡会議 編, 『あの狼煙はいま』, インパクト出版会, 1996 ; 崎山政毅, 「非西欧世界」, 今村仁司 編, 『マルクス』, 作品社, 2001 ; 同 「歴史記述の '文体', '地続き' の課題」, 『図書新聞』, 2534号, 2001.

는 제목의 글에는 민예협회 회원들이 오사카에 사는 오키나와 출신자들이 집단으로 거주했던 지역 가운데 하나인 시칸지마(四貫島)를 '탐방'했던 당시를 이렇게 묘사하고 있다.

비가 내리는 어두운 밤이었다. 우리는 오키나와 출신 노동자들이 많이 모여 사는 오사카 시칸지마를 찾았다. 그리고 오키나와 자비센 소리에 이끌려 좁은 골목에 들어섰다. 아와모리〔오키나와 특산 소주〕를 파는 한 선술집에 들어가 오키나와에 대해 이런저런 이야기를 듣고 싶었지만 우리가 오키나와 사람이 아니라서 주인은 거의 입을 열지 않았다.[25]

'오키나와 사람이 아니'었던 민예협회 회원들에게 입을 다문 주인은 자신의 신체에 쏟아지는 폭력적 시선과 대치하고 있다. 그 대치하는 자세는 노동력의 상품화라는 자본의 역사 속에 존재하면서 그 역사가 끊임없이 신체를 절단하는 폭력적 과정임을 보여 주는 동시에 다른 역사의 가능성도 암시하고 있다고 일단 말할 수 있다. 그렇다면 '오키나와적 노동시장'이라는 불안정한 범주에 포섭되면서 대치를 계속하는 자는 도대체 누구인가? 그의 침묵은 어떤 역사를 향해 잠재력을 암시하는 것일까? 이 침묵하는 자는 어떤 주체로, 어떤 주체화의 역사로, 또 어떤 말로, 어떤 문체로 묘사할 수 있을까? 이 입을 다문 주인을

---

25) 日本民芸協会, 「沖縄言語問題に対する意見書」, 『民芸』, 1940年 11月 12月 合併号; 『那覇市史 資料編 二 中−三』(那覇市, 1970) 중 '文化問題資料'에 수록(pp. 424~7).

언급할 때마다 내 안에 앙금이 쌓인다.

이 주인의 침묵 위에 앞서 언급한 교사의 발언을 겹쳐 보자. 왜냐하면 이 교사의 말은 전장에서는 물론 노동력의 상품화와 관련된 생활 개선의 맥락에서도 사용되었기 때문이다. 모든 장소에서 반복 사용되었을 이 발언은 전장과 자본주의를 동시에 감지하고 있다.

관동대지진 당시 표준어를 말하지 못한다는 이유로 많은 조선인이 살해되었다. 너희들도 자칫 오인되어 살해당하는 일이 없도록.[26]

주인의 침묵은 시체 곁에 있는 자의 언어표현이다. 이 주인의 신체에 대한 폭력이 계약적 합의와 관련된 명령과 지휘 속에서 기능한다고 해도, 그는 바로 옆에서 전개되는 강제노동의 폭력을, 더 나아가 자경단의 폭력을 감지하고 있다. "오인되어 살해당하는 일이 없도록" 자신의 언어행위에 주의를 기울일 때, 그 몸짓은 계약적 합의 속에서는 노동의 규율로 기능할 터이다. 그러나 거기에서 경험으로 감지되고 있는 것은 바로 옆에서 전개되고 있으며 옆에서 전개되고 있다고 해도 남의 일만은 아닌 폭력이다. 이 감지된 폭력을 표현하는 데에는 노동 유형도, 강제노동과 자경단의 폭력이라는 폭력의 구별도 일단은 적절치 않다. 침묵하는 주인이 감지한 폭력은 노동력의 유형이나 노동문제로, 혹은 전장에 한정된 폭력으로 유형화하여 표현되어서는 안 된다.

오키나와라는 말을 꺼낼 때마다 이 말이 식민주의 혹은 자본주의

---

26) 沖縄県労働組合協議会, 『日本軍を告発する』, p. 69.

와 관련된 이해구조 속으로 흡수되고, 그 결과 해결 불가능한 과제가 앙금처럼 내 안에 쌓여 왔다. 이 앙금에 구애되는 한 식민주의 혹은 자본주의와 관련된 용어군은 공중에 뜨게 되고, 말은 기능부전 상태에 빠진다. 말이 기능하지 않게 되고, 말의 부자유만이 넘쳐나기 시작할 때, 내 자신이 저 주인의 침묵이 만들어 낸 팽팽한 긴장감 속에, 혹은 누워 있는 시체와 그 망막에 계속 머물러 있는 영상 속에 존재함을 발견한다.

이러한 위치에서 기술을 재개하기 위해 기술과 관련된 용어를 하나 설정해 두고 싶다. 그것은 '예감하다'라는 동사이다. 이 용어는 대부분의 경우 진행형 혹은 형용사로 쓰이며 시제(時制)의 영향을 직접적으로 받는 경우는 드물다. 또한 다른 많은 동사의 쓰임도 규정하는데 이러한 의미에서 기술되어야 할 문체의 계사(繫辭)적 방향성이기도 하다.

다음에서 논의하는 '방어태세를 취하다'(身構える), '확증하다', '선취하다'라는 동사들은 이 '예감하다'라는 동사와 관련하여 다시 정의될 것이다. 또, 이 문체 전체와 관련되는 방향성에서 예감이라는 용어가 사용될 경우, 구태여 이 단어가 기술될 필요는 없다. 문체의 방향성을 확인하거나 사고(思考)를 연결할 때에만 독백처럼 중얼거리게 될 것이다. 그런 용어로 설정하고자 한다.

2_ 예감하다

현명한 사람들의 눈에 비친 오키나와인은 빚투성이 빈농, 저임금 노
동자, 매춘부, 서비스업자, 토지를 잃은 유랑민으로 일체의 자기해방
과 살고자 하는 전망과 긍지를 잃고, 권리와 단결을 잃고, 빚과 눈물
에 휩싸여 살다가 그리고 죽어 갈 수밖에 없을 것이다.

― 오키나와청년동맹[27]

1. 방어태세를 취하는 우리들

'어디가 식민지인가?', '식민지배를 받은 시기는 언제인가?', '어디가
자본주의의 중추인가?', '누가 노동자계급인가?' '현명한 사람들' 은
이러한 질문을 연발하는데, "가공의 프롤레타리아를 날조해 혁명 프로
그램을 생각해서는 안 될" 것이다.[28]

---

27) 沖縄青年同盟 編, 『沖縄解放への道』, p. 90.
28) 같은 책, p. 99.

여기서 '현명한 자들'은 탈식민화를 자본주의에 대한 투쟁으로 다시 설정하여 자본주의에 대한 투쟁으로 치환된 탈식민화의 가능성을 이미 정의된 노동자계급에게 던진다. 이들이 안고 있는 문제는 자본주의 분석에 대한 옳고 그름을 가리는 것이 아니라 탈식민화의 가능성을 이처럼 표현하는 데에 있다. 탈식민화의 가능성을 시체의 곁에 있는 자의 위치에서 말하려고 할 때, 혹은 자본주의 비판의 가능성을 상품화가 신체를 난도질하는 과정에서 말로 표현하려고 할 때, 시체 옆과 신체를 난도질하는 과정에서 경험으로 감지되는 폭력 혹은 그 경험에 둘러싸인 폭력에 저항할 가능성은 어떻게 표현되어야 할까? 이 가능성이 지정학적인 조감도나 분석적으로 정의된 계급 구성으로 점유된 것이 아니라고 한다면 그것은 어떤 주체에게 가탁 가능할 것인가? 또 그 주체는 어떤 문체로 표현될 것인가? 폭력을 감지하면서 계속 침묵하는 그 주인을 염두에 두면서 이야기를 계속해 보자.

　　예컨대 프란츠 파농은 『대지의 저주받은 사람들』에서 "식민지의 프롤레타리아트는 원주민 가운데 식민지 체제에 가장 안주했던 중심적인 존재"라고 언급하면서[29] 탈식민화를 향한 해방투쟁의 중심축에 '룸펜 프롤레타리아트'와 '농민'을 두고 있다. 또 파농은 이 '룸펜 프롤레타리아트'와 '농민'을 '범죄자', '실업자', '계절노동자', '슬럼가의 민중'이라고 바꿔 말한다.

　　이 탈식민화 프로젝트에서 프롤레타리아트에 대한 파농의 날카로

---

29) Frantz Fanon, Les Damnés de la Terre, Maspero, 1961. 鈴木道彦·捕野衣子 訳, 『地に呪われたる者』, みすず書房, 1969, p. 63.

운 평가는 맑스주의자임을 자처하는 '현명한 사람들'로부터 많은 비판을 받았다.[30] 그 비판은 식민주의가 자본축적의 역사인 이상 그 폐기는 자본주의를 타파하는 것이어야 하며, 그 주축은 노동자계급 이외에는 존재하지 않는다는 것이었다.

이러한 비판 속에서 프란츠 파농과 두 번 정도 만난 적이 있는 이매뉴얼 월러스틴(Immanuel Wallerstein)은 파농과의 대화의 연속선상에서 「파농과 혁명적 계급」이라는 제목의 논문을 발표한다. 이 논문에서 월러스틴은 파농의 논의를 옹호하면서 파농이 '룸펜 프롤레타리아트', '농민', '범죄자', '실업자', '계절노동자', '슬럼가의 민중'으로 표현한 사람들을 '준(準)프롤레타리아'로 유형화시켜 이렇게 말하고 있다.

자본주의 역사의 과정은 프롤레타리아화 과정이다. 이 과정은 언젠가는 끝나겠지만 완성되기까지의 길은 멀다. 이 과정에서 평생을 준프롤레타리아에 머물며 노동하는 자는 땅을 기어 다니며 살아야 한다. 수시로 고용되고 있는 프롤레타리아가 아무리 착취되고 있다고 하더라도 준 프롤레타리아는 더욱 절망적이며 더욱 유동적이다. 준프롤레타리아는 그야말로 '대지의 저주받은 사람들'이다. 그들은 선두에 서서 자연발생적으로 폭력행동에 가담하는 경향이 있는 자들이기 때문이다.[31]

---

30) Immanuel Wallerstein, The Capitalist World-Economy, Cambridge University Press, 1979, chap. 16.

월러스틴은 노동을 둘러싼 인간의 존재 형태를 '프롤레타리아'와 '준 프롤레타리아'의 두 가지로 유형화하고, 후자를 보다 절망적인 존재로 간주하여 거기에서 폭력의 기점을 발견한다. 그러나 이 명쾌한 공식에 대해서는 역시 곧 의문이 밀려든다.

　　폭력은 절망의 깊이로 측정될 수 있는 것일까? 또 폭력의 영역을 노동유형으로 직접 중첩시켜도 되는 것일까? 이 폭력적인 영역과 그렇지 않은 영역의 구분은 월러스틴 자신의 폭력에 대한 인식과 관련 있는 것은 아닐까? 거기다 이러한 유형화로 인해 프롤레타리아트를 폭력과는 무관한 영역으로 포위해 버리는 것은 아닐까?

　　이 월러스틴의 명쾌한 설명에서 논점이 되는 것은 파농의 말과 중복된 형태로 언급되고 있는 '자연발생적'인 폭력을 어떤 사태로 볼 것인가 하는 점이다. 예컨대 『대지의 저주 받은 사람들』의 제1장 「폭력」 및 제2장 「자발성의 강점과 약점」에서 파농이 주장하는 폭력은 수단이나 도구가 아니며 수단으로서의 유효성으로 측정하고 평가할 수 있는 것도 아니다.

　　이 폭력이란 도대체 무엇인가? …… 이것은 원주민 대중이 자신들의 해방은 힘으로 이루지 않으면 안 되며, 또 그것 이외에는 있을 수 없다고 보는 직관이다.[32]

---

31) Ibid., p. 265. 번역은 日南田静真監 訳, 『資本主義世界経済 II』(名古屋大学出版会, 1987)를 참고했다.
32) ファノン, 『地に呪われたる者』, p. 38.

파농은 힘의 지각으로 폭력을 논한다. 거기서는 말의 밖에 존재하는 폭력이라는 힘을 어떤 사태로 지각할 것인지를 가장 먼저 문제 삼는다. 폭력은 일단 지각되어야 하며 실제로 어디에서 행사되고 행사되지 않았는가 하는 기능적 혹은 사후적인 결과보다도 폭력이라는 힘을 어떤 사태로 지각하는가가 논점이다. 레이먼드 윌리엄스(Raymond Williams)는 폭력(violence)이라는 말을 "감당할 수 없게 되고, 또 억누를 수 없게 되는 인간의 격정과 속마음을 비유적으로 표현"한 것이라고 설명한다.[33] 즉, 말의 밖에 존재하는 폭력에 직면할 때 거기서 어떤 '감당할 수 없는' 상황을 비유적으로 지각하게 되는가가 파농이 말하는 폭력론의 중요한 논점인 것이다. 따라서 거기에서의 언어표현은 직접적으로는 지시 대상을 구성할 수 없는 남유적인 말이 될 것이다. '이것이 폭력이다'라는 식으로 폭력의 범주를 유형적으로 설정하고, 그곳에 사례를 환원하면서 설명하는 것이 아니라 언어표현상의 절박함이 중요한 것이다.

예컨대 파농이 "모든 공격에 반박할 수 있도록 방어태세를 취하던(sur la defensive) 농민 대중이 돌연 죽음의 위험에 노출되어 있음을 느끼고 식민주의의 군대에 맹렬하게 저항할 것을 결의"[34]한다고 표현할 때, 위험에 노출되면서 방어태세를 취하는(sur la defensive) 상황이 바로 폭력을 둘러싼 지각(知覺)에서 무엇보다 중요하다. 파농은 실제의 저항이나 군대의 공격이 개시되어야 비로소 폭력이 작동한다고

---

33) Raymond Williams, Keywords, Fontana Press, 1976, p. 330. 번역은 岡岐康一 訳, 『キイワード辞典』(晶文社, 1980, p. 404)을 인용했다.
34) ファノン, 『地に呪われたる者』, p. 67.

생각한 것은 아니다. 파농은 또 이러한 위험에 노출되어 있는 절박함과 방어태세라는 잠재적인 전투태세를 질서와 진압상태가 아닌 탈식민화의 가능성으로 기술한다.

월러스틴은 파농의 기술에서 '준 프롤레타리아'라는 범주를 발견한다. 예컨대 흑표범당[Black Panther Party, 1966년 미국에서 창설된 흑인 정치 조직]의 휴이 P. 뉴튼이 파농의 논의에서 읽어 낸 것은 분석상의 보편적인 범주가 아닌 이 방어태세라는 잠재적인 가능성이었다. 월러스틴이 세계체제론으로 파농을 해석했다면 휴이는 파농과의 사상적 연계를 이렇게 선언한다.

> 피억압자는 항상 방어태세를 취하고 있다(always defensive). 억압자는 항상 공격적이며 억압자가 인민에게 휘두르던 힘을 인민이 억압자에게 다시 행사할 때 그들은 허둥대며 당황하는 것이다.[35]

경찰에게 폭행을 당해 목숨을 구걸하는 바로 그 순간에도 항상 방어태세를 취하는 것이다(sur la defensive, always defensive). 휴이는 이 방어태세를 취하고 있다는 표현이 비유적으로 나타내는 절박한 상황을 결절점으로 파농의 텍스트를 해석했으며, 이러한 독해를 통해 구체적이고 고유한 다른 상황에 각각 놓여 있던 파농과 휴이가 연결되면서 방어태세를 취하는 우리들로 생성되는 것이다. 이 방어태세를 취하

---

35) Huey P. Newton, Revolutionary Suicide, Writers and Readers Publishing, Inc., 1995, p. 112.

는 우리들은 오성(悟性)적으로 정의된 '피억압자'는 아니다. 방어태세를 취하는 것을 각자의 말을 통해 조심스럽게 서로 확인하고, 방어태세를 취한다는 술어의 주어로서 자신을 별개의 상황으로 받아들일 때 발견되는 관계성이다. 또 이러한 관계성을 향해 생성되는 것으로는 읽는다는 행위가 있을 것이다. 그것은 세계체제론으로 파농을 읽고, 방어태세를 취하는 사람들을 '준 프롤레타리아'로 정리했던 월러스틴과는 다른 사상적 연동이다.

그런데 파농이 이러한 방어태세를 취하는 상황에 주시하면서 힘의 비유적인 지각으로서 일관되게 비판하고자 한 것은 저항이 시작되었을 때 "허둥대며 당황하는" 것이 마치 갑자기 시작된 것인 양 간주해 버리는 인식이다. 파농에게 '자연발생성'이란 이미 방어태세를 취한 사태임에도 불구하고 반항의 시작이 이해불능의 돌발적 사태로 인식되어 버리는 것을 의미한다. 이러한 폭력에 대한 인식은 휴이가 말하는 억압자만의 것은 아니다. 이러한 폭력의 인식이야말로 프롤레타리아트와 그것에 기반을 둔, 파농이 말하는 민족주의 정당의 문제인 것이다. 따라서 파농에게 프롤레타리아트라는 영역은 노동유형과 계약적 합의를 바탕으로 한 착취와 같은 일반적 규정으로 설정되는 것이 아니라, 폭력을 어떤 사태로 인식할 것인가 하는 폭력의 지각과 관련된다.

큰일입니다! 어떻게 될지 짐작도 안 갑니다. 해결책을 찾아야 해요. 타협책을 찾아야 합니다.[36]

'자연발생성'이란 어떤 노동에 대응한 범주적 인식이 아니라, 우선 무엇보다도 이러한 짐작도 안 가는 사태이다. "얼핏 보기에 완전히 설명 불가능한 것"[37]이 갑자기 발생한 것처럼 당황해 하면서, 사태를 정확히 측정하여 새로운 타협과 합의를 찾아 '해결'을 이끌어 내고자 하는, 비판받아야 할 힘의 지각. 파농이 말하는 민족주의 정당은 한편으로는 이러한 '자연발생성'에 기대면서, 다른 한편으로는 그것을 합의로 이끌어내고자 한다. 즉 "하늘에서 만나가 떨어지기나 한 것처럼 행동하며 이것이 계속되기를 운명에 기도하는 것이다. 그들은 이 만나를 이용하지만 반란을 시도하지는 않는다."[38]

이미 방어태세로 존재하는 잠재적인 힘이 이 비판되어야 할 지각 앞에 현재화(顯在化)되었을 때, 이 지각은 그 힘을 예전부터 존재해 오던 가능태로 받아들이는 것이 아니라, 그것을 자연적이고 우연적이며 돌발적인 영역으로 매장하고 역사로부터 단절시킨 다음, 그곳에 타자를 설정한다. 그 결과로 방어태세가 현재화된 그 순간, 힘은 다른 것으로 표현되며, 또 해결되어야 할 타자로 표현된다.

여기서 월러스틴의 정식(定式)이 문제가 될 것이다. 힘에 다가가면서 초연한 학문의 위치로부터 그 힘을 타자에게 분담하고 구상화(具

---

36) ファノン, 『地に呪われたる者』, p. 38.
37) 같은 책, p. 67.
38) 같은 책, p. 68. 한편, 만나(마나)는 주술적인 힘을 의미하고 있는데, 이 점에 관해서는 후술하겠다.〔일본어에서는 구약 '출애굽기'에 등장하는 '만나'와 멜라네시아 일대에서 주술적 힘을 뜻하는 '마나'가 같은 단어로 사용되고 있다. 이 장 이후에 나오는 이 용어는 모두 '주술적 힘'인 '마나'를 의미하므로 모두 '마나'로 옮겼다.〕

象化)하며 한정한다. 그 위에 그 힘을 측정하고 메워야 할 요구를 만들고 합의(=진압)를 도출한다. 세계체제론을 바탕으로 한 초연함과 '자연발생'의 영역을 주장하고, 거기에 '준 프롤레타리아트'라는 한정된 영역을 할당했던 월러스틴의 작업은, 이러한 일련의 과정의 전반부에 위치하고 있다. 월러스틴이 '준 프롤레타리아트'라는 유형을 설정하고, 거기에 '자연발생'을 할당하는 가운데 성취했던 것은 바로 이러한 폭력의 지각이다.

그러나 파농은 이에 다른 의미를 찾고자 한다. 왜냐하면 주술적인 힘인 만나는 반란에 대응해 조직되어야 하기 때문이다. '자연발생성'이라고 이름 붙여진 힘은 이제까지도 항상 존재해 왔던 방어태세이며, 거기에서는 다른 미래가 발견되어야만 한다. 거기에서는 과거와 미래가 지금 동시에 발견되고 있으며 파농은 이런 힘의 지각을 향해 비약한다.[39]

방어태세를 취하는 것에서 시작되는 파농의 비약을 염두에 두면서 다시 '오키나와적 노동시장'의 내부에서 침묵하는 앞서 말한 술집 주인을 떠올려 보자. 그리고 같은 질문을 반복해 보자. 이 침묵하면서 방어태세를 취하는 주인을 어떤 주체로, 어떤 주체화의 역사로, 그리고 어떤 문체로 그려야 할 것인가?

---

39) 파농의 지각과 기술에 관해서는 冨山一郎, 「対抗と遡行 ─── フランツ・ファノンの叙述をめぐって」(『思想』 866号, 1996)를 참조하기 바란다.

2. 증후학(症候學)

끝까지 입을 열지 않고 방어태세를 취하던 주인이 암시하는 잠재적인 사태란 어떤 의미일까? 그것을 어떤 사태(가능태), 어떤 문체로 기술하면 좋을까? 그것은 방어태세를 취한다는 술어가 획득해야 할 우리라고 하는 주어를 어떤 문체로 찾아내어 표현할 것인가의 문제이기도 하다.

　방어태세를 취한다는 동사와 관련된 이러한 기술의 문제를 생각하기에 앞서, 먼저 기술한다는 행위 자체를 우회하여 검토해 보자. 그것은 방어태세를 취하고 있다는 술어에서 소급적으로 주어를 찾아내기 위한 이른바 문체와 관련한 검토이다. 또, 이 우회에서 초점이 되는 것은 파농을 언급하면서 설명했듯이 방어태세에서 암시되고 있는 힘으로서의 폭력이다. 방어태세에서 암시되는 폭력은 어떻게 기술될 수 있을까? 혹은 압도적인 약세의 위치에서 폭력에 저항할 가능성을 어떻게 기술해야 할까? 여전히 문제의 초점은 폭력을 둘러싼 언어표현에 있다.

　그런데 말에서 어떤 형태의 합의와 소통이 이루어지고 있음에도 불구하고, 그 말의 교환이 항상 위기에 노출되어 있음을 발견했을 때, 혹은 단 하나의 역사적 사실을 기술해야 할 사료(史料)가 그 사실을 지시함과 동시에, 다른 사태를 나타내는 비유적인 문체라는 것을 알게 됐을 때, 이러한 합의와 사료에 대해 어떤 기술이 가능할 것인가? 혹은 예컨대 인류학자와 역사학자라면 직접적으로는 말에 의해 지시되지 않는 이러한 사태를 어떤 사태로 기술할 것인가?

대부분의 경우 이러한 사태는 말에 침투되어 있는 신체적인 표현에 의해서 그 존재가 먼저 지시된다.[40] 시칸지마의 주인은 침묵했지만, 그 방어태세를 취하는 상태에서 무엇인가를 지시한다. 그리고 대부분의 경우에 이러한 신체적 존재를 향해서 거듭 탐색이 시작되며, 그 방어태세를 취하는 상태가 주인의 동작으로 명확히 분석되고 기술될 것이다.

물론 이러한 방어태세를 취하는 상태를 둘러싸고 이뤄지는 발견과 탐색의 반복이야말로 인류학 혹은 역사학이라 말해도 좋을 것이다. 그러나 이 반복되는 발견과 탐색이라는 행위를 하나의 연속된 학문적 행위로 설정해 버리기에 앞서, 말의 임계에서 지시된 방어태세를 취하는 누군가가 학문에 의해 다시 언어화되기 직전의 지점에서 일단 멈추고자 한다.

멈추어 선 위치에서 작동하는 것은, 그것이 무엇인지 인식할 수는 없으나, 그 존재를 감지해 버리는 애매한 지각이다. 이러한 지각으로

---

40) 방어태세라는 표현에서는 말의 임계와 동시에 장소론적으로 설정된 인식 대상으로의 이행이 문제가 된다. 예컨대 증후학적인 관찰로는 이미 단절된 경험적 혹은 현장적인 영역, 거기에 기술 대상을 둘러싼 위험성이 존재할 것이다. 또 거기에서는 시각적인 영역으로의 비약이 나타나 있다고도 할 수 있다. 그것은 앞서 말한 다카하시 가즈미의 우화와도 관련이 있는데, 이러한 시각적 영역으로의 비약은 사고의 가능성임과 동시에 말의 임계를 시각적인 영역으로 치환해서 말과 영상이라는 두 가지 미디어를 통해 표현 대상을 영토적으로 확장하려는 위험한 행위이기도 하다. 이처럼 영토확장에 함몰되어 가는 것은 소묘(素描)가 맹자(盲者)의 손에 의해 끊임없이 선취된다는 데리다가 제출한 시각 표현으로의 개입이 결과적으로 사라져 간다. 여기에서는 시각의 영역을 의식하면서도 그곳으로 논점을 옮겨 가는 것이 아니라, 어떻게 기술할 것인가 하는 질문을 계속해 가게 된다. Jacqes Derrida, Mémoires d'aveugle-L'autoportrait et autres ruines, Éditions de la Réunion des musées nationaux, 1990. 鵜飼哲 訳, 『盲者の記憶——自画像およびその他の廃墟』, みすず書房, 1998.

간취된 사태를 보다 밀도 높은 청취와 해상도 높은 렌즈에 의한 촬영, 혹은 규모가 큰 사료 조사를 이용하여 확증해 가기에 앞서, 이 애매한 지각으로 수행되어야 할 다른 언어화 및 문체의 가능성을 먼저 생각해 보고 싶다.

예컨대, 무엇인지 알 수는 없지만 그 존재를 감지하는 지각을 통해 그 존재를 표현할 때, 그 언어표현은 자연히 역술적 혹은 신학적인 특징을 띠게 되는 것은 아닐까? 거기서는 전조(前兆)나 조짐, 혹은 예감이나 신탁(信託)이라는 영역이 중시되는 것이다. 예컨대, 카를로 진즈부르그(Carlo Ginzburg)는 이러한 지각을 증후학이라고 기술하고 그 특징을 '추론적 범례'(패러다임)라고 표현한다.

추론적 범례(패러다임)는 말로 표현되지 않는 경향을 갖는 인식형태이다. 즉, 앞서 말했듯이 그 규범은 공식화된다거나 언어화되기에는 적합하지 않은 것이다.[41]

진즈부르그가 여기서 추론적 범례라고 일컫는 것은 말로는 불가능하나 무엇인가를 느꼈거나 예감하거나 하는 것과 같은 인식형태이며, 인식 대상으로부터 배어 나오는 징후를 지각하려고 하는 증후학이다. 그리고 당장 문제가 되는 것은 이러한 증후학이 역시 어디까지나 환자의 병상을 살펴 그 해결을 위해 의료행위를 계속 시행하고자 하는

---

41) Carlo Ginzburg, Mite Emblemi Spie-Morfologia e storia, Einaudi, 1986. 竹山博英 訳, 『神話・寓意・徵候』, せりか書房, 1988, pp. 224~5.

의사와 같은 것이라는 점이다. 즉, 증후학은 우선 무엇보다 정밀한 진단과 이를 위한 제도를 마련하고, 이러한 새로운 제도 안에서 환자의 환부를 재빨리 찾아내어 치료를 시행한다. 그것은 또 증후학에 있어서의 법 혹은 통치의 문제이기도 하다.[42] 이 책에서도 논의하겠지만 애매한 지각을 극복하고, 징후에 대한 보다 정밀한 조사를 실시하고자 했던 인류학과 역사학은 필연적으로 증후학적 경향을 띠게 된다. 진즈부르그 자신 역시 골튼(Francis Golton)과 베르티용(Alphonse Bertillon)을 언급하면서 이러한 증후학을 권력에 의한 개인 식별의 문제로 논하고 있다.[43] 인체측정, 지문, 필적과 같은 통치(統治)기법은 어디까지나 병소(病巢)를 찾아내려는 증후학이며, 그것은 곧 새로운 법의 조정[措定, 존재를 긍정하거나 내용을 명백히 규정하는 일 또는 그러한 사고방식]을 이끌어 가는 것이다. 이러한 의미에서 징후는 미래의 통치를 이끄는 예징인 것이다.

　그러나 이러한 증후학이 새로운 법의 등장과 밀접하게 결부되어 있음에도 불구하고, 진즈부르그는 그것을 손에서 놓으려고 하지 않는다. 진즈부르그는 설령 증후학이 통치기법으로 전개되었다고 하더라도 거기에서 다른 가능성을 찾으려고 한다. 예컨대 진즈부르그가 예시하는 '경구' (警句, 아포리즘)가 그것이다.[44] 이 경구라는 것은 징후로부터 지각된 사태를 해결해야 할 대상으로 설정하는 것이 아니라 미래에 이어질 위기로 언어화해 가는 것을 가리킨다. 과거의 징후로부터 미래

---

42) 冨山一郎, 「証言」, 『現代思想』 28卷 3号, 2000.
43) ギンズブルグ, 『神話·寓意·徴候』, pp. 218~22.
44) 같은 책, pp. 223~4.

에 이어질 위기를 경구로 이끌어 내는 이러한 행위는 어떤 기술과 문체를 도출해 낼까?

증후학은 도중에 멈출지언정 일단은 거기에 적(籍)을 두고 진행시키지 않을 수 없는 출발점이다. 또 사전에 증후학과는 별도의 길을 상정하는 것은 다른 것처럼 보이지만 실은 무자각적으로 증후학을 반복하는 셈이 된다. 따라서 여기서는 증후학에 대해 조금 더 주목해 보고자 한다. 예컨대, '파시즘 문예론'과 관련하여 오쿠노 로스케(奧野路介)는 작품과 작가를 그들이 지니는 시대, 개인, 전통과 같은 규정성으로 논하지 않고, '증후학으로서의 문예론'을 주장한다. 오쿠노가 말하는 이 증후학에서 과거의 징후(徵候)를 경구적으로 표현하는 문체에 대해 검토를 계속해 보자.

'증후학으로서의 문예론'이라고 할 때, 거기서 지향하는 것은 무엇보다도 그 규정성(規定性, bedingt)으로부터 자유롭게 오히려 자유자재로 신변에도 적용 가능한 어떤 표식과 척도를 대상으로부터 추려내는 것이다. 그리고 어떤 한 사회에서 일어난 사건을 시진(視診)하고 타진(打診)하며, 촉진하고 청진해서 가능한 이론의 여지가 없는 오감 중에서 이른바 '측정기구'를 획득하려는 것이다. 충분한 객관성을 띤 신드롬을 수집하는 것, 이 신드롬(증후군)을 현재의 신변을 측정하는 심프텀(symptom, 징후군)으로 이용하려고 시도하는 것, 그것들을 복합적으로 관찰해 질환의 본체를 밝혀 내는 것, 이것은 그와 같은 진단학에 이르는 오랜 노력의 시작이며, 그것이 충족되는 과정에서 투약 처방도 저절로 시작될 것이다. 단, 이렇게 보면 본래 니체 주변에서 활발하게 주장되었으나 최근 독일어권에서는 보기 드문 기호학과 기호론(Semiotik, Sémiologie)과의 친연성을 생각할 수도 있겠지만, 여기서도 언급하고 앞으로도 언급하게 될 '증후학'에 대한 고심이 반드시 언어의 문제만으로 의식되고 있지 않다는 사실과, 지향해야 할 것이 '어떤 특정 시대나 사회에 대한 이해'가 아니라 항상 '현재, 이 시대에 대한 적용 가능성'이라는 사실에 의해 둘 사이에는 미묘한 획이 그어지는 것 같다.[45]

오쿠노는 우선 통치를 이끄는 의사의 입장을 공유하면서, 거기에서 전조(豫兆) 즉 '징후군'〔兆候群〕을 억지로 끌어내려고 하고 있다. 즉 '증후군'은 어느 시대와 사회를 나타내는 징후가 아니라 현재의 질환을 나타내는 '징후군'〔兆候群〕이며, 위기(질환)가 지금도 계속되고 있다는 것을 부각시키는 것이 바로 오쿠노가 말하는 증후학이다. 거기서 오쿠노는 우선 한 시대의 사회를 진단하고 가능하면 그 증후군을 탐색하려고 하는 관찰자이다. 그러나 이 관찰자는 그 시대의 사회를 병든 사회로 정의하지 않고 현재를 진단하는 의사로 변신한다. 위기(질환)는 치유되지 않고 있는 것이며, 그래서 오쿠노는 우선 의사로서 '투약 처방'에 대해 언급하고 계속되는 위기를 통치하는 입장을 취하려고 한다.

그러나 다음에서 보듯이 현재에 적용하려고 하는 오쿠노는 이미

---

45) 奧野勝久,「參加と自失—症候学としてのファシズム文芸論のために」,『神戶外大論叢 第37卷』, 1996, p. 519. 오쿠노는 奧野路介와 奧野勝久라는 두 개의 이름으로 논문을 쓰고 있다. 이름에 관한 문제는 여기서는 생략하기로 한다.

그 질환이 현재로서는 치료 불가능한 병이라는 것을 알고 있다. 과거 파시즘의 '증후군'은 현재의 질환을 나타내는 '징후군'〔兆候群〕일 뿐 아니라, 거기서는 미래에도 계속될 위기가 부상하는 것이다. 그렇다면 과거의 '증후군'은 현재의 질환을 드러내기보다는 미래에 대한 경구로 등장할 수밖에 없다. 오쿠노는 실은 처음부터 의사의 입장을 방기하는 것이다. 그리고 나는 이 해결 불가능한 질환을 발견해 낸 의사에게서 관찰자도 의사도 아닌 기술, 바꿔 말하면 과거를 미래에 대한 경구로 기술할 가능성을 도출해 내려고 한다.

3. 예감하다

논점은 오쿠노가 말하는 '증후군'을 현재에 적용하는 데에 있다. 실례로 오쿠노는 다른 논고에서 과거 파시즘의 '증후군'에서 미래 전체주의를 사고하려고 한다. 그때 이 기술자는 경험 속에 있으면서 경험으로부터 이탈하는 것이 될 것이다. 예컨대 오쿠노는 에른스트 윙어(Ernst Jünger)의『노동자』를 언급하면서 다음과 같이 서술한다.

> 실증과학의 행동영역의 한계란 '경험'이며, '경험'이 속하지 않는 영역은 미래이다. '노동자' 속에 가상된 것은, 지금 말한 각국 체제의 가혹한 본성이 드디어 회복이 불가능한 시스템이 되어 수행되고 더 나아가 어느 정도 과거의 것이 된 순간, 각 체제의 실태를 '경험지'(經驗知)로서 대상화하면서 드러난 각종 파시즘론이나, 특히 전체주의론이 미래의 불확정성 속에 차츰 공포와 함께 **예감**하기 시작하는

어떤 '미지의 지상(地上) 권력'의 모습이자 그것을 형상으로서 미리 '기지'(旣知) 안에 추려 내고자 하는 노력이다.[46]

기지의 것으로 존재할 터인 과거의 경험에서 기술자가 지각하는 것은 "미래의 불확정성 속에 차츰 공포와 함께 예감되기 시작하는" 미래이다. 오쿠노가 지나간 과거의 파시즘 경험을 미래에 대한 경구로 읽으려 할 때, 기지의 것에서 예감이라는 지각과 더불어 미지(未知)의 것을 획득한다. 오쿠노는 이러한 사고를 실증과학에 대응하여 '가상에 대한 해석학'이라고 부른다.

꿈은 실재하는 것의 밖에 존재하므로 때로는 실재의 제어를 냉소한다. 꿈이 위험한 것은 그것이 언젠가는 실현될지도 모르기 때문이 아니라 이 제어 불가능한 즉자성(卽自性)이 존재하기 때문이다. 꿈을 '펼쳐 보이는' 것은 꿈 그 자체는 아니다. …… 꿈은 꿈꾸는 동시에 그 은밀한 도정을 이미 펼치고 있는 것이다.[47]

여기에서 오쿠노가 말하는 예감이 계측된 예측도 아니거니와 운명적으로 정해진 예정도 아니라는 사실이 분명해진다. 거기에서는 과거의 경험에서 미래(꿈)가 예감되고, 미래가 예감되는 현재에 이미 그 미래는 작동하는 것이다. 즉 과거와 미래는 예감하는 지금 이 순간에

---

46) 奧野路介, 「機械と純系」, 『現代思想』 21卷 2号, 1993, pp. 249~50. 강조는 인용자.
47) 奧野路介, 「機械と純系」, p. 260.

교착되고 있으며, 거기에서는 기지일 터인 과거가 미지로 내던져진다. 그 결과 지금은, 기지인 과거의 근거도, 예정되어야 할 미래상도 잃어버린 불확실성 속에 공중에 매달리게 된다. 과거의 경험을 경구로서 읽는다는 것은 예감이라는 지각에서 그리고 공중에 매달리게 된 지금 이 순간에 수행되는 것이다.

그렇다면 이 불확실성 속에서, 바꿔 말해서 예감이라는 지각에서 무엇이 획득되는 것일까? 우선 과거의 경험으로부터 부상하여 미래로 계속되는 지금의 위기(질환)는 오늘날과 같은 법과 통치(치료)의 대상과는 다른 모습을 지니는 경구적 존재로 설정되게 된다. 이 시점에서 의사라는 사실은 이미 방기되어 있다. 그러나 미래에 계속되는 위기는 예정도 예측도 운명도 아닌, 현재에 있어서의 작동태(作動態)로서 설정될 것이다. 이렇게 해서 설정된 지금은 새로운 법을 향한 지향이 예측되는 힘의 작동상태이며, 동시에 거기에서는 예측으로는 수렴되지 않는 통치와는 별개의 역학 전개가, 바꿔 말하면 미래를 별개의 것으로 조정할 절호의 기회가 늘 존재한다. 아직 결론은 나지 않은 것이다.

방어태세를 취하는 것이 증후학적으로 암시하는 사태는 많은 경우 결과적으로는 진압과 새로운 법을 이끌어내게 될 것이다. 분명 방어태세를 취하는 상황은 다음 순간에서의 폭력의 작동, 혹은 새로운 법의 등장을 암시하고 있다고 말할 수 있다. 그러나 방어태세가 진압 혹은 법이라는 사후적 결과로만 기술된다면, 그 기술은 이미 진압의 역사 혹은 통치의 역사일 뿐이다. "패배한 것은 이러한 원인 때문"이라는 잘못된 인과율에 기반하는 역사 기술은 그것이 아무리 양심적이고 과거에 살해당한 자들에 대한 동정으로 가득하다 할지라도 거부해야만 한다. 따라서 요점은 방어태세로부터 계속되는 위기를 이끌어내고, 거기에 다른 미래의 가능성을 어떻게 기술할 것인가 하는 점에 있다.

방어태세는 어느 한 사회의 어느 한 시기의 몸짓이 아니다. 거기에서 경구로서 예감되는 것은 미지의 존재로서 대기 중인 폭력이며, 그 지금에 있어서의 작동이다. 그리고 분명 과거의 결과와 미래에의 예정이라고 하는 인과율에서 정의될 터인 현재가 공중에 매달리게 되는 불안정한 상태에서 지금 무엇을 해야만 하는가 하는 물음을 사고할 수 있게 된다. 여기에 압도적 약세의 위치에서 폭력에 저항할 가능성이 있다.

폭력이 이미 옆에서 행사되어 다음 순간의 행위도 예정된 것이라 해도, 바꿔 말하면 총살이 순서대로 행해질 것이라는 것을 충분히 예측한다고 하더라도, 결론은 아직 나지 않은 것이다. 폭력은 여전히 어디까지나 미지의 존재이며, 이런 의미에서 대기 중이다. 또 이러한 대기 중인 미지의 폭력은 과거의 경험에서 이미 암시되어 있는 것이며, 그 과거의 경험으로부터 대기 중인 폭력을 꿈으로 예감하는 일은 지금 일어나는 폭력의 작동을 알아차리는 것이다. 그리고 이러한 지금 일어나는 폭력의 작동은 살해된 과거의 경험에 역사적 근거를 갖고 있을 리 없으며, 예측되는 미래의 폭력을 향한 레일 위에 위치하고 있을 리도 없다. 작동 중의 폭력을 무엇을 이루어야 하는가라는 물음과 관련된 싸워야 할 상황으로 사고하기 위해서는 과거를 과거로서 대상화하고 미래를 미래로서 예측하는 것이 아닌, 공중에 매달린 현재에서 수행되는 이러한 예감이라는 지각이 요구된다.

4. 확증하다

'예감하다'라는 용어에 다음 두 글을 중첩시켜 보자. 첫번째는 질 들뢰즈와 펠릭스 가타리(이하 들뢰즈-가타리)가 말하는 '전쟁기계'(La machine de guerre)와 관련된 것이고, 두번째는 피에르 클라스트르(Pierre Clastres)의 '국가에 대항하는 사회'(La société contre l'Etat)와 관련된 것이다.

> 국가는 이미 출현하기 이전부터 이들 원시사회가 그 사회의 존속을 위해 불식하는 현세적(現勢的) 극한으로서 혹은 이들 사회가 수렴해 가는 점, 스스로 사라지는 일 없이는 도달할 수 없는 점으로 작용하고 있다. …… 제거한다는 것은 동시에 선취하는 것이기도 하다. 확실히 국가가 실제로 출현하는 방법과 국가가 불식되는 한계로서 미리 존재하는 방법은 전혀 다른 것이다. 여기에는 부정하기 어려운 우연성이 개재(介在)되어 있다. 그러나 아직 존재하지 않는 것을 '예감'한다고 하는 사고에 긍정적인 의미를 부여하고자 한다면, 아직 존재하지 않는 것이 존재하는 것과는 다른 형태하에서 어떻게 작용하는가를 드러내지 않으면 안 된다.[48]

여기서 들뢰즈-가타리가 서술하는 예감(pres-sentiment＝감상感

---

48) Gilles Deleuze & Félix Guattari, Mille Plateaux : Capitalisme et schizophrénie 2, Les Éditions de Minuit, 1980, p. 537. 宇野邦一・小沢秋広・田中敏彦・豊崎光一・宮林寛・守中高明 訳, 『千のプラトー』, 河出書房新社, 1994, p. 488.

傷의 바로 앞!)이란, 국가라는 미지의 존재를 등장 예정의 존재로서가 아니라 "존재하는 것과는 다른 형태하에서" 사고하는 것을 의미하고 있다. 지속적으로 국가를 제거하는 데에는 이런 예감이라는 지각을 동반하는 사고가 필요한 것이다. 그리고 이 전쟁기계에 관련된 글은 "강제력 혹은 폭력이 부재할 때, 권력에 대해 이야기할 수는 없는 것인가"라는 질문으로 시작되는 피에르 클라스트르의 사고로부터 도출되고 있다. 따라서 '원시사회'가 "스스로 사라지는 일 없이는 도달할 수 없는 지점으로서" 국가가 작용하고 있다는 들뢰즈-가타리의 기술은 과라니 사회의 예언자에 대한 클라스트르의 기술과 겹쳐 생각해야 한다.

옛 야생의 세계가 그 기초부터 흔들리고 있다는 감각에 사로잡혀 사회적·우주적 파국의 예감에 고뇌하면서 예언자들은 세계를 바꿔 다른 세계로 옮겨 가 살아야 한다고, 즉 인간의 세계를 버리고 신들의 세계에 도달해야 한다고 결정했던 것이다.[49]

클라스트르가 '국가에 대항하는 사회'에서 발견한 것은 "**부재(不在)에 무엇인가가 존재하는**"[50] 것을 예감하고 이렇게 예감된 국가라는 폭력을 지금 불식해 나가려는 사고이다. 아직 존재하지 않는 국가를 예감하고 지금 그 등장을 불식해 나가는 '국가에 반하는 사회'. 클라스

49) Pierre Clastres, La société contre L'Etat : Recherches d'anthropologie politique, Les Éditions de Minuit, 1974. 渡辺公三 訳, 『国家に抗する社会』, 風の薔薇, 1987, p. 268.
50) 같은 책, p. 28. 강조는 원문.

트르가 예언자들의 말에서 발견한 이 예감이라는 지각을 들뢰즈-가타리는 더 나아가 전쟁기계를 사고하는 것으로 이어가고 있는 것이다. 즉 미지의 존재로서의 폭력의 위치에 전쟁기계가 설정되어 있는 것이며, 모든 기지(既知)의 폭력은 바로 대보(代補, supplement)이다.[51] 바꿔 말하면, 전쟁기계란 폭력을 기지에 가두는 일 없이 영원히 미지의 존재로, 즉 예감되어야만 하는 존재로 재설정하기 위한 인식장치이다. 전쟁기계는 이런 의미에서 영원히 실현되지 않는 외부에 존재하는 이념으로 영원히 대기(待機) 중인 폭력에 불과하며 기지의 존재로서의 폭력에서 예감되는 존재일 뿐이다.

그리고 무엇보다 중요한 것은 이러한 예감이라는 지각에 의해 감지된 폭력이야말로 방어태세를 취하는 상태가 암시하는 폭력이라는 점이다. 압도적 약세의 위치에서, 혹은 시체 옆이라는 위치에서 폭력을 감지할 때 그는 방어태세를 취한다. 그리고 방어태세를 계속 취하는 한, 감지된 폭력에 어떻게 대처할 것인가라는 물음을 사고할 수 있는 가능성은 여전히 존재하게 된다. 기지의 세계에서 약세의 위치에 있다고 하더라도 사고해야 할 것은 아직 부재하는 폭력의 지금 존재하는 형태이며, 그런 사고에서는 그 폭력은 싸워야 할 상황 속에 여전히 존재한다. 압도적 약세의 위치에서 방어태세를 취하는 누군가를, 기지의 폭력으로 압살될 것이 예정되어 있는 존재로서가 아니라 어디까지나 아직 결론이 나지 않은 상황에서 존재하게 하는 데에는 그가 폭력

---

51) 「戦争は戦争機械の「代補」である」(Deleuze & Guattari, Mille Plateaux, p. 520. ドゥルーズ=ガタリ, 『千のプラトー』, p. 472)

과 관련해서 작동시키는 지각이 자유로운 관찰과 계산이 아니라 예감이라는 지각임을 우선 아는 것이 필요할 것이다. 그리고 그 예감이라는 지각은 전체주의를 사고하는 오쿠노의 것이기도 하고, 전쟁기계를 사고하는 들뢰즈-가타리의 것이기도 하며, 또 내 것이기도 하다.

그런데 예감이라는 지각에 스스로의 사고를 포개려 할 때 곧바로 되물어야 하는 것은, 이러한 예감이란 지각에 유인된 사고는 어떤 기술로 표현되는가 하는 문제이다. 이 사고는 어떤 문체로 수행될까? 왜냐하면 기술을 둘러싼 논의의 우회에서 일관되게 문제로 삼고 싶은 것은 이 예감이라는 지각이 기술한다고 하는 행위와 어떻게 연결되는가 하는 점이기 때문이다. 예컨대 들뢰즈-가타리는 이 점을 이렇게 서술하고 있다.

> 전쟁기계의 외부성은 마찬가지로 민족학(民族學)에 의해 확증된다 (피에르 클라스트르의 죽음을 애도하며).[52]

그런데 이 확증한다(attester)라는 동사는 어떤 문체를 동반하게 될까? 민족학에 의해 확증된다고 할 때, 이 확증에 관련된 기술의 문체와 민족학의 민족지 기술은 어떤 관계에 있는 것일까? 혹은 전쟁기계를 사고하는 데에 필요한 기술은 자료와 청취라는 영역과 어떻게 관련되는 것일까?

이러한 물음은 보다 정밀한 증후학에 매진하는 일 없이 들뢰즈-

---

52) Ibid., p. 441. 같은 책, p. 412.

가타리가 제기한 전쟁기계의 사고를 계속 수행하는 데 필요한 검토이며 과제이다. 그들의 전쟁기계에 대한 논의에는 많은 민족지 기술이 등장하는데, 중요한 것은 다음 두 명의 인류학자가 한 기술이다. 한 명은 앞서 서술한 클라스트르이고 다른 한 명은 레비스트로스(Claude Lévi-Strauss)이다. 여기서 검토해야 할 것은 들뢰즈-가타리가 말하는 것처럼 전쟁기계라는 이념이 민족지에 의해 확증될 때, 이 두 사람의 민족지에는 어떤 역할이 주어지는가 하는 점이다. 전쟁기계를 사고하는 것이 과연 민족지가 상정하는 것과 같은 하나의 어떤 특정 사회와 시대의 것으로 설정될 수 있을까? 혹은 대체 어떤 기술이 민족지인 것인가? 또 이 두 사람의 민족지 기술과 전쟁기계의 확증이 각각 어떻게 부합하고 반발하는 것인가?

확증을 둘러싼 이런 물음에 관해서는 다소 불합리하다고도 할 수 있는, 들뢰즈와 푸코에 대한 스피박의 비판을 염두에 둘 필요가 있다. 즉, 그들이 내세운 '현실'에 대해 스피박은 "그것은 선진자본주의 제국(諸國)의 네오콜로니얼리즘을 정당화하기 위한 기초를 이루고 있는 실증주의적 경험주의가 스스로의 투쟁의 장(場)을 '구체적 경험'과 '실제 일어나고 있는 일'에 자리매김하는 데 조력해 왔다"고 언급하고, "지식인이 담당하는 역사적 역할에 이다지도 무비판적이면서도 피억압자의 구체적 경험에 가치를 부여하려는 입장"이라고 비판한다.[53]

---

53) Spivak, A Critique of Postcolonial Reason, pp. 256~7. 번역문은 上村忠男 訳, 『サバルタンは語ることができるか』(みすず書房, 1998)에서 인용했다. 또 이러한 스피박의 비판을 서벌턴 연구에 대한 스피박의 개입으로 설명하고 있는 사키야마 마사키의 논고를 꼭 참고하기 바란다. 﨑山政毅, 『サバルタンと歴史』, 青土社, 2001, pp. 13~98.

또한 스피박은 게일 루빈(Gayle Rubin), 장 프랑수아 리오타르(Jean-François Lyotard), 로버트 모리스(Robert Morris), 심지어 레비스트로스까지 언급하면서 "서구가 이룩한 가장 세련된 사상 혹은 행위를 비판하거나 시인하기 위해, 정태적(情態的)인 민족성을 타자에 전가하려는 경향성"을 지적하고 "우리는 너무나도 매력적인 전개에 의한 이런 기묘한 정치에 대해 경계할 필요"가 있음을 서술하고 있다.[54)]

여기서 이런 스피박의 비판을 전쟁기계에서의 민족지 기술의 문제로 설정할 때, 레비스트로스를 둘러싸고 전개되었던 다른 비판도 다시 읽어 볼 필요가 있다. 즉, 전쟁기계에서의 민족지를 둘러싼 물음은 한 사회와 역사를 말하는 언어행위에 관련되는 문제인 것이며, 거기에서는 데리다의 레비스트로스 비판 역시 논의되어야 한다. 스피박의 비판은 다양한 갈등을 포함하면서도 분명 데리다의 저 격렬한 레비스트로스 비판의 연장선상에 위치하고 있다. 또 이러한 민족지 기술에서의 언어행위의 위치에 대해서는 아사리 마코토(淺利誠)가 지적하는 것처럼 언어의 부재를 둘러싼 레비스트로스와 초현실주의, 특히 브르통(André Breton)과의 교착 관계도 고려할 필요가 있을 것이다. 이러한 레비스트로스의 기술을 둘러싼 비판의 조류를 전쟁기계를 둘러싼 논의에 개입시킴으로써, 이 확증한다라는 동사가 불러일으키고 있는 문체의 문제를 검토한다. 또, 이러한 문체와 관련되는 논의 속에서 레비스트로스와 클라스트르 사이의 차이가 갖는 의미가 분명해질 것이다.

---

54) Ibid., p. 110. 번역문은 이 장의 초역인 長原豊 訳, 「ポストコロニアル理性批判」을 참고했다.

5. 선취하다

그런데 앞서 언급했듯이 들뢰즈-가타리에게 예감이란 국가라는 미지의 존재를 등장이 예정되는 존재로서가 아니라 지금 떨쳐 버리거나 교섭해 가야 할 대상으로 지각하고 사고하는 것을 의미했다. 또 그것은 예언자들의 말에서 클라스트르가 도출해 낸 것이기도 하다. 그러나 이 예감이라는 말을 둘러싼 양자의 관련성에서 들뢰즈-가타리가 클라스트르의 기술을 다음과 같이 비판하고 있음을 간과해서는 안 된다.

> 그에게는 원시사회를 하나의 위격(位格, hypostase), 자족적 실제로 보는 경향이 있었다.[55]

또 "클라스트르는 만년의 저작에서 반(反)국가적 사회의 선주성(先住性)과 자율성이라는 생각을 굽히지 않고, 사회의 메커니즘은 사회가 저지하려고 하는 아직 존재하지 않는 것에 대한 예감, 너무도 신비적인 예감에 의한다고 생각한 것"[56]이라고도 비판한다. 클라스트르는 국가에 저항하는 사회를 '실체적'이고 '자족적'인 존재로 보고, 이러한 사회에 소속하는 '신비적 예감'이 바로 아직 존재하지 않는 국가를 계속 저지하는 원천이라고 생각했다는 것이다. 들뢰즈-가타리의 확증이라는 말은 클라스트르에 대한 전폭적인 공감과 함께 그 기술이

---

55) Deleuze & Guattari, Mille Plateaux, p. 444. ドゥルーズ=ガタリ, 『千のプラトー』, p. 415.
56) Ibid., p. 535. 같은 책, p. 486.

어떤 사회에 사실화(=역사화)되어 갇혀 버렸다는 인식과, '신비적 예감'에 둘러싸인 예언자에 대한 비판을 함의한다.

그런데 앞서 말했듯이 전쟁기계는 클라스트르가 말한 이러한 예언자의 예감과 함께 레비스트로스가 논의한 쌍분제(雙分制)에서 도출된다. 들뢰즈-가타리는 이 쌍분제에서 권력에 대한 '선취-저지의 메커니즘'(les mécanismes d'anticipation-conjuration)[57]을 발견한다.

하나의 동일한 취락을 절편화(切片化)되고 평등한 관계로 이루어진 취락과 포괄적이고 계층화된 취락이라는 두 가지 방식으로 기술할 수 있음을 레비스트로스는 보여 주었다. 거기에는 수평적인 두 가지 절편에 공통된 중간점의 선취와 하나의 직선 외부에 있는 중심점의 선취가 **두 가지의 잠재성**으로 존재한다.[58]

즉, 여기에 서술되어 있는 것은 레비스트로스가 지극히 기하학적으로 제시했던 그 유명한 쌍분제의 모델이다.[59] 이 모델은 동심원 구조의 중심이라는 권력의 등장을 선취하면서, 그 등장을 계속 저지하는 대칭적 구조를 동시에 지니는 사회이며, 정태적이고 폐쇄적인 체계로 보이는 대칭적 촌락구조가 동심원적 쌍분제의 중심을 향해서 권력을 형성하여, 촌락이 자신을 넘어 확대하려고 하는 운동을 부단히 방해하

---

57) Deleuze & Guattari, Mille Plateaux, p. 545. ドゥルーズ=ガタリ, 『千のプラトー』, p. 493.
58) Ibid,. p. 540. 같은 책, p. 490. 강조는 원문.
59) Claude Lévi-Strauss, Anthropologie Structurale, Librairie Plon, 1958. 荒川幾男・生松敬三・川田順造・佐々木明・田島節夫 訳, 『構造人類学』, みすず書房, 1972, 第8章.

는 사회라는 사실을 함의한다. 레비스트로스가 말한 바와 같이 "대칭적인 이원성에 도달하려는 일체의 노력은 동심원적 쌍분제를 전제로 한 것"[60]이다. 그리고 이 전제된 동심원적 쌍분제야말로 선취된 미지의 권력 양태를 보여 주는 것이며, 대칭적 이원성에 도달하고자 하는 노력이야말로 미지의 권력을 계속해서 저지하는 작업인 것이다. 그리고 들뢰즈-가타리는 레비스트로스가 말한 '전제'(前提, supposition)에 선취(anticipation)를 겹치고 '노력'(effort)에 저지(conjuration)를 중첩시킨다.

반복하지만 여기서 문제 삼아야 할 것은 전쟁기계라는 인식의 옳고 그름을 판단하는 것이라기보다는 전쟁기계를 사고함에 있어 어떤 특정 사회와 시대에 관한 기술이 무엇을 유인하는가 하는 점이다. 그리고 지향해야 할 점은 이러한 어떤 특정 사회와 시대에 관한 기술로 유인되는 사태에 대처하는 방법을 찾는 일이다. 그것은 또 방어태세를 기술하기 위해 유의해야 할 것이기도 할 것이다. 그리고 이런 점들을 탐구하기 위해서는 전쟁기계에서 이 두 인류학자가 위치한 지점을 재조정할 필요가 있을 것이다.

미지의 것이지만 이미 잠재하는 폭력을 클라스트르는 예언자의 말로 기술하며, 레비스트로스는 촌락구조에 전제되어 있는 시스템으로 기술한다. 그리고 전쟁기계를 확증한다(attester)라고 하는 작업에서 들뢰즈와 가타리는, 굳이 표현을 하자면 클라스트르에게 예감(pressentiment)이라는 지각을, 레비스트로스에게 선취하는 기능을 포

---

60) 같은 책, p. 167.

개 놓았던 것이다.[61] 확증한다라는 동사를 둘러싼 용어의 미묘한 차이가 암시하는 사태, 정확히 말해 전쟁기계를 사고한다는 행위와 관련된 양자의 기술이 이끌어 내는 가능성의 차이는 들뢰즈-가타리가 클라스트르의 기술을 '자족적'이라고 비판했다는 사실과 함께 다시 논의되어야 한다.

그렇다면 전쟁기계에 각인된 레비스트로스와 클라스트르 흔적의 미묘한 차이를 고찰하는 데에 사제 관계라고 알려진 이 두 인류학자 사이에 어떤 보조선을 그을 필요가 있을까? 가령 와타나베 고조(渡辺公三)는 이렇게 훌륭하게 선을 긋고 있다.

『슬픈 열대』에 범람하는 드높고 때로는 과격하다고도 할 수 있는 페시미즘(pessimism)은 동시에 이 세계로부터 가능한 한 먼 지점으로 물러남으로써 지나치게 풍요로운 이 세계에 합류하려는 시도로도 보인다. 그것은 하나의 과잉을 과대한 거리로 중화하려는 평형감각 따위가 아니라, 오히려 거의 감지할 수 없는 차이를 가지고 가장 먼 것과 가장 친밀한 것을 일치시킬 수 있다는 것에 대한 확신, 인류학이라는 하나의 기획을 향한 결의라고 말해야 하지 않을까. 이에 대해 클라스트르는 어떤 의미에서는 무방비 상태로 감정적인(affective) 관계, 혹은 정서적인 것에 직접 다가가려는 것처럼 보인다. 그리고 미개사

---

61) 부언하자면 들뢰즈-가타리는 레비스트로스의 기술에 기하학적 설명을 중첩시켰다고 할 수 있다. 거기에는 말 안에 있으면서 말에서 이탈해 가는 영역에 근접한 클라스트르와는 달리 말의 임계를 도표로 메워 버리는 행위가 존재하는 것은 아닐까? 이 책 서장 각주 40 참조.

회의 혹독한 가입의례를 견디는 전사의 침묵에서 국가를 배척하는 다정함마저 들으려 한다. 이러한 클라스트르의 태도에는 현실에 대한 또 다른 처세술, 신념 혹은 결의가 드러나 있다.[62]

레비스트로스의 위대함은 결과적으로 이해되는 관찰의 명석함이 아니라 명석함을 골라서 취한다고 하는 의식적 선택에 있다. 즉 **"관찰자 자신이 그가 행하는 관찰의 일부다"**라는 사실을 충분히 인식하면서, 레비스트로스는 "자기를 한없이 객체화(대상화)할 수 있는 능력"에 승부를 거는 것이다.[63] 그러나 이러한 레비스트로스에 대해 클라스트르는 침묵조차도 듣기 위해 무방비 상태로 전사에게 다가간다.

여기서 중요한 것은 두 명의 인류학자의 차이를 유형화하여 논의하는 게 아니다. 양자의 차이에서 고찰해야 할 것은 반복해서 말하지만 경구를 경구로서 기술한다고 하는 가능성, 즉 의사나 관찰자가 되는 일 없이 지속적으로 기술해 나갈 가능성을 명시하는 데 있다. 여기에서는 역시 예감이라는 지각이 문제된다. 그리고 이러한 작업에서 와타나베가 지적한 양자 간에 존재하는 언어행위에 대한 대처법의 차이는 매우 중요할 것이다. 즉 레비스트로스가 커뮤니케이션의 세 가지 수준으로 여성, 재화(노동), 언어를 설정한 데 반해[64] 클라스트르는

62) 渡辺公三, 「メルロー=ポンティ, レヴィ=ストロース, クラストル──訳者あとがきにかえて」, 『国家に抗する社会』, p. 313.

63) Claude Lévi-Strauss, "Introduction à l'œuvre de Marcel Mauss", Sociologie et Anthropologie, Presses Universitaires de France, 1950. 清水昭俊·菅野盾樹 訳, 「マルセル·モースの業績開題」, 『マルセル·モースの世界』, みすず書房, 1974, pp. 223~5. 강조는 원문.

64) レヴィ=ストロス, 『構造人類学』, p. 60.

"'기호'에서 교환가치가 제거"될 가능성, 즉 "여성, 재화, 말에서 교환해야 할 기호로서의 기능"이 박탈될 가능성에 주목하고 있다.[65] 레비스트로스가 언어행위를 합의 혹은 교환이라는 커뮤니케이션의 체계 위에 설정한 데 비해서 클라스트르는 합의와 교환으로부터 이탈할 가능성, 다시 말해 "말이 더 이상 소통 수단으로서는 사용되지 않으며 '타자'에 대한 관계라는 '자연'적인 목적으로부터 일탈"할 가능성을[66] 언어행위 자체의 내부에서 발견하려고 한다. 체계성을 기준으로 구분하면서 논의하는 레비스트로스와 체계성에서 일탈할 가능성을 체계성 속에서 교환되는 말 그 자체에서 찾으려고 하는 클라스트르. 말에 대한 이 양자의 기본적 자세의 차이는 '쌍분제'와 '국가에 대항하는 사회'라는 기술되어진 사회의 직유법적인 의미를 넘어서, 바꿔 말하면 전쟁기계의 확증을 위해 동원된 민족지 기술이라는 양자에게 가탁된 역할을 넘어서 전쟁기계의 기술 문체 존재방식에 깊이 관여하게 될 것이다.

6. 공작자[67]

레비스트로스의 민족지 기술에서 언어행위가 어떻게 다루어졌는가 하는 것은 몇 번이나 논의된 바 있는 「마르셀 모스 논문집에 대한 서문」 가운데 마나(mana) 혹은 하우(hau)를 둘러싼 레비스트로스의 사상에

---

65) クラストル, 『国家に抗する社会』, p. 60.
66) 같은 책, p. 151.

집약되어 있다고 할 수 있다. 거기서의 레비스트로스의 주장은 거칠게 말하면 "모든 세계론이 구성하는 상징들의 체계에서 마나는 단순히 상징적 제로치(Zero symbolic value)라고 할 수 있을 것이다"[68]라는 점 밖에 없다. 시니피에에 대한 시니피앙의 과잉이라는 불안정성을 말의 부재, 즉 결여(제로치)를 설정함으로서 단번에 안정화, 체계화시키고 있는 것이다. 거꾸로 말하면 언어는 부재로부터 일거에 탄생할 수밖에 없으며, 이 '제로치'로서의 부재의 존재를 지시하는 기호로서 마나와 하우가 있다. 여기서는 아사리 마코토가 지적하고 있듯이 브르통이 계속 고민했던 체계적인 시니피앙이 파생하기 직전의 지점, 바꿔 말하면 '제로치'를 전제로 해서 이미 탄생한 시니피앙이 아닌 시니피에에 홀린 '아우라(Aura)를 띤 시니피앙'은 사고의 전제에서 이미 배제되어 있다.[69]

또, 마나와 하우를 '제로치'라고 바꿔 부르는 것은 상징체계에서의 무의식의 설정과도 관련된다.

---

67) 여기서 공작자(工作者)라는 말을 다니가와 간(谷川雁)의 '공작자 선언'에서 인용하고자한다. 거기에는 말이 자신의 수단이 되지 못하는 지점에서의 표현에 승부를 걸려고 하는다니가와의 언어표현에 대한 기본적인 자세가 함의되어 있다. 그것은 후술하는 브리콜뢰르(bricoleur) 문제와도 겹쳐진다. 谷川雁, 『工作者宣言』(現代思潮社, 1970)에 수록된「工作者の論理」및「観察者と工作者」를 참조. 또 이러한 다니가와가 갖는 의미에 대해서는 長原豊의 다음 논고를 참고했다. 長原豊,「いわゆる日本人を騙る〈Askess〉〈A(nti)-Ethik〉── こうして世界は複数になるのだ」,『情況』, 1997年 1·2月号.
68) レヴィ=ストロース,「マルセル・モースの業績開題」, p. 248.
69) 浅利誠,「レヴィ=ストロースとブルトンの記号理論 ── 浮遊するシニフィアンとアウラを帯びたシニフィアン」(鈴木雅雄·真島一郎 編,『文化解体の想像力』, 人文書院, 2000) 참조.

하우는 문제가 특별히 중요성을 띠고 있는 특정 사회의 인간들이 어느 무의식적 필연성을 파악할 때 취하는 의식형태이며, 이 필연성의 이유는 따로 존재한다.[70]

"따로 존재하는 것"이라고 기술한 다음, 레비스트로스는 모스를 예로 들면서 "원주민의 이론을 묘사할 것인가, 원주민의 사상(事象)에 관한 이론을 만들 것인가"를 캐묻는다. 즉 원주민들은 상징적 질서 안에서 무의식의 존재를 의식화하고 언어화하려고 하우를 획득하는데, 레비스트로스는 하우라는 명사를 다시 무의식의 어둠 속으로 매장한 후, 거기에 '제로치'라는 새로운 학문적 명사를 부여하여 그들/그녀들의 질서의 필연성을 새롭게 만들어진 이론으로 (재)해석하는 것이다.

여기서 레비스트로스의 "이론을 만든다"라는 선택을 문제화하기 위해서는 제로와 이론적 명사로서의 '제로치'[71], 혹은 무의식과 이론적 명사로서의 '무의식'을 구별해야 하는데, 이때 후자가 전자의 언어화임을 확인해 둘 필요가 있다. 마나와 하우가 그러했듯이 '제로치' 혹은 '무의식'도 언어화할 수 없는 영역의 비유이다. 그리고 물어야 할 것은 이론의 옳음과 보편성이 아니라, 이 이론적 비유가 가지는 수행적인(performative) 측면이다. 즉 원주민이 제로를 마나로 언어화한

---

70) レヴィ=ストロース, 「マルセル・モースの業績開題」, p. 237.
71) 이 점에 관해서는 폴 드 만(Paul de Man)의 「파스칼의 설득의 우의」(パスカルの説得の 寓意)를 참조했다. 이 안에는 "명사(名辞) 제로는 제로의 무늬일 뿐이다. 제로에는 명사가 없으며 지명할 수 없을 경우 항상 제로라고 불린다"(강조는 원문)라는 지적을 참조. スティーブン・J. グリーンブラット 編, 船倉正憲 訳, 『寓意と表象・再現』, 法政大学出版局, 1994. 폴 드 만이 지적한 것처럼 결여를 대수적(代数的) 결여로 바꿈으로써 '논의무용'(論議無用, sans dispute)(파스칼)의 힘은 잃어버리게 된다.

데 반해, 레비스트로스는 제로를 '제로치'로 언어화하여 원주민과는 다른 시니피앙의 질서를 획득한 것이다. '제로치'에 의해 체계의 이론 제작자로 선회한 인류학자 레비스트로스가 거기에 있다.

레비스트로스의 변신에서 중요한 것은 '제로치'라는 명사를 도입한 순간 원주민과 인류학자가 그야말로 민족지를 기술한다고 하는 행위에 의해 거주하는 세계를 나눌 수 있다는 점이다. 바꿔 말하면 마나를 '제로치'로 바꾸는 순간 사람들은 원주민이 되며, 레비스트로스는 인류학자가 되는 것이다. 또, 레비스트로스가 뒤르켐(E. Durkheim)과 모스에 대해 "그들의 **마나** 이론은 그들 자신의 사고 가운데 **마나** 이념이 특별한 지위를 점해야 한다는 요청에 의해서 이 특별한 지위가 함의하는 여러 특성을 현 주민의 사고에 투입한 것에 지나지 않는 것은 아닐까"[72]라는 비판을 할 때, 마나를 마나라고 말하는 그들은, 레비스트로스에게는 관찰해야 할 객체인 것이다. 앞서 말했듯이 "자기를 끝없이 객체화"하는 것에 민족지 기술의 축을 두었던 레비스트로스에게 있어 무의식은 자기와 타자가 만나는 장소가 된다. "우리는 이 평면에서 우리 자신에게서 일탈하지 않으며, 거기다 동시에 우리의 것이기도 하며 타자의 것이기도 한 활동의 제(諸)형태"와 만나게 된다. 그러나 레비스트로스는 이 무의식에 마나가 아닌 '제로치'를 설정하고 새로운 자신의 세계로 여행을 떠나는 것이다.

그러나 마나로 비유적으로 표현된 무의식은 다른 언어화 과정을 거치게 될 것이다. 그것은 '제로치'와 같은 난폭한 절단과 새로운 체계

---

72) レヴィ=ストロース, 「マルセル・モースの業績開題」, p. 243. 강조는 원문.

를 한번에 만들어 내는 것이 아니라, 오히려 언어행위로 인해 이제까지의 체계가 알력을 산출하는 개입적인 과정이다. 여기서 언어화는 언어 자체의 질서를 뒤흔드는 힘으로 계속 등장한다. 그것은 또 말할 것도 없이 클라스트르가 발견한 기존의 질서로부터 끊임없이 이탈하는 언어행위의 가능성이기도 할 것이다.

여기서 관찰자나 의사와는 다른, 공작자라는 말을 설정하고 싶다. 또한 여전히 확신범인 레비스트로스를 검토해야 한다. 그도 그럴 것이 시니피앙 질서 내부에 있으면서 잠재력을 끌어내 무엇인가를 이뤄 낸다고 하는 기술은 레비스트로스가 말하는 브리콜뢰르와 매우 가깝기 때문이다. 여기에서 안정된 시니피앙의 질서는 전제되고 있지 않다.

브리콜뢰르가 사용하는 자재(資材)는 한 사회에 이미 존재하고 있다. "그가 사용하는 자재의 세계는 닫혀 있는" 것이다.[73] 또 브리콜뢰르가 행하는 작업은 설계되고 계산된 계획에 따라 진행되는 것이 아니라, 이미 부여된 범위의 자재와 자재에 숨겨져 아직 실현되지 않은 잠재적 유용성에 의해 지배된다. '마침 갖고 있는 것'과 '아직 어딘가에 쓸모 있는 것'이 브리콜뢰르의 슬로건이다. 따라서 브리콜뢰르가 일에 대한 지배력을 완전히 갖는다는 것은 있을 수 없으며 일을 규정하는 힘은 각각의 자재 속에 분산되어 존재한다. 이에 비해 엔지니어(기술자)가 사용하는 자재는 닫혀 있지 않다. 또 그 자재의 유용성은 이미 투명하며 계산 가능한 것이다. 엔지니어들은 계산에 기초하여 계획을

---

73) Claude Lévi-Strauss, La Pensée Sauvage, Librairie Plon, 1962. 大橋保夫 訳, 『野生の思考』, みすず書房, 1976, p. 23.

입안하고 자재를 조달하고 배치해 간다. 거기에서 행위의 의지는 완전히 기술자에게 귀속된다.

이러한 엔지니어와의 대비 속에서 레비스트로스가 설정한 브리콜뢰르는 스스로의 행위에 관한 의지가 실현 예정된 것으로 애초부터 설정되지 않기 때문에, 자신이 무엇을 목적으로 하는지, 무엇을 이루려고 하는지, 그리고 자신은 어떤 존재인지 하는 주체에 관한 기본적인 물음에 대해서는 항상 완벽하게는 답할 수 없다.[74] 즉 "브리콜라주(bricolage)의 유일한 약점 —— 그러나 브리콜라주의 자격으로는 이것은 극복 불가능하지 않을까 —— 은 자기를 구석구석까지 자신의 언어로 정당화시키지 못한다"는 것이다"[75] 그리고 이러한 레비스트로스가 '미개사회'의 '야생의 사고'로 발견한 브리콜라주에서 지금 반복해야 할 것은 데리다가 레비스트로스를 향해 던진 이러한 물음이다.

분명히 이 민족학자가 스스로를 '기술자'(技術者) 혹은 '숙련노동자'(bricoleur)라고 생각하는지 묻는 일은 여전히 남을 것이다.[76]

브리콜뢰르라는 것과 관찰 대상을 브리콜뢰르로 인식한다는 것 사이에는 결정적 차이가 있다. 또 데리다의 맥락에서 말하자면, 이렇게 묻는 것이 더욱 중요했다. 그도 그럴 것이 데리다의 입장에서는 레

---

74) 레비스트로스는 이러한 불확실성을 브르통의 '객관적 우연성'이란 용어로 설명한다. レヴィ=ストロース, 『野生の思考』, p. 27.
75) Jacques Derrida, De la Grammatologie, Les Éditions de Minuit, 1967. 足立和浩 訳 『根源の彼方に―グラマトロジーについて 上』, 現代思潮社, 1972, p. 275.
76) 같은 책, p. 214.

비스트로스가 말하는 "모든 숙련노동과 관계를 끊은 기술자라는 관념은 창조주의적 신학에 의존하는" 것이며, "단지 이러한 신학만이 기술자와 숙련노동자와의 엄밀하고 본질적인 차이를 믿을 수 있는 것이다."[77] 따라서 "완전한 언어표현은 모두 잡다한 세공 작업(브리콜라주—인용자)이라는 점을 인정하고, 기술자와 학자 역시 일종의 잡다한 세공임을 인정한다면 잡다한 세공이라는 발상 자체가 곧 위협받게 되며, 거기에 의미를 부여했던 상이함은 곧 해소되어 버리는 것이다".[78]

그들/그녀들이 브리콜뢰르라고 민족학자가 기술(記述)하는 것은 바로 그 기술이 브리콜라주임에도 불구하고 다른 기술인 것처럼 구분 짓는다. 마나를 '제로치'로 바꿨을 때와 마찬가지로 레비스트로스는 그의 기술에 따라 두 개의 세계를 만들어 낸다. 그러나 여기에서도 브리콜뢰르임에도 불구하고 엔지니어이고자 하는 레비스트로스를 신학자라고 비판하려는 것은 아니다. 여기서 논의해야 할 것은 전쟁기계에 관련된 기술이 둘로 분단된 세계를 수행적으로 만들어 버리는 위험성이며, 예감이라는 용어에서 추구해야 할 것은 세계를 둘로 구분하는 것이 아니라 양자를 연결해 가려는 기술의 가능성이다. 전선(戰線)은 개별적으로 설정되어서는 안 되며, 또 이미 물질화되어 버린 개별의 전선은 신(神)에 의해 통괄되어서도 안 되기 때문이다.

다음은 이러한 브리콜뢰르와 엔지니어라는 유형을 해제한 다음,

---

77) 같은 책, p. 276.
78) Jacques Derrida, L'es Écriture et la difference, Éditions de Minuit, 1967. 梶谷温子·野村英夫·三好郁朗·若桑毅·阪上脩 訳『エクリチュールと差異 下』法政大学出版局, 1983, p. 224.

레비스트로스의 민족지 기술이 왜 둘로 분단된 두 개의 세계를 만들어 갔는지를 검토해야 한다. 결론부터 말하면 "그가 사용하는 자재의 세계는 닫혀" 있기 때문에 레비스트로스가 전제하는 것은 필드라는 영역이다. 그것은 하나는 경험적인 것으로, 또 다른 하나는 "소리가 닿는 범위에 대한 상찬(賞讚)"[79]으로 제시된다. 레비스트로스에게 브리콜라주가 필드의 브리콜라주로 계속 머무르는 것은 우선 그것이 어디까지나 경험적인 세계의 산물이기 때문이다. 거꾸로 말하면 레비스트로스가 자신의 구조주의를 경험주의 비판으로 등장시킬 때,[80] 브리콜라주는 경험 세계에 봉인되고 자신은 그 밖으로 뛰쳐 나가는 것이다. 또 이러한 경험의 세계는 언어 세계의 종별화(種別化)에 의해서도 지탱되고 있다. 대면(對面) 관계에 의해 영위되는 구어(口語)의 세계야말로 민족지 기술의 반대편에 있는 세계(필드)인 것이다. 그리고 널리 알려진 것처럼 이 구어라는 영역은 데리다가 '인식론적 음성＝로고스주의'로 레비스트로스를 비판하는 최대의 포인트를 형성한다. 즉 "민족학적 고백과 민족학자의 이론적 담론의 경계선"[81]을 긋기 위해서 "문자에 어떤 특수성을 부여하고 구어는 그것을 피하고 있다고 결론"[82] 맺는다.

---

79) デリダ, 『根源の彼方に―グラマトロジーについて 上』, p. 277.
80) 경험주의 문제에 대해서는 데리다의 다음 문장을 참조할 것. "한편으로 구조주의는 정당하게 경험주의의 비평으로 제시된다. 그러나 동시에 레비스트로스의 저서나 연구는 모두 언제라도 다른 정보들이 출현하면 보충하거나 부인할 수 있는 경험적인 시론으로 제안되고 있다" デリダ, 『エクリチュールと差異 下』, p. 230. 또 스피박의 다음 부분도 참조할 것. Gayatri Chakravotry Spivak, "Translator's Preface", Jacques Derrida, Of Grammatology, The Johns Hopkins Univ. Press, 1976, pp. xix~xx.
81) デリダ, 『根源の彼方に―グラマトロジーについて 上』, p. 236.
82) 같은 책, p. 266.

이 언어의 종별화는, 환언하면 말하고 있음에도 말하는 것으로 간주되지 않으며, 또 쓰고 있음에도 쓰는 것으로 간주되지 않는 사태이다. 이 사태는 문자 그대로 필드워크라는 작업 속에서 확인되고 유지된다. 스피박이 데리다의 레비스트로스 비판을 예로 들면서 "원주민 정보제공자(native informant)로서 젠더화된 서벌턴이 이러한 민족지적인 편견(a version of ethnographic prejudice)의 해석에 의해 침묵을 강요당한다"[83]라고 비판한 것도 바로 이러한 필드워크라는 작업이다. 그리고 이 언어의 종별화에 의해 기호가 분류되는 가운데 언어가 커뮤니케이션 이외의 무엇인가를 성취한다는 흔적이 지워지는 것이다. 선을 긋는다는 것은 쓰는 것의 밖으로, 또 우물우물하는 것은 말하는 것의 밖으로 매장되어 사라져 간다.[84]

언어행위가 브리콜라주라고 한다면 구어는 항상 불완전하며 다 말할 수 없는 무엇인가를 동반한다고 봐야 한다. 또 그것은 클라스트르의 언어에 대한 기본적인 자세이기도 할 것이다. 이쯤에서 확증하다라는 동사로부터 클라스트르의 예감이라는 지각(知覚)을 구출할 때가 온 것 같다.

7. 재개(再開)

레비스트로스는 마나 혹은 무의식에 감추어진 힘을 이론적 명사로 다시 매장해 버렸다. 그러나 마나와 무의식은 '제로치'로서의 정태적(靜

---

83) Spivak, A Critique of postcolonial Reason, p. 406.

態的)인 질서를 조정(措定)하는 원리는 아니다. "무의식이라는 말이 나타내는 것은 더 이상 초월적인 조직평면을 지배하는 감추어진 원리가 아니라, 구축됨에 따라 스스로 표면으로 드러나는 것과 같은 내재적인 존립평면(存立平面)의 과정이다. 무의식은 만들어져야 할 것이지 발견되어야 할 것은 아니다. 더 이상 의식–무의식의 이항기계(二項機械)는 존재하지 않는다."[85]

　　마나를 마나라는 말로 묶어 두는 것은 시니피앙의 불안정성 속에서 기술해 가는 것을 의미한다. 혹은 그 불안정성을 힘으로 끌어당기는 것이다. 제로 혹은 무의식의 위치에 봉인되어 있던 것이 존재를 주장하기 시작하고, 말을 획득하기 시작할 때, 이제까지의 시니피앙은 웅성거리게 되고 불안정해지며 체계가 무너져 급기야 열리게 된다. 그것은 예를 들면 레비스트로스의 '제로치'처럼 새로운 질서 혹은 지배의 도래, 즉 전칭명제가 등장하게 될 예감이기도 하지만, 이러한 재(再)매장에 대항하면서 힘을 힘으로 이어 가면서 전선(戰線)을 확대하는 절호의 기회에 대한 예감이기도 하다. 말의 밖에 존재하고 있던 것

---

84) デリダ, 『根源の彼方に―グラマトロジーについて 上』, pp. 249~50. 널리 알려진 것처럼 데리다의 레비스트로스 비판에서 초점이 되는 것은 『슬픈 열대』의 남비콰라족에 대한 기술, 즉 '글쓰기에 대한 가르침'(leçon d'ecriture)에 관한 것이다. "남비콰라족이 글을 쓸 줄 모른다는 것은 어렴풋이 알려져 있는 일이다. 게다가 그들은 호리병박에다 몇 가지 점선이나 갈지자 꼴을 그려 놓는 것을 제외하고는 그림 또한 그릴 줄 모른다"라고 기술한 레비스트로스를 데생 자체가 '글쓰기'(ecriture)라고 데리다가 비판할 때, 거기에는 시각적인 표현을 '글쓰기'의 외부에 던져 버리는 것을 거부하는 데리다의 논점이 이미 준비되어 있다고 할 수 있다. "소리가 닿는 범위에 대한 상찬"을 비판하는 논리가 "눈이 닿는 범위에 대한 상찬"으로 치환되어서는 안 된다. 「서장」 각주 40을 참조하기 바란다. 레비스트로스의 인용 부분은 川田順造 訳, 『悲しき熱帯 下』, 中央公論社, 1977, p. 163(Claude Lévi-Strauss, Tristes Tropiques, Librairie Plon, 1955)을 참조.
85) ドゥルーズ・ガタリ, 『千のプラトー』, p. 327.

들이 말을 갖기 시작하는 것은 그러한 의미에서 위험성과 가능성을 함께 가지고 있다고 할 수 있다. 지금 지향해야 할 기술을 마나와 '제로치' 사이에 머물면서 힘의 봉인을 풀고 다시 매장에 대항하면서 수행되는 기술로 설정하자. 그것은 또 증후학에서 출발해 그것을 병소(病巢)의 발견에 그치게 하지 않는 것이기도 하다. "문자(文字)는 경구(警句)처럼 살아가는 것"[86]이다.

또, 이 기술에서 시니피앙의 웅성거림은 이미 원주민도 민족학자도 아닐 것이다. 이 웅성거림은 체계적인 시니피앙의 영역에 부여된 안정된 그들/그녀들에게도, 또 그들/그녀들로부터 절단된 우리들에게도 있지 않다. 굳이 말하면 시니피앙의 불안정성 속에서 예감이라는 지각에 의해 발견된 우리들, 바꿔 말하면 새로운 지배를 끌어들이는 것을 거부하면서 안정된 질서에 정주하는 일 없는 "곤란한 '우리들'"[87]이 기술에 의해서 수행적으로 발견되어 갈 뿐이다. 그리고 시니피앙의 불안정성이 폭력의 남유적 표현과 중첩될 때, 환언하면 전쟁기계에 관련된 언어표현의 문제로 설정될 때, 이 "곤란한 '우리들'"은 방어태세를 취한다.

이와 같은 기술에 관한 기술자와 언어와의 관계는 안정된 시니피앙의 체계 내부에 계속 머무르는 행위자도 아니며, 그 밖에 위치하는 관찰자도 아닐 것이다. 일단 체계를 이루는 시니피앙 속에서 그 시니

---

86) デリダ, 『エクリチュールと差異 上』, p. 138. 이 인용 부분은 브르통의 글("Du surrealisme en ses œuvres vives")에 대해 기술하고 있는 부분이다.

87) 주디스 버틀러(Judith Butler)가 일체의 근거를 거부하면서도 수행적으로 기술하는 가운데 만들고자 했던 관계성을 나는 이렇게 정의한 바 있다. 冨山一郎, 「困難な「わたしたち」」, 『思想』918号, 2000.

피앙에 다른 잠재적인 가능성을 예감해 가면서 그 잠재력을 미래에 대한 가능성으로 기술해 가고, 또 계속 기술해 간다고 하는 그 자체에서 스스로도 전전(轉戰)하는 그런 기술자와 말의 관계가 상정되어 있다. 그리고 공작자란 곧 이 기술자를 말한다. 클라스트르의 민족지를 확증에 사용하면서, 그것을 '자족하는 실체'로 간주해 버림으로써 중단된 것은 전쟁기계를 사고하는 것과 관련된 이러한 기술의 가능성이다. 쌍방제로부터 '선취-저지의 메커니즘'을 이끄는 과정에서 생겨났을 예감이라는 동사에서 선취라는 동사로의 미묘한 비약은 이와 같은 중단의 흔적이기도 할 것이다.

그리고 압도적인 약세의 위치에서 방어태세를 취하는 누군가를 기지의 폭력으로 압살하는 것이 예정된 어떤 특정 시대나 사회의 존재로서가 아니라, 어디까지나 결말이 나지 않은 현재의 상황에 존재하며, 이런 상황에서 폭력에 대항할 가능성을 사고하기 위해서는 기술은 예감하는 것에서 재개해야 한다. 방어태세는 분단된 어떤 특정 시대나 사회의 몸짓으로 해석되고 분단시킬 것을 추구하는 것이 아니라, 예감에서 재개되어야 할 기술을 단호하게 요구하는 것이다. 시칸지마의 술집 주인이 취한 방어태세는 미시적이고 해부학적인 탐색을 추구하는 것이 아니라 기술자에게 예감이라는 지각을 바탕으로 한 기술을 추구하는 것이다. 그리고 반복해서 말하지만 여기서 말하는 예감이란 지금 검토한 것과 같은 전쟁기계와 관련된 사고의 형태를 나타내는 것으로, 사고가 비약할 때마다 어긋나거나 탈선하거나 하지 않도록 때로는 직접 언급하는 경우도 있지만, 중요한 것은 사고하는 것이며 이런 의미에서 사고의 연결기(連結機)와 같은 것이다.

지금 오키나와라는 말과 만날 때마다 내 안에 앙금처럼 계속 쌓여 온 위화감이 말에 다가간다. 그것은 관찰이나 해석이 아닌 예감과 함께 개시되는 사고이다. 이 사고의 첫 출발은 대부분 미시적인 증후학과 유사하며 방어태세라는 영역이 관찰 대상으로 자리 잡고 있다. 일단은 증후학에서 출발하지 않으면 안 된다. 그러나 그곳에서 전전을 개시하지 않으면 안 된다. 방어태세를 타자의 몸짓으로 분석하는 것이 아니라 거기서 떼어진 채로 방치되어 있는 신경계에 스스로가 접합하여 예감과 함께 기술을 재개해야 한다.

3_다시 이하 후유로

제국주의에 있어 오키나와인이 일본 민족인가 아닌가가 문제인 것이
아니라, 전전(戰前)과 전후, 현재를 통틀어 '오키나와인'이어야만 했
던 것이 문제였다. 그리고 우리는 일본인이 아니다. 따라서 오키나
인이 일본 민족의 일원이 되려고 한다든가 오키나와 민족이라는 것
을 만들어 내려고 하는 것은 무의미하다. 우리는 오키나와인으로서
싸우고 오키나와인으로서 해방된다. ─오키나와청년동맹[88]

1. '삼국인'(三國人)

최근 도쿄(東京)에는 불법 입국한 많은 삼국인(三國人), 외국인에 의
한 매우 흉악한 범죄가 끊이지 않고 있다. 도쿄의 범죄 형태는 이제
과거와는 다르다. 이런 상황에서 매우 심각한 재해라도 발생한다면
큰 소요마저 예상된다. 이에 대처하기 위해서는 우리 경찰의 힘만으

---

88) 沖縄青年同盟 編, 『沖縄解放への道』, p. 104.

로는 한계가 있다. 따라서 그런 상황이 발생하게 되면 여러분 모두 재해의 구급(救急)뿐만 아니라 치안 유지에도 힘써 주기 바란다.[89]

2000년 4월 9일, 육상자위대 네리마(練馬) 주둔지에서 개최된 기념행사에서 이시하라 신타로(石原眞太郞) 도쿄도지사는 '삼국인'이라는 발언을 한다. 이 발언으로 어떤 사람은 마음에 깊은 상처를 입었을 것이고, 어떤 사람은 공감하면서 대수롭지 않게 흘려들었을 것이다. 여기서는 '삼국인'이라는 말의 역사적 정의와 이시하라의 현 상황에 대한 인식의 진위가 중요한 것이 아니다. 문제는 사람들 사이에 울려 퍼진 이 말의 잔향음(殘響音)을 어떻게 들을 것이며, 그 잔향음에 의해 각인된 상흔(傷痕)을 어떻게 발견하고, 그 상흔에서 지금도 여전히 계속되고 있는 여진(餘震)을 어떤 사태로 기술할 것인가 하는 일이다.

물론 이시하라의 발언이 세계화의 흐름을 타고 전개된 '세계도시'를 다시 영유하려는 국가의 재정의와, 군사적 폭력의 재배치, 군사의 경찰화 문제와 관련되어 있음은 말할 것도 없다. 그것은 또 탈냉전을 향한 식민주의의 새로운 지속이기도 하다. 우리는 여전히 이케다가 말하는 '진출'의 시대에 살고 있는 것이다.

그러나 이러한 설명(=분석)만으로는 절대적으로 불충분하다. 왜냐하면 반복하지만 폭력이란 그것이 물리적으로 행사됨으로써 기능하는 것이 아니라, 그 존재가 암시된 시점에서 이미 작동하기 때문이다.

---

89) 內海愛子·高橋哲哉·徐京植, 『石原都知事「三国人」発言の何が問題なのか』, 影書房, 2000, p. 201.

따라서 '삼국인'이라는 말이 암시하는 군사적 폭력의 재배치는 그 계획이 구체적으로 실현될 때 기능하는 것이 아니라, 그 존재가 암시된 시점에서 이미 작동하는 것이다. 암시는 미래의 예측이 아니라 이미 시작인 것이다. '삼국인'에서 암시되는 이미 작동하는 폭력이 감지되고 예감과 함께 다시 그려지고 있는 지금, 폭력에 저항할 가능성이 도출되어야 한다.

이시하라의 '삼국인' 발언을 들은 메토루마 슌(目取真俊)은 자신의 조모에 대해 기술하기 시작했다.[90] 메토루마의 조모는 오키나와 나키진(今歸仁)에서 가나가와(神奈川)에 있는 방적공장으로 일하러 갔다가 관동대지진이 일어나기 반 년 전에 귀향해서 지진을 직접 겪지는 않았지만 전해 들은 것을 메토루마에게 들려주었다고 한다. "표준어가 능숙하지 못한 오키나와인이 조선인으로 오인되어 살해당할 뻔했다" 이시하라가 내뱉은 '삼국인'이라는 말은 메토루마로 하여금 이 조모의 이야기를 상기하게 했다.[91]

메토루마의 이 기술은 조모를 추억하는 이야기도 아니거니와 오키나와 근대사의 증언도 아니다. 그것은 우선 이시하라가 내뱉은 '삼국인'의 잔향음이며, 세계화의 흐름을 타고 재편되고 있는 식민주의, 바꿔 말하면 이케다가 말하는 '진출' 시대의 전황(戰況)을 형성하고 있다. 또 그것은 전쟁 상황이기 때문에 아직 결론이 나지 않은 미래에 대

---

90) 같은 책, pp. 99~101.
91) 도바루 가즈히코(桃原一彦)가 이 메토루마의 기술을 대지진을 경험하지 않았음에도 학살을 감지한 경험으로 이해하고 있는 점은 매우 중요하다. 桃原一彦, 「大都市における沖縄出身者の同鄕結合の展開」, 『都市問題』 91巻 9号, 2000, p. 55.

한 조감도를 지금 예감하는 작업이기도 하다. 기술한다는 것이 잔향음을 되살리고 상흔을 부각시키며 여진을 투쟁의 일부로 제시하여 새로운 전황의 전개를 낳는 그러한 가능성. 이시하라의 '삼국인' 발언과 관련하여 추구해야 할 것은 거칠게 말하자면 바로 이러한 기술의 가능성이다.

메토루마가 떠올린 조모의 관동대지진 이야기는 어떤 사태일까? 오키나와 연구자로 알려져 있는 히가 슌초(比嘉春潮)는 대지진 당시 도쿄에 있었다. 1923년 3월에 도쿄로 올라와 가이조샤(改造社)에서 사원으로 일하던 히가의 요도바시(淀橋) 집에 자경단이 들이닥쳤다.[92] 지진이 있은 지 얼마 되지 않은 한밤중의 일이었다.

> "조선인이지?"(자경단)
> "아니오."(히가 슌초)
> "말투가 좀 다르잖아!"(자경단)
> "그거야 당연하잖소. 나는 오키나와 사람이니 당신들이 쓰는 도쿄 사투리하고는 다를 수밖에 없지 않소?"(히가 슌초)
> "무슨 소리요? 청일전쟁, 러일전쟁 때 공을 세웠던 오키나와인을 조선인과 같이 취급하다니."(친구)

히가와 그의 친구가 주장하고 싶었던 것은 '우리는 조선인이 아니'라는 사실이었으며, 그 주장이 받아들여져 히가와 그 친구는 곤경

---

92) 인용 부분은 比嘉春潮, 『沖縄の歳月』, 中央公論社, 1969, p. 109.

에서 벗어났다. 히가의 체험담에서 보이는 이러한 대화는 지진 발생 이후 다양한 장소에서 유통되었고 대부분의 경우 '우리는 조선인이 아니'라는 해명이 받아들여졌다. 그러나 나중에 언급하겠지만 문제는 곤경에서 벗어났다고 하는 결과가 아니라 거기에 이르기까지의 과정이며, 그 과정에서 무엇이 일어났는가 하는 점이다.

또 이 대화는 거듭해서 인용하고 있는 "너희들도 오인되어 살해당하지 않도록"이라는 교사의 발언과 마찬가지로 오키나와와 조선의 차이를 나타내는 것으로 일단은 이해할 수 있을 것이다. '조선인'과 '오키나와인'의 사이에는 제국 내부의 종차가 분명히 존재하며, 이러한 제국의 계층구조를 분석하는 자 역시 그 하나의 확증으로서 이 증언을 취할 것이다. 오키나와는 식민지이지만 조선과는 다르다. 그렇다, 반(半)식민지. 혹은 국내식민지.[93] 그러나 도쿄역 앞의 시커멓게 그을린 시체 곁을 지나면서 슈리(首里) 출신 친구가 "살해당한 것"이라고 믿었던 히가에게 '조선인'과 '오키나와인'의 차이는 무엇이었을까? 그가 '다르다'라고 스스로를 제시했을 때 그곳에 발생했던 사태는 사후적으로 그리고 학문적으로 고찰되는 제국의 종차에 환원하여 기술되어서는 안 될 것이다.

혹은 히가가 자경단에게 '다르다'라고 말했을 때, 그것은 살해하

---

93) 국내식민지라는 용어는 대부분의 경우 식민지의 아날로지로 사용되며 결과적으로 식민지 문제를 애매하게 한다. 또 이 용어를 사용함으로써 애매하게 방치되었던 것은 지리적으로 구분할 수 없는 식민주의의 전개이며, 바로 옆에서 전개되고 있지만 이미 남의 일이 아닌 폭력의 모습이다. 오키나와를 둘러싼 국내식민지론의 계보를 검토한 것으로는 다음 논고를 참고하기 바란다. 冨山一郎, 「国境」, 『近代日本の文化史 4』, 岩波書店, 2002.

는 쪽에 연루되는 것을 수락했다는 뜻으로도 이해될지 모른다. "청일·러일전쟁 때 공을 세웠던 오키나와인"이라는 친구의 해명은 시커멓게 그을린 시체를 앞에 두고 들어야 할 것이다. 그리고 이 해명을 읽는 자는 히가의 글에는 표현되어 있지 않은 자경단의 말을 상상해야 한다. "그렇다면 죽여 봐."

> 내가 일본인에게 살해당하고 오키나와인을 살해하고 조선인을 살해했다.[94]

반복해서 말하지만 학문적으로 조정(措定)된 제국 내부의 위치를 둘러싸고 국내로도 식민지로도 분류되지 않는 애매함을 오키나와는 수없이 겪어 왔다. 따라서 히가의 이 증언을 어떻게 읽어야 하는가는 오키나와와 식민주의 관계와 관련된 가장 기본적인 구조에 관한 문제이기도 하다. 그리고 분명한 것은 이 대화를 제국의 계층구조의 증거 혹은 명확히 살해하는 쪽과 살해당하는 쪽으로 나누어 읽는다면, 히가에게 일어나고 있던 사태 그리고 그 사태를 '삼국인'과 관련된 잔향음으로 떠올렸던 메토루마의 개입은 읽기와 기술이라는 실천으로 재단되고 봉인된다는 사실이다.

우리는 제국의 일원이다. 우리는 일본인이다. 우리는 일본사회의 구성원이다……. 오키나와를 둘러싸고 반복되어 온 이러한 주장은 그때마다 승인되고 대부분의 경우 어떤 형태로든 합의를 형성해 왔다.

---

94) 野村浩也, 「日本人へのこだわり」, p. 40.

그것은 또 노동시장으로의 포섭과 관련된 계약적 합의와도 겹쳐진다. 그리고 이 합의가 형성되는 공간은 바로 오키나와라는 역사적·지리적 영역을 물질화해 왔다. 오키나와는 일본이다. 따라서 조선과는 다르다. 혹은 거꾸로 다른 주장들을 취합하여 합의에 이르지 않는 장면을 오키나와와 관련한 특수한 사례로 들고 거기에 오키나와를 포함시키는 자도 있을지 모른다. 식민지라는 증거를 수집하고, 거기에 오키나와를 포함시킨다. 오키나와는 역시 식민지다. 그리고 반복해서 지적한 바와 같이 일본인가 식민지인가라를 분류하는 가운데 오키나와는 방치되거나 찢겨 나가게 된다. 중요한 것은 일본이라는 당장의 합의를, 바꿔 말하면 역사적·지리적으로 물질화된 오키나와라는 영역, 즉 "'오키나와인'이어야만 했던 것이다"라는 기술을[95] 어떤 사태로 고찰할 것인가 하는 문제이다.

시칸지마의 술집 주인의 침묵이 그랬던 것처럼 합의 속에서 사후적으로 취합된 요설(饒舌)과 그 취합된 요설의 역사가 터져 버리는 미시적 순간이 있다. 그것은 아마도 우선은 증후학적으로 파악되는 사태일 것이다. 예컨대 시인 야마노구치 바쿠(山之口獏)는 자신의 수필 두 곳에 매우 유사한 대화를 싣고 있다. 하나는 1931년 3월 2일자 『미야코 신문』(都新聞)[96]에 실린 수필이고, 다른 하나는 1957년 9월호 『부인화보』(婦人畫報)[97]에 실린 수필이다. 대화의 내용은 미묘하게 달라서 그것이 같은 대화인지 아니면 비슷한 상황이 두 번 있었던 것인지는

---

95) 冨山一郎, 「困難な「わたしたち」」.
96) 山之口獏, 「スフに就いて」『山之口獏全集 第3巻』, 思潮社, 1976.
97) 山之口獏, 「沖縄の叫び」『山之口獏全集 第3巻』.

분명치 않다. 또 두번째 수필을 썼던 상황은 전시하로 되어 있다. 다만 이 대화가 야마노구치 바쿠에게 지속되었던 것만은 분명하다. 이러한 대화이다.

> "오키나와 사람들도 '군' (君)이라든가 '충' (忠)이라는 걸 생각하겠죠?" (어느 문화인)
> "외국인은 아니니까요." (야마노구치 바쿠)
> "그건 그렇죠." (어느 문화인)

우리는 "외국인이 아니다"라는 계속 반복되어 온 이 질문과 대답. 그리고 이 질문과 대답에서도 역시 "그건 그렇죠"라는 합의를 이끌어 내고 종결된다. 그리고 반복하지만 이 대화의 사후적인 합의를 어떻게 읽고 기술할 것인가가 최대의 핵심인 것이다. 합의와는 다른 별도의 증언과 증거를 찾는 일도 사후적 합의를 그 의미대로 읽고 추인하는 것도 오키나와를 분열시키면서 투쟁이 전개되는 가운데 봉인되어 버릴 것이다. 거칠게 말하자면 계속 봉인되고 있다.

자신들이 외국인이 아니라는 주장은 분명 받아들여졌다. 그러나 그럼에도 불구하고 거기에는 합의라고 보기 어려운 사태가 동시에 생겨나고 있는 것은 아닐까? 이 친구의 질문은 이미 심문이며 옆에 '외국인'에 대한 폭력을 대기시키면서 진행되는 것은 아닐까? 이 심문 자체가 이미 어떤 폭력의 작동은 아닐까? 이미 폭력이 작동하고 있기 때문에 야마노구치 바쿠는 다음과 같은 설명을 이 대화 사이에 끼워 넣었던 것은 아닐까? 시(詩)였다면 틀림없이 덧붙이지 않았을 설명을 바쿠는 이 대화 속에 끼워 넣는다. 덧붙여진 설명은 이렇다.

나는 그의 그 말 한마디에 땀 범벅이 되었다. 물론 식은땀이었다.

그가 만약 설명을 덧붙이지 않았다면 대화를 읽는 사람은 "그건 그렇다"라는 합의에 도달한 것으로 해석할지도 모른다. 그리고 지금 문제 삼아야 할 것은 야마노구치 바쿠가 친절하게 설명을 덧붙여 주었다는 사실이 아니라 외국인이 아니라는 자기 제시와 이 제시와 관련된 합의를 어떻게 읽고 기술하는가 하는 점에 있다. 식은땀에서 암시되고 있는 폭력의 작동과 합의와는 다른 사태, 곧 설령 식은땀에 대해 직접적으로 언급하지는 않았다고 하더라도 합의의 내부에서 발견해 내고 기술한다는 것. 이것이 오키나와라고 이름 붙여진 영역에 대해 언급할 때의 최소한의 원칙이다. 이제부터 언급하게 될 이하 후유의 텍스트가 그러하듯이 오키나와의 사상 혹은 오키나와의 역사라는 영역에는 사후적인 합의 속에 존재하는 식은땀이 계속 봉인(진압)되어 있는 것이다. 그것은 또 역사에 관한 기억의 압도적 비대칭성이기도 할 것이다. 이 합의는 어떤 문화인에게는 순식간에 망각될 것이고, 바쿠에게는 식은땀으로 그 신체에 계속 각인되어 갈 것이다.

자경단의 심문에 히가는 '다르다'를 연발하면서 계속 식은땀을 흘린다. 자경단은 그런 히가를 "거참 시끄럽군. 연행해!"라고 호통을 치면서 경찰서로 끌고 갔다. 요도바시(淀橋) 경찰서에서 그가 조선인이 아님을 증명해 준 다음에야 자경단은 물러갔다. 이 일련의 과정은 단순히 오해받았던 경험이 아니며 자경단의 배타주의적인 폭력을 나타내는 것도 아니다. 중요한 것은 히가의 '다르다'라는 언어행위에서 '다르다'라고 최종적으로 이해되는 결론에는 환원할 수 없는 다른 사태가 일어나고 있다는 점이다. 자경단과 말을 주고받던 히가는 이렇게 중얼거린다.

나는 요도바시 경찰서에 아마미오시마 출신 경찰이 있으니 여기서 일을 번거롭게 하느니 서에 가는 편이 안전할 것이라고 생각했다.[98]

주변 사람들 대부분은 우리가 조선인이 아니라는 사실을 알고 있을 것이다. 사회주의자라고 위험하게 볼 것이 틀림없으니 안심할 수 없다.[99]

아마미오시마 출신자, 사회주의자 ……. '다르다'고 말하면서도 히가는 이런 명칭으로 불리는 사람들과의 관계를 나지막이 중얼거린다. 여기서 말하는 사람들이란 누구인가? 그것은 히가의 일상생활과 교제를 통해 형성된 인간관계에 속하는 자들이리라. 그러한 도쿄에서의 일상생활에 뿌리내린 구체적인 인간관계가 존재했기 때문에 여기에 아마미 출신의 경찰과 사회주의자들이 등장했던 것이다. 또 이러한 인간관계를 미시적·증후적으로 사실화해 가는 역사학적 실증은 필요한 작업이다. 그러나 이 인간관계를 오키나와와 아마미의 연대라든가

---

98) 比嘉春潮, 『沖縄の歳月』, p. 110.
99) 같은 책, pp. 111~2.

사회주의자의 가능성으로 정식화(定式化)하지는 말자. 그 순간에 기술자(記述者)는 식은땀에 공감하면서도 냉철하게 그것을 폭로하고 분석을 진행하는 레비스트로스에게로 몸을 돌리게 된다. 게다가 레비스트로스와 달리 어떤 자각도 없는 채로 말이다.

폭력에 몸이 노출되는 과정에서 발생하는 사태는 결과적으로 폭력의 행사 여부로 표현되는 것은 아니다. 노출된 상태, 즉 대기(待機) 상태에서 식은땀을 흘리는 사태는 이미 시작되고 있으며, 이러한 사태를 계속 만드는 것은 폭력이 이미 작동되고 있음을 의미한다. 또 식은땀은 대기 중의 폭력에 몸을 노출하면서 스스로를 제시하는 소행적(遡行的) 과정이 항상 존재하고 있음을 암시한다. 폭력에 대한 철저한 수동성에 잠재력은 항상 빠져든다. 방어태세란 누군가의 몸짓에 의해서가 아니라 이 수동성과 잠재력으로 기술되어야 한다.[100]

그 잠재력을 감추는 과정은 폭력이 실제로 행사될 때 사후적으로 정의되는 과정 안에 동시에 존재한다고 우선은 말할 수 있을 것이다. 그리고 사후적으로 정의되기 때문에 흐르는 식은땀은 살해당할지도 모른다는 식은땀이기도 하며, 동시에 그것은 살해할지도 모른다는 식은땀이기도 하다. 그러나 살해한다거나 살해당한다는 예감은 미리 어느 쪽인가에 휩쓸려 있음을 전제로 한 예정은 아닐지라도 폭력이 구체적으로 행사된, 살해하고 살해당한 두 가지 결과에 여전히 묶여 있다.

---

100) 이 수동성은 피하기 어려운 힘이라는 의미와 말에 대한 수동성이라는 두 가지 의미로 사용되고 있다. 그리고 기술은 이 수동성에서의 잠재력을 피하기 힘든 힘과 겨루면서 끌어내기 위해 존재한다. 여기서 이 수동성이라는 표현은 崎山政毅, 『サバルタンと歷史』, pp. 290~1에서 인용했다. 참고하기 바란다.

앞서 말한 것과 같은 본래 의미에서의 예감이라는 지각이 갖는 가능성은 살해한 쪽과 살해당한 쪽으로 찢겨지면서 거기에다 또 다른 가능성을 발견해 가는 것에 있다. 그리고 히가가 중얼거린 아마미오시마 출신자와 사회주의자는 바로 이런 가능성이 히가의 실생활 속에서 얼굴을 드러내는 순간이다.

바로 그런 이유로 그 얼굴은 아마미오시마 출신자, 사회주의자로만 분석되어서는 안 된다. 이러한 분석 작업으로 인해 절박한 상황에 처한 히가의 방어태세는 사실을 확인하는 담론 속에 매장될 것이다. 예감이라는 지각에서 어떤 얼굴을 발견할 것인가 하는 물음은 히가의 경험에 맡길 것이 아니라 아마미오시마 출신자나 사회주의자를 둘러싼 사실 확인의 문제로 설정되는 것도 아니다. 히가의 '다르다' 라는 말을 대한 자들이 응답할 책임이 있는 셈이다. 마나에 대해 기술하는 자가 거기에 '제로치' 를 부여하기보다 그들/그녀들의 사회를 (재)정의하고 그 순간에 기술자인 자신은 그 사회에서 이탈하듯이 히가의 식은땀을 아마미오시마 출신자와 사회주의자의 식은땀으로 재정의하는 일은 어떻게든 피해야 한다.

메토루마가 조모의 이야기를 통해 기술한 것은 역사학의 사료가 되는 증언의 소개도 아니려니와 관동대지진의 분석도 아니다. 그것은 '삼국인' 이란 발언을 했던 이시하라, 혹은 천황 앞에서 「기미가요」(君が代)를 부르지 않았던 그녀에게 언급했던 저 남자가 힘을 갖는 이 세계에서, 나는 '삼국인' 과는 '다르다' , 나는 「기미가요」를 불렀다고 대답하는 자들의 내부에, 어떻게 다른 가능성을 만드는가 하는 공작자의 기술인 것이다. 메토루마는 그런 이유로 관동대지진의 기억을 접합한

것이다. 메토루마는 떼어 내진 채로 방치된 신경에 접합하고 대기 중인 폭력을 예감하면서 기술한다.

2. 다시 이하 후유로

그리고 나도 폭력을 계속 예감하면서 이하 후유를 향한 전전(轉戰)을 시도한다. 다음 장에서 살펴보게 될 전전의 시도에 앞서, 우선 관동대지진에서 히가 순초의 '다르다'라는 자기 제시 위에 1910년 한국병합 직후에 히가가 쓴 일기에 나오는 다음의 기술을 중첩시켜 보자.

> 지난 달 29일 일한병합을 보고 만감이 교차하여 붓을 들지 않을 수 없다. 알고 싶은 것은 우리 류큐의 진상(真相)이다. 사람들이 말하기를 류큐는 장남, 타이완은 차남, 조선은 삼남이라 한다. 아, 다른 부현(府県) 사람들에게 류큐인이라고 이유없이 경멸당한다. 류큐인이 류큐인이라고 경멸당하는 데는 이유가 없는 것은 아니다. 그러나 이유가 없다고 해도 다른 사람의 감정은 이치대로 되는 것은 아니다. 우리는 역시 어디까지나 '리기진'(リギ人)이다. 아, 류큐인이란 말인가.[101]

여기에서 표명되고 있는 것은 타이완이나 조선으로 잘못 오인되는 것은 아닌가 하는 두려움이다. "류큐는 장남, 타이완은 차남, 조선

---

101) 比嘉春潮, 『比嘉春潮全集 第5巻』, 沖縄タイムス社, 1973, p.192 ; 同 『沖縄の歳月』, p.37.

은 삼남"이라는 유명한 표현에서 히가가 나타내는 것은 제국의 계층구조라고 하기보다는 그 구분이 유동화(流動化)되고 중첩되는 위험성이다. 또 "이유가 없다"라는 히가의 자기 제시는 이러한 위기 상황 속에서 폭력을 예감하면서 행해진다. 자신은 누구인가라는 물음에 대해 히가는 한편으로는 식민지배를 받는 장남을 자신의 내부에서 발견하고, 다른 한편으로는 '다르다'라고 하는 자신을 제시하는 것이다. 그리고 '다르다'라고 말할 때 감지되는 폭력은 바로 '타이완인'과 '조선인'을 향하는 것은 아니며, '다르다'라고 말함으로써 곧 회피할 수 있는 것도 아니다. 옆에서 벌어지고 있지만 남의 일이 아닌 폭력을 감지하는 것이다. 그리고 이 감지는 두려움이면서 동시에 새로운 관계성에 대한 예감이기도 하다.

"아, 류큐인이란 말인가"라는 말 속에는 '차남'과 '삼남'의 관계에서 오는 이러한 두려움과 예감이 착종하고 있다. 훗날 히가가 받게 되는 자경단의 '조선인이지?'라는 심문은 히가에게는 이미 자문되었던 것이며 메토루마가 조모 이야기라는 시냅스(synapse)를 경유해 기억해 낸 것은 바로 이러한 심문 혹은 자문 속에서 새로운 관계성을 발견한 히가 순초이다.

그리고 히가에게 "류큐는 장남, 타이완은 차남, 조선은 삼남"이라늘 말을 해준 사람은 바로 히가가 존경해 마지않던 이하 후유였다.[102]

---

102) 히가는 '복귀' 직전 인터뷰에서 다음과 같이 말한다. "'류큐는 장남, 타이완은 차남, 조선은 삼남'이라는 것은 이하 선생의 말씀입니다. 즉 청일전쟁 때 타이완은 일본에 속하게 되었고, 러일전쟁으로 조선은 일본에 병합되었습니다. 오키나와로 말할 것 같으면 그 이전부터 일본이었습니다. 오키나와, 타이완, 조선은 이런 관계에 놓여 있습니다. 이 말에 저도 동감입니다." 『比嘉春潮全集 第5巻』, p. 595.

이하는 도쿄대를 졸업한 후 귀향하여 한국병합이 있던 1910년에 개관한 오키나와현립도서관의 초대 관장직에 취임한다. 그리고 "류큐인은 장남, 타이완은 차남, 조선은 삼남"이라는 말을 알려 준 것과 거의 같은 시기에 이하는 히가에게 미국인 찰스 레벤워스가 상하이에서 출판한 책 『류큐 섬』(The Loochoo Island, 1905)을 권한다.[103] 저자는 당시 상해남양공학(上海南洋公学)에서 교편을 잡고 있었으며 애로우호 사건에 관한 저서도 있었다. 이 미국인이 집필한 책 본문 마지막 장인 「일본의 류큐 식민지화」(Japanese Colonization in the Loochoos)에는 다음과 같은 내용이 들어있다.

이제까지의 논의에서 알 수 있듯이 일본인은 이들 섬에서 식민자로서 커다란 성공을 거두었다. …… 확실한 것은 일본인은 류큐정책 시행에 큰 어려움은 없었다는 것이다. 그도 그럴 것이 원주민(the natives)은 순종적이며, 붙임성이 좋기 때문이다. 이들 섬에는 "참수"도 없고, 주민들에게는 말레이인의 피가 흐르지 않는다. 커다란 이리오모테지마(西表島)의 질서를 유지하는 데에 4명의 경관이면 충분하고, 요나구니(与那国)의 경우는 한 사람으로 충분하다. 여전히 식민화는 여러 나라의 예를 보면 알 수 있듯이 결코 쉬운 사업은 아니다.

---

103) 이 책에는 이른바 일본과 청나라 간의 사키지마(先島)를 둘러싼 분도안을 놓고 리훙장(李鴻章)과의 사이에서 벌어졌던 교섭 기록이 부록으로 수록되어 있다. 그러나 히가나 이하가 이 책에서 읽었던 것은 이 자료로서의 부록만은 아닐 것이다. 이 책 및 이 책과 히가의 관계에 대해서는 모리 요시오(森宜雄)의 다음 논고와 모리와의 만남에서 많은 것을 배웠다. 森宜雄, 「琉球併合と帝国主義,国民主義」, 『日本学報』 20号, 大阪大学 日本学研究室, 2001.

설령 참을성 많고 순종적인 민족이 있는 곳이라 해도 지배를 받는 것에 대해 소극적이지만 완고한, 길게 계속되는 수많은 저항이 종종 일어난다. 그러나 일본인은 류큐인의 마음을 사로잡아, 그 결과 반감도 없고, 그 성공을 확고히 한 듯하다. 중국의 개혁과 독립, 그리고 아시아의 부흥(renaissance)을 위해서 분투하는 세계 열강과 함께 일본인의 류큐에서의 성공, 그리고 가장 최근에 이루어 낸 타이완에서의 커다란 성과는 지금 일본의 앞에 놓여 있는 조선의 재통합과 개발을 둘러싼 보다 큰 그리고 아마도 험난한 어려움에 대한 성공을 약속하고 있다.[104]

"오키나와는 장남, 타이완은 차남, 조선은 삼남"이라는 히가의 언급이 있은 다음 해인 1911년에 이하는 『류큐인종론』(琉球人種論), 『류큐사의 추세』(琉球人の趨勢)를 집필했으며, 같은 해 말에는 『고류큐』(古琉球)를 간행했다. 또 같은 해에는 가와카미 하지메가 오키나와를 방문했고 이때 이른바 '설화(舌禍)사건'[105]이 일어났다. '아시아의 부흥'을 가져온다는 레벤워스의 식민화 견해에 대한 이하의 직접적인 언급은 없었다. 그러나 지금 문제가 되는 것은 당시의 식민론 안에서 레

---

104) Charles S. Leavenworth, The Loochoo Island, North-China Herald Office, Shanghai, 1905, pp. 59~61. 이 책은 『琉球所属問題関係資料 第5巻』(本邦書籍, 1980)으로 복각되었다.

105) 1911년 4월 3일 오키나와 조사 차 방문한 가와카미 하지메(河上肇, 교토제국대 교수)가 교원들을 대상으로 한 강연회에서, "오키나와인은 충군애국 사상이 부족하다고 하는데 이는 슬퍼할 일이 아니다. 오히려 기대할 일"이라고 말한 것에서 발단. 이 발언에 대해 오키나와 지도자층은 현민(縣民)을 모욕한 것이라며 반발을 표명, 지식인들과 언론계를 중심으로 논쟁이 벌어졌다.

벤워스의 사상사 연구가 어떤 위치에 있었는가도 아니며 레벤워스와 이하의 식민론의 비교도 아니다.[106] 즉 이제부터 검토해야 할 것은 이하가 어떤 식민지론을 전개했는지에 대한 문제도 아니려니와 오키나와를 식민지로 분석했는지 아닌지에 대한 문제도 아니다.

반복하지만 사고해야 할 것은 오키나와가 식민지인가 아닌가가 아니라, 예컨대 레벤워스가 '류큐인의 식민지화'라고 표현한 상황 안에서 이하가 무엇을 감지하고 있었던가 하는 물음이다. 즉 남의 일로 식민주의를 기술하는 것을 거부하기 위해 기점이 되어야 할 것은 이하의 방어태세이며, 그리고 지향해야 할 물음은 그 방어태세에서 예감된 폭력을 어떤 사태(가능태)로 기술할 것인가 하는 점이다. 그리고 이 방어태세야말로 "류큐는 장남, 타이완은 차남, 조선은 삼남"이라는 말, 혹은 레벤워스의 책을 매개로 발견해야 할, 시체의 옆에 계속 머물러 있는 자로서 이하와 히가를 연결하는 지점이다.

이하는 방어태세를 취한다. 그리고 기술자이기도 한 이하는 자기 안에서 방어태세를 취하는 자를 발견하면서 그 방어태세에서 예감되

---

106) 오키나와현의 지원으로 1904년에 이루어진 조사 보고서인 이 책이 당시 구미에서 전개되었던 아시아 연구에서 어떤 위치에 있었는지, 또 일본의 식민론이나 남진론과는 어떤 관계에 있었는지는 흥미로운 연구 테마다. 또 이 책과 거의 같은 시기에 출판된 판 보이 차우의 『류큐혈루신서』(琉球血淚新書)와 비교 검토하는 일도 필요할 것이다. 이에 대해서는 다카라 구라요시의 선구적 연구가 중요하다(高良倉吉, 『沖繩歷史論 序説』, 三一書房, 1980, 第II部 第1章). 그러나 오해가 없도록 부언하자면 이하의 텍스트를 일본의 식민론 혹은 식민론과 관련된 연구사로 정리해서는 안 된다. 왜냐하면 식민론의 비교분석을 설정할 때 식민주의를 끊임없이 감지하면서도 이른바 식민론을 전개하지 않았던 이하는, 힘들이지 않고 식민론을 논의로만 전개했던 식민자들의 논의의 주변에 놓이게 되기 때문이다. 예감된 폭력을 자각하지 못하는 사상사 연구자가 만들어 낸 식민론의 카탈로그 안에 이하를 분류하고 철해 넣는 것이 목적은 아니다.

고 있는 폭력을 기술하려고 할 것이다. 그리고 거기서 예감되는 폭력은 바로 저항하기 위해서 그려 내야 할 식민지 상황이며, 그것은 이미 탈식민화의 가능성이다. 이 가능성은 '오키나와 민족'에게 분담시켜 버릴 문제는 아니다. 오해를 무릅쓰고 말하자면 이하는 제국주의 속에서 물질화된 존재(= '오키나와인')에 대해 "그 존재를 극복할 때에만 존재와 연대"한다.[107] 그리고 나는 이하의 기술에서 증후학적으로 발견될 이러한 이하의 방어태세에서 전전(轉戰)을 시작하려고 한다.

---

107) Frantz Fanon, Peau Noire, Masques Blancs, Éditions du Seuil, 1952. 海老坂武·加藤晴久 訳, 『黒い皮膚·白い仮面』, みすず書房, 1970, p. 142.

증후학(症候學)

1_점령과 등기(登記)

근대일본의 영토는 1875년의 사할린(樺太)·지시마(千島) 교환조약
〔1875년 러시아와 체결한 조약으로, 가라후토(사할린)를 러시아령으로,
지시마를 일본령으로 하는 내용을 담고 있다〕과 1879년의 '류큐 처분'
〔琉球處分: 1872년 류큐왕국을 일본에 합병한 것〕으로 확정되었다. 그로
부터 10여 년 후인 1892년과 1893년에 사사모리 기스케(笹森儀助)는
남쪽과 북쪽의 새로운 국경선을 잇달아 시찰했다. 국경 방비를 시찰한
다는 목적으로 실시된 이 두 차례에 걸친 탐험에서는 남북 국경선 근
처에 거주하는 주민의 '인종 및 풍속'이 조사항목에 포함되어 있었
다.[1] 그의 조사보고는 『지시마 탐험』(1893)과 『남도 탐험』(1894)으로
발간되었는데, 『남도 탐험』의 일부는 「류큐군도의 인류학상의 사실」이
라는 제목으로 도쿄 인류학회의 『도쿄 인류학회 잡지』에 연재되었다.[2]

　주지하는 바와 같이 근대일본은 아이누 모시리, 류큐, 타이완, 조

---

1) 笹森儀助, 『千島探檢』, 1893, 복각판(至言社, 1977), p. 10.
2) 笹森儀助, 「琉球群島における人類学上の事実」, 『東京人類学会雑誌』 10巻 110号~11
　巻 114号, 1895~96.

선, '남양군도', '만주'를 차례로 포섭하면서 국가의 영역을 제국으로 확장해 갔다. 또한 이러한 제국의 역사에 대응하는 형태로 1884년에 소규모 연구회로 시작해서 1886년에 '도쿄 인류학회'로 출발한 일본의 인류학 역시 제국의 영역 안으로 포섭되어 간 영토와 그 주민을 차례로 관찰하며 연구 대상으로 삼아 갔다.[3] 예컨대 도리이 류조(鳥居龍藏)가 실시한 조사는 이러한 사실을 잘 보여 준다. 도리이는 1895년의 '요동반도 조사' 이후에 조사지를 류큐, 지시마 열도, 타이완, 조선, '만주'로 확대해 갔다.[4] 훗날 인류학으로 일컬어지는 이러한 조사는 무엇보다도 먼저 군사력으로 새롭게 포섭한 국가의 영토에 거주하는 주민을 상대로 이루어졌다. 이 영토를 대표하는 주민을 조사하고 그들/그녀들이 어떤 류(類)의 존재인가를 관찰하고 기술하는 이러한 작업은 작업을 수행한 인류학자들의 의도와는 무관하게 영토와 주민을 국가에 등기(登記)하는 것이었다.

또한 이러한 등기 작업은 종래의 지식을 다시금 코드화하는 것이기도 했다. 에도(江戶) 중기의 천문학자이자 외국의 지지(地誌)에도 해박했던 니시카와 조겐(西川如見)이 쓴 『42국 인물도설』(人物圖說,

---

3) 일본의 인류학 탄생에 동조하고, 이를 대학에서 제도화할 것을 추진했던 와타나베 히로모토(渡辺洪基) 도쿄대학 총장은 "앞으로 일본학자가 인류학적으로 탐사하고 조사해야 할 곳은 오키나와, 타이완, 조선"이라고 언급했다. 鳥居龍藏, 「日本の人類学の発達」, 『科学画報』 9巻 6号, 1927, 『鳥居龍藏全集』 第1巻, 朝日新聞社, 1975, p. 462.

4) 도리이는 '동양민족학', '동양인류학'을 제창하고, "일본은 바야흐로 옛날의 일본이 아니다. 이미 학술적으로 가장 흥미로운 식민지의 제(諸)민족을 보유하고 있을 뿐 아니라, 더욱이 우리 제국의 주변은 여러 지방과 근접해 있다. 즉, 만주, 시베리아, 몽고, 지나 등 아시아 대륙뿐 아니라, 필리핀 군도, 말레이 제도, 미크로네시아, 폴리네시아 제도와 근접해 가고 있다"고 서술하고 있다. 『東亜之光』 8巻 11号, 1913, 『鳥居龍藏全集』 第1巻, p. 482.

1720)에는 '조선', '류큐', '다카사고'(笞加沙谷) 등 42개나 되는 '인물'이 분류되어 있다. 거기에는 전신도(全身圖)와 함께 짧은 설명이 덧붙여져 있다. 예컨대 '류큐'에 대해서는 다섯 명의 인물상(人物像)과 함께 "류큐는 남해 가운데 있는 섬나라다. 옛날에는 류큐(龍宮)라고 했다. 중고(中古)시대에는 류큐(流求)라고 했으나 후대부터 류큐(琉球)라고 불렀다. 따뜻한 고장이다. 북위 25도에서 26도"라고 설명하고 있다. 1920년대가 되면서 수많은 인골(人骨) 측정을 바탕으로 해서 일본 원인설(日本原人說)을 주장한 인류학자 기요노 겐지(淸野謙次)는 니시카와의 『42국 인물도설』이 '일본에서 제대로 된 인물도보(人物圖譜)의 효시'[5]라고 하면서 '인종학에 관한 선구적 저술'이라고 평가했다.[6] 그런데 기요노는 이러한 에도 시대의 '인물도보'와 1884년에 시작된 일본의 인류학 사이에는 인종을 정의하는 방법에서 결정적인 차이가 있음을 발견한다. 기요노는 1874년에 간행된 초역(抄譯) 모음집인 『세계인종편』[아키야마 쓰네타로(秋山恒太郎) 번역]에 수록된 블루멘바흐(J. F. Blumenbach)의 유명한 인종 분류 소개가 일본에 처음으로 등장한 인종학이며, 이 인종 분류가 '인물도보'와 결정적으로 다른 점은 "다섯 인종의 언어와 체질 등을 각각 따로 기재하고, 체질에 대해서는 특히 피부, 모발, 눈동자 색, 두개골, 신체의 비율, 체중, 신체의 힘 등에 대해 기술"한 점이라고 지적하고 있다.[7] 이것은 '인물'을 시각적으로 표현한 도상(圖像)을 대신해서 신체나 뼈의 각 부분으로 인종을 구성

---

5) 平野義太郎·淸野謙次, 『太平洋の民族=政治学』, 日本評論社, 1942, p. 315.
6) 같은 책, p. 350.
7) 같은 책, p. 353.

하는 여러 징후를 발견해 가는 조사 방법이 인류학과 함께 등장한 것을 함의하는 것이다. 즉 기요노의 이 지적에서는 도표를 대신해서 인종을 나타내는 몇 가지 징후가 설정되는 일본 인류학이 시작되었다는 것을 알 수 있다. 있는 그대로를 사생(寫生)하고 기술하는 것이 아니라 몇 가지 한정적이고 보편적인 징후의 배후에서 인종을 구성하고자 한 새로운 코드화가 바로 기요노가 인종을 정의하는 데 있어 주목했던 점이었다.[8]

1859년 파리에서 세계 최초의 인류학회가 설립되었다. 그 후 25년이 지난 1884년에 쓰보이 쇼고로(坪井正五郎)를 중심으로 일본 인류학회가 발족했다. 청일전쟁 직후 일본 인류학의 기본 모티브를 대략 정리해 보면, 앞서 말한 사사모리 기스케와 마찬가지로 영토 내의 인간을 어떻게 표상할 것인가 하는 문제가 존재한다. 이제 막 확정된 영토 내의 인간을 어떤 인종으로 표상할 것인가라는 문제는 훗날 일본인종론이라 불리게 되는 당시 일본 인류학의 과제였다.[9] 이러한 과제는

---

8) 기요노(淸野)가 주목한 이 도보(圖譜)와 인종 분류가 각각 포함하는 박물학적 성격은 보르헤스를 언급하면서 푸코가 지적했던 테이블(table) 혹은 도표(tableau)에 대한 이중의 의미를 참조하면서 논의되어야 한다. "첫째로, 그것은 모든 그림자를 삼켜 버리는 유리의 태양 아래에서 순백색으로 빛나고 있는, 탄력 있는 니켈 도금된 대(台) ── 한 순간 동안, 어쩌면 영원히 우산이 재봉틀과 조우하는 장소로서의 대 ──이다. 두번째의 대인 tabula 는, 사고로 하여금 우리 세계의 존재들에 대해 작용할 수 있게 해주고, 그 존재들을 질서 있게 배열하고, 계층별로 분류하며, 유사성과 상이성을 지시하는 명칭에 따라 구분할 수 있게 해주는 대 ── 태초 이래로 언어가 공간과 교차해 온 무대로서의 대 ──이다."(Michel Foucault, Les Mots et Les Choses, Gallimard, 1966. 渡辺一民・佐々木明, 『言葉と物』, 新潮社, 1974, p. 16)

9) 일본인종론에 대한 학설을 정리한 것으로 江藤雅樹, 『研究史 日本人種論』(吉川弘文館, 1979); 吉岡郁夫, 『日本人種論争の幕あけ』(共立出版, 1987)이 있다. 그 외에도 寺田和夫, 『日本の人類学』(思索社, 1975)에는 전쟁 전 시기의 인류학의 계보가 정리되어 있다.

자신들은 누구인가라는 문제제기라기보다도 먼저 남과 북의 국경선 상에 위치하는 주민은 누구인가라는 질문을 던진다. 여기서 초점이 된 것은 아이누 모시리와 류큐 열도에 존재했던 주민들이다. 그들/그녀들 은 '아이누', '아이노' 혹은 '류큐인', '오키나와인'이라고 명명(命名) 되고 증후학적으로 분석된다. 이 장에서 고찰하고자 하는 것은 훗날 일본인종론으로 표현되었던 '아이누'와 '류큐인'과 관련된 증후학적 담론이다.

관찰된 징후로부터 '아이누', '류큐인'이라는 이름을 붙인 인류학 의 성격에 대해서 주목해야 할 것은 그것의 인체측정학(anthropo-metry)으로서의 특징이다. 19세기 후반에 파리와 런던을 중심으로 등 장했던 인류학의 특징은 인체측정학이라는 명칭에서 보이듯이 인종을 나타내는 징후를 관찰할 뿐 아니라 수많은 인간의 신체를 측정해서 인 종을 정의해 가는 데에 있었다. 이런 인체측정은 벨츠(Erwin von Baelz)의 『일본인의 신체 특성』과 같이 일본을 직접 연구 대상으로 삼 았던 외국인 연구자들의 연구로부터 도입된 측면이 강하다. 제일 먼저 '아이누'나 '류큐인'이 연구 대상이 된 것도 벨츠 등과 같은 외부로부 터의 시선이 이들을 일본인종을 논의할 때 연구 대상으로 삼았던 데에 기인한다. 그런데 이 인체측정은 당시 일본에 초빙되었던 벨츠와 같은 연구자들에 의해서만 이루어진 것은 아니었다.

널리 알려진 것처럼, 인류학의 인종에 대한 정의는 인종 간의 우 열을 과학적으로 정의하는 우생학이나 사회다위니즘이 일체가 되어 전개되었고, 여기에 19세기 제국주의의 확대가 밀접하게 관련되어 있 음은 말할 것도 없다. 예컨대, 파리에서 인류학회를 설립한 폴 브로카

(Paul Broca)는 신체 가운데서도 특히 두개골(頭蓋骨) 계측을 중시해서 두개의 용량과 인종의 우열을 관련시키려 했다. 인류학은 식민지 주민으로서 제국에 포섭되었던 사람들의 모발, 피부색, 체격, 두개의 용량 등을 매우 상세하게 측정해서 식민지 지배하에 있는 주민을 열등한 인종으로 정의했다. 그러나 파리와 런던에서 전개되었던 당시의 인체측정학을 특징 짓는 것은 이러한 인종의 우열을 주장하는 우생학과 사회다위니즘만이 아니었다. 거기에는 스티븐. J. 굴드(Stephen. J. Gould)가 지적하듯이 수량화에의 경도(傾倒)도 있었다. "또 하나의 조류가 역시 저항하기 힘든 기세로 인간과학에 밀려들었다. 그것은 숫자에 대한 매력이다."[10] 예컨대 우생학의 아버지라 불리는 프란시스 골튼(Francis Galton)은 다양한 신체측정 기법을 개발했다. 골튼은 1884년에 있었던 런던위생박람회에서 측정 기구를 갖춘 실험실을 전시하고 박람회에 모여든 사람들의 신체를 차례로 측정해 갔다.

1886년에 골튼이 실시했던 이 신체측정은 이미 일본에 소개되었다.[11] 런던위생박람회에서 골튼이 전시했던 신체측정 기구를 들여오기 위해 골튼에게 편지를 보냈던 당시 이과대학 학장 기쿠치 다이로쿠(菊池大麓)는 "같은 기구를 만들어 각 학교 등에 비치해 두고 널리 일본인의 신체를 측정하여 보통의 신장, 체중, 시력, 머리카락 색, 눈동자 색 등을 정해 두고 싶다"고 서술하고 있다.[12] 이러한 신체측정을 둘러싼

10) Stephen J. Gould, Mismeasure of Man, Norton, 1981. 鈴木善次・森脇靖子 訳, 『人間の測りまちがい』, 河出書房新社, 1989, p. 81.
11) 簗作元八, 「人身一代表」, 『人類学会報告』 1巻 2号, 1886; 「人身遺伝」, 『人類学会報告』 1巻 3号, 1886; 「人身測定成績表」, 『人類学会報告』 1巻 5号, 1886.
12) 菊池大麓, 「人身測定の話」, 『人類学会報告』 1巻 4号, 1886, pp. 61~2.

동시대적 연쇄에서 간파해야 할 것은 영토와 주민에 관한 새로운 코드화와 관련해서 수량화로 경도되어 갔던 부분이 일본 인류학에도 분명히 존재했다는 점이다. 또 이러한 인체측정학에서는 조사 대상이 '아이누'와 '류큐인'에 한정되지 않고 전국민을 대상으로 했다. 예컨대, 『도쿄 인류학회 잡지』에 종종 게재되었던 하시바 유스케(羽紫雄輔)의 신체측정은 초등학교의 신체검사 바로 그것이었다.[13] 여기에서는 인종분류보다도 인종과 관련된 코드화와 국민을 대상으로 하는 징병제와 학교제도의 전개 관계가 고찰되어야 할 것이다. 또 이러한 인류학적 조사와 징병검사가 겹쳐지는 양상은 구체적인 측정 현장에서도 간파할 수 있다. 예컨대, 쓰보이 쇼고로는 이즈(伊豆) 제도에서 주민의 신체측정을 실시했는데, 이 인류학 조사는 징병검사장에서 징병검사위원, 육군 중좌, 군의가 함께 수행했다.[14] 인류학 조사는 징병제에 수반되는 국민의 신체측정과 실제 측정 작업 과정에서도 서로 겹쳐진다.

이러한 새로운 코드화에서 간파되었던 수량화에 대한 경도라고도 할 만한 특징과 징병제와 학교제도와의 관련은 근대 통계학을 토대로 한 여러 통계에서도 지적할 수 있다. 그것은 메이지 초기의 이른바 통계 열풍과 1873년에 있었던 징병령의 발포 및 1889년에 있었던 징병령 개정에 의한, 문자 그대로 국민개병제의 등장과 관련이 있다. 일본에서 근대 통계학이 시작된 것은 쓰보이 쇼고로 등이 인류학의 깃발을

---

13) 羽紫雄輔, 「人身測定成績表」, 『東京人類学会雑誌』 3巻 26号, 1886 ; 「鼠ヶ関小学校生徒身体測定表」, 『東京人類学会雑誌』 4巻 35号, 1889.

14) 坪井正五郎, 「伊豆諸島にて行いたる人身測定成績」, 『東京人類学会雑誌』 2巻 16号, 1887 ; 「伊豆諸島に於ける人類学上の取調, 大島の部」, 『東京人類学会雑誌』 3巻 236号, 1888.

내걸었던 1884년보다 8년 앞선 1876년의 일이었다. 이 해에 스기 료지(杉亮二)와 구레 아야토시(呉文聡)에 의해 훗날 통계협회가 되는 표기학사(表記学社)가 설립되었으며, 1880년에는 통계협회 기관지인 『통계집지』(統計集誌)가 간행되었다. 이러한 일본 통계학의 배후에는 국민의 군사동원과 관련된 신체측정과 그 신체적 능력의 데이터화라는 절박한 요청이 존재하고 있었다.[15] 또 이러한 징병제와 관련된 신체측정은 학교에서의 신체측정으로도 전개되었다. 1900년에 문부성령으로 실시된 '학교 생도(生徒) 신체검사 규정' 이후 오늘날에 이르기까지 국민의 신체는 정기적으로 측정되어 그 거대한 데이터가 계속 축적되고 있다.[16]

또 그것은 골튼이 제작했던 신체측정 기구를 "각 학교 등에 비치해 두고 널리 일본인의 신체를 측정' 하려고 했던 기쿠치에게 있어, 그가 말하는 '일본인의 신체' 가 무엇을 의미하고 있었는가라는 문제이기도 하다. 기쿠치는 '신체측정의 효용' 에 대해 '개인의 진보' 를 첫번째로 들면서 이렇게 서술하고 있다.

통계상 일국(一国)의 강약은 그 국민의 강약에 달려 있다. 그렇다면 그 국민 혹은 그 일부국(一部局)은 신체상으로 어떤 모습일까?[17]

---

15) タカシ・フジタニ, 「近代日本における権力のテクノロジー」, 『思想』 845号, 1994 참조.
16) 成沢光, 「近代日本の社会秩序」(東京大学社会科学研究所 編, 『現代日本社会 4』, 東京大学出版会, 1991)참조.
17) 菊池大麓, 「人身測定の話」, p. 62.

여기서는 개인의 신체가 국민의 신체로 정의된다. 기쿠치에게 '일본인의 신체'는 인종 분류라기보다 국민의 신체 및 그 강약과 관련된 문제였다. 이러한 논리는 근대 통계학을 이룩한 케틀레(Lambert-Adolphe-Jacques Quetelet)를 언급하면서 신체측정에 대해 논의한 미와 도쿠히로(三輪德寬)에게서도 발견할 수 있다. 미와는 『도쿄 인류학회 잡지』에 수록된 「생체측정」이라는 제목의 논문에서 '일본인'의 '신체 제부분의 비율'을 비교 검토하고 있다.[18]

측정된 개인의 신체를 기쿠치나 미와가 '일본인'의 신체라고 명명할 때 거기에서는 인종 분류와는 다른 근대 통계학에 의거한 국민의 정의라고도 할 수 있는 문제가 간파되어야 한다. 달리 말해 통계학은 측정된 신체를 국민으로 코드화한 것이다. 또 이런 신체측정은 범죄통계·위생통계·인구통계·노동통계·군사통계 속에서 등장하며, 여기에서 측정된 신체는 영양학·범죄학·위생학·교육학이라는 교육, 의료·위생, 치안을 둘러싼 여러 학문에 의해 그 의미를 부여받고 있다.

이상과 같이 영토와 주민을 등기하는 새로운 코드화란 어떤 한정된 특정 학문의 지식에 관련되는 것이 아니다. 새로운 코드화란 인류학·의학·우생학·통계학·범죄학·영양학을 횡단하면서 등장한 것이며, 여기에서 공통적으로 간취되는 것은 아직 무엇인지 지각할 수 없는 존재에 대해서 미리 설정된 징후를 조사하고 거기에서 일본인과 관

---

18) 三輪德寬, 「生体測定」, 『東京人類学会雑誌』 5巻 33号, 1888. 미와는 다른 논문에서도 케틀레에 대해 종종 언급한다. 三輪德寬, 「日本人の身長と体重に差あるは生活法如何による説」, 『東京人類学会雑誌』 6巻 60号, 1891; 「衣服の重量」, 『東京人類学会雑誌』 3巻 28号, 1888.

련되는 시니피앙을 구성하려고 하는 증후학적 작업이다. 또 서장에서 서술한 것처럼 증후학인 이상 그것은 보다 정밀한 관찰과 새로운 제도를 조정(措定)해 나가게 될 것이다. 더욱이 이러한 증후학으로 관찰된 징후가 치료되어야 할 증상으로 설정될 때 증후학은 문자 그대로 새로운 법과 통치의 전개에 일익을 담당하게 될 것이다.

이 장에서는 영토와 주민의 등기를 수행하는 이러한 증후학적 작업을 고찰할 것인데 이상과 같은 개관에서 곧바로 알아차리게 되는 것은 이 등기와 관련되는 증후학에는 거칠게 말해서 두 가지의 방향성이 포함되어 있다는 점이다. 하나는 인류학으로 상징되어 일단은 인종 분류로 정리할 수 있는 방향성이며, 징후로부터 인종을 정의해 나가는 작업이다. 인종 집단을 확정하려고 하는 이 작업은 다음 절에서 검토하게 될 일본인종론과 마찬가지로 일본인 혹은 일본인종이라는 자기 동일성과 깊이 관련되어 있다고 말할 수 있을 것이다. 다른 하나는 통계학으로 상징되는 전개이다. 여기에서는 집단이라기보다 분할 불가능한 존재인 개인이 대상이 되며, 집단을 분류에 의해 표현하기보다도 측정된 수치에 의해 개인을 표현하는 것이 우선적으로 추구되고 있다고 말할 수 있다. 학문 분야에서 이 두 가지의 방향은 서로 구분되지 않고 융합하며 간섭해 가면서 전개된다. 국가가 제국으로 확대되어 나가는 와중에 그 영토와 주민의 등기는 이러한 인류학과 통계학으로 상징되는 두 가지의 방향성을 지닌 증후학에 의해 수행되었다.

이러한 증후학에 대해 지금부터 문제 삼으려고 하는 것은 학문적 지식(學知)이 일본인이라는 자아상과 일본인에 대한 타자인식을 구축했다는 데 있는 것이 아니며, 자아상과 타자상이 구축물이라고 폭로하는 것을 목적으로 하는 것도 아니다. 이러한 자기동일성과 관련된 논점은 분석되어야 하겠지만, 문제로 삼아야 할 초점은 구축되었다는 사실이 아니라 증후학적 관찰이 계속 실패한다는 점에 존재한다. 예컨대, 앞서 말한 증후학에서의 두 가지의 방향은 다음 절 이후에서 고찰하는 바와 같이 서로 유착하면서 반박하고 계속해서 혼란을 낳는다. 거기에서는 인종 분류를 지향하지만 분류를 다 못하고 통계학적으로 개인을 측정하면서 재분류를 시도하지만 그것도 완수되지 않는 과정이 부상할 것이다. 그리고 이 완수되지 않는 것이야말로 중요한 것으로, 자아상이든 타자상이든 표상이 완성되었음을 전제로 해서 그것들을 구축물로서 폭로하는 것이 이 장의 목표는 아니다. 증후학이 만들어내는 시니피앙은 늘 안정되어 있지 않으며 등기는 완수되지 않는다.

이런 증후학에 대한 이 책 전체의 논점과 관련해 다음 세 가지 주석을 덧붙여 둔다. 우선 이 시니피앙의 불안정성 혹은 등기의 부단한 실패에 자본주의와 관련되는 탈영토화(déterritorialisation)와 재영토화(réterritorialisation) 운동을 겹쳐 놓고 싶다.[19] 구체적 고찰은 다음 장으로 넘기고, 시장의 전개는 등기된 영토와 주민을 교환가치를 갖는 상품으로 유동화시키는 것이다. 확실히 "사회는 교환주의자가 아니다. 사회는 등기하는 것이다. 즉 신체를 교환하는 것이 아니라 신체에 표시를 하는 것이 일이다. 신체는 대지에 속하는 것이기 때문이다."[20] 그

---

19) 물론 들뢰즈-가타리가 언급했던 그 말이다.
20) Gilles Deleuze & Félix Guattari, L'Anti-Œdipe : Capialisme et schizophrénie, Les Éditions de Minuit, 1972. 市倉宏祐 訳, 『アンチ・オイディプス』, 河出書房新社, 1986, p. 225.

런데 시장은 "다양한 흐름을 탈코드화하고 사회체에 대한 등기양식의 붕괴"를 유도한다.[21] 교환에 의해 야기된 붕괴는 곧바로 새로운 증후학에 의해 보완되어 사회는 그 모습을 되찾지만, 그러나 그것은 또한 다음 붕괴에 대한 서곡이 될 것이다. 두 가지 방향성으로 정리된 증후학의 성격 규정은 단지 학문적 지식의 융합의 문제가 아니라 이 증후학에 의한 등기가 탈영토화와 재영토화에 부단히 노출된다는 사실의 증거가 된다. 그리고 이런 위기에 노출되는 과정의 시작이라는 점에 새로운 코드화의 함의가 있다.

그런데 서장에서도 서술했듯이, 증후학의 검토에서 이끌어 내야 할 것은 시기적 혹은 지리적으로 구분된 영역에서 학문적 지식과 통치가 어떤 관계를 맺는가를 분석하는 것이 아니다. 증후학에서 발견되어야 할 것은 관찰되면서 그 관찰의 임계에서 계속적으로 방어태세를 취하는(sur la défensive) 사람들이며, 통치나 폭력은 이 방어태세를 취하는 사람들에게 있어 그것이 어떻게 감지되고 있는가라는 점에서 표현되어야 한다. 다시 반복건대, 이 방어태세를 취하는 사람들에게서 추구되는 것은 그들을 명명하기 위해서 보다 정밀한 증후학을 도입하는 것이 아니라 예감이라는 지각이다. 이들이 계속 방어태세를 취하면서 감지한 통치와 폭력을 예감이라는 지각으로 기술하는 것이다. 다음 장의 내용을 미리 말하면 이하 후유의 기술은 자신의 내부에서 방어태세를 취하는 무언가를 발견하고 폭력을 계속 예감하면서 산출된 것인데, 그것은 보다 정밀한 증후학을 향한 것이 아니라 예감이라는 지각

---

21) ドゥルーズ=ガタリ, 『アンチ・オイディプス』, p. 227.

을 바탕으로 수행되어 갔다. 이런 의미에서도 등기는 계속 실패하는 것이며 이것이 두번째 주석이다. 이 장은 이러한 이하의 흔적을 사고하기 위한 준비 작업에 불과하다.

세번째 주석은 이 방어태세를 취하는 사람들과 관련해서 그 사람들이 숨어 있는 장소를 영토화해서는 안 된다는 점이다. 또 그것은 증후학의 비판적 검토 작업과도 관련된다. 증후학의 비판적 검토는 증후학의 외부에 현장이나 필드를 상정하고 그것을 근거로 학문적 지식을 비판하는 것이 아니다. 이러한 비판은 비판의 근거가 되는 현실을 타자에 떠넘기는 현장주의와 보다 보편적인 장소로 몸을 돌리는 무자각적인 관찰자를 재생산하는 일이 될 것이다. 먼저 증후학에서 시작되어야 하며, 그 기술에 가까이 다가감으로써 비로소 증후학의 실패가 부상할 것이다. 그리고 이 실패의 순간이야말로 방어태세를 취하는 자들과 관련하여 새로운 기술이 생성되는 임계점이다. 이하의 기술에 숨어 있는 아직 드러나지 않은 잠재력과 만나기 위해서는 이하가 몸 담았던 증후학에서 이 임계점으로 거슬러 올라가지 않으면 안 된다.

2_ 일본인종론

1. 기형(畸形)이라는 존재

원래 인종학이라는 것은 식민주의 안에서 서양이 자기동일성을 보증해 가는 학문적 지식이었다고 말할 수 있는데, 마찬가지의 설정은 일본인종론의 경우에도 가능하다. 즉 아이누 모시리나 류큐 열도의 주민을 관찰하는 가운데 '일본인' 이라는 자기동일성이 보증되어 간다. 이러한 일본 인류학에서의 인종 구성에는 두 가지 방법이 있었다고 말할 수 있다. 하나는 징후의 유추를 기본으로 하는 분류이고, 다른 하나는 징후의 측정이다. 차례대로 논점을 드러내 보자.

분류란 관찰되는 객체인 '아이누' 나 '류큐인' 에게서 '일본인' 과의 유사성과 상이성을 보여 주는 징후를 발견해 가는 작업을 의미한다. 가령 언어라는 징후에서는 유사성이 확인되고, 체모라든가 문신 등의 징후에서는 상이성이 설정된다고 하는 식이다. 이러한 작업 속에서 '일본인' 이라는 자기동일성은 관찰의 객체 안에서 발견되는 유사성으로, 또 타자성은 마찬가지로 관찰 객체에서의 차이점으로 확인된다. 바꾸어 말하면 관찰되는 객체인 '아이누'나 '류큐인'에게서 여러 징후를 발견해 가는 작업이야말로 자기와 타자의 두 가지 범주를 표출해 가는 것이다.

이러한 분류에서 주목해야 할 것은 이러한 징후의 설정이 '아이누'나 '류큐인'을 관찰하는 인류학에 의해서 미리 준비되어 있다는 점이다. 동일성을 확인하든 타자성을 주장하든, 그것을 가리키는 징후가 미리 선택되고 설정되어 버리는 지점에서, 분류를 둘러싼 증후학적 담론이 지니는 권력작용을 간취해야 할 것이다. 주목해야 할 또 하나는 관찰되는 객체인 '아이누'나 '류큐인'은 자기와 타자의 한계를 장식하는 많은 징후들이 넘쳐나 끊임없이 언급되는 데 비해, '일본인' 자신은 직접적으로 언급되지 않은 채 침묵해 간다는 사실이다. 유추에 의해 '아이누'나 '류큐인'을 '일본인'으로 번역해 가는 경우에도, 관찰되고 언급되는 것은 언제나 '아이누'나 '류큐인'의 징후이다. 따라서 '일본인'이라는 자기동일성은 '아이누'나 '류큐인'이라는 객체에 설정된 징후를 통해서만 확인되며, 이러한 유추에 의한 유형화를 반복함으로써 한계영역만은 여러 징후에 의해 공고히 경계지어져 간다. 결국 '일본인'이란 "다른 사람은 그렇지 않은 바의 사람이며, 그 자체로서는 일본인과 구별되는 것이 끝나는 곳에서만 실재하는 사람이다."[22]

그런데 분류라는 방법에서 분류가 불가능한 존재란 분류를 무효화하고 자기동일성을 파괴하며 분류라는 방법으로는 수습할 수 없었던 잡다한 존재를 드러내는 계기이기도 하다. 앞서 말한 인체측정학으

---

22) M·フーコー, 『言葉と物』, p. 168.

로 상징되는 측정이라는 방법은 이러한 분류의 불가능성과 그에 따른 자기동일성의 위기 문제와 깊이 관련되어 있다. 또 측정은 징후의 문제를 동일한가 아닌가, 유사한가 아닌가 하는 유추로부터 얼마만큼 같은가 하는 강도의 문제로 이행시킴으로써, 위기를 내포하는 분류가 불가능한 존재를 어떤 한정된 연속면으로 다시 설정하는 것이다.

더욱이 이 연속면에 대해서는 연속면을 지배하는 법칙이 요청된다. 결론부터 말하면, '아이누'와 '일본인'이라는 두 가지 유형으로는 분류가 불가능한 중간적 존재도 전자를 미개, 후자를 개화라고 바꿔 읽음으로써 개화의 정도에 따라 연속면에 늘어놓는 일이 가능해진다. 여기서 미개는 개화의 방향으로만 전개된다는 연속면을 지배하는 시간법칙이 전제되어 있으며 개화 이외의 방향으로 전개될 수 있는 가능성은 말살되게 된다.

푸코는 『말과 사물』에서 박물학(博物學) 분류에서의 '중간적 산물'에 대해 언급하면서 이러한 분류 불가능한 존재가 "연속성의 원리와 여러 존재가 절단 눈금이 없는 연속면을 형성하는 법칙"을 만들며, 이 연속성은 시간의 연속체로서 등장한다는 사실을 지적한다.[23] 그러나 이러한 분류 불가능한 존재는 몇 가지 종(種)의 혼합물은 아니다. 그것은 분류의 분석적 공간에서 생성되는 것이 아니라 '역사적 사건'으로서 일단 '해독하기 힘든 흔적만을 남기고 소멸'해 간다.[24] 푸코는 이러한 존재를 '기형'이라고 부른다. 분류가 불가능한 존재가 연속성으로 서열화되는 과정에는 '내일이 없는 기형의 증식'과 그 소멸이 부

---

23) M·フーコー, 『言葉と物』, p. 175.

단히 전개되고 있다.[25] 분류 불가능한 존재가 산출하는 개화라는 연속적 시간은 결코 어떤 종(種)을 기점으로 다른 종으로 이행한다는 단조로운 추이가 아니라, 분류 불가능한 '기형'을 개화의 역사로 부단히 통어하며 소멸시켜 가는 과정이다. 또 '기형'을 통제하며 소멸시켜 가는 바로 이 과정에서 개인을 수치화하는 통계학이 요청되게 된다. 이 점에 대해서는 뒤에서 다시 검토하기로 한다.

그런데 일본 인류학의 방법을 고찰할 때 잊지 말아야 할 것은 일본 인류학의 초창기에 등장한 모스(E. S. Morse)나 E. 벨츠 등 구미 출신의 일본인 연구가 상징하듯이 '일본인' 역시 인류학의 관찰 객체로 발견되었다는 점이다. 따라서 '아이누'나 '류큐인'만이 아니라 '일본인'에게서도 역시 서양과의 유사성과 상이성을 보여 주는 징후가 설정된다. '아이누'나 '류큐인'을 통해서 확인되는 '일본인'이라는 자기동일성은 동시에 서양의 시선 속에서 끊임없이 객체화되고 거기에서 징후가 설정되며, 이러한 이중의 관계 속에서 일본인종론은 검토되어야 한다.

---

24) 같은 책, p. 172. 여기서 말하는 '역사적 사건'은 논문 「니체, 계보학, 역사」에서 전개된 다음의 계보학의 문제로 이해되어야 할 것이다. "계보학은, 우발적인 사건, 미세한 일탈 (혹은 거꾸로 완전한 역전), 오류, 평가의 오류, 계산 착오 등 우리에게 가치 있는 현존물을 산출하는 것을 확인하는 일이다. 그것은 우리가 인식하는 것과 우리가 우리라는 사실의 근저에 있는 것은 진리와 존재가 아니라, 우발적 사건의 외재성이라는 사실을 발견하는 것이다." Michel Foucault, "Nietzsche, Genealogy, History," Language Counter-Memory, Practice, translated by Donald F. Bouchard and Sherry Simon, Cornell University Press, 1977, p. 146. 번역은 『ミッシェル・フーコー思考集成 IV』(筑摩書房, 1999)에 수록된 伊藤晃 訳, 「ニーチェ, 系譜学, 歴史」를 참조하였다.

25) M・フーコー, 『言葉と物』, p. 179.

2. 인류학 박물관

앞서 말했듯이 증후학적으로 '일본인'을 구성하는 작업은 모스나 시볼트(H. Siebold), 미른(J. Milne) 등에 의해 먼저 시작되었다. 거칠게 말해서 그것은 일본 인류학이 탄생하기 전에 '일본인' 자신은 관찰되는 객체였다는 사실을 의미한다. 일본인종론으로 전개된 일본 인류학이 무엇을 표출하고 있었는지를 알기 위해서는 우선 이러한 시선이 일본 인류학에 어떻게 작용했는지를 검토해 둘 필요가 있다.

이른바 코로포클(koropokkur) 논쟁[26]에서도 활발하게 논쟁에 가담하여 일본 인류학의 형성에 중심적인 역할을 한 쓰보이 쇼고로는 일본 인류학에 대해 다음과 같이 지적하고 있다.

우리에게(파리박물관이나 대영박물관은 없지만―인용자) 연구 재료는 주변에 산적해 있습니다. 바다 근처 구릉에는 패총이 매우 많고, …… 북방 홋카이도에 이르면 몸에 털이 많기로 유명한 아이누인도 있지요. 남쪽 류큐에 이르면 곡옥(曲玉)을 가보로 귀중히 여기는 오키나와인도 있고 …… 우리는 거대한 인류학 박물관 속에 있다고 할 수 있으며, 또 거대한 인류학 실험실 속에 있다고 할 수 있습니다.[27]

---

26) 1886년에 와타세 쇼자부로(渡瀬庄三郎)는 삿포로 주변의 수혈(竪穴) 주거의 흔적으로 보이는 것을 코로포클이 만든 것이며, 아이누인이 존재하기 이전에 코로포클이 홋카이도에 거주하고 있었다고 주장하였고, 이를 계기로 코로포클의 실재를 둘러싼 진위논쟁이 전개되었다. 코로포클 실재설과 함께 홋카이도 선주민족이 코로포클인지 아이누인지에 대한 논의가 논쟁의 주요 쟁점이었다. ―옮긴이

27) 坪井正五郎, 「人類学当今の有様 第1編」, 『東京人類学会報告』 2巻 18号, 1887, p. 274.

여기에서는 확정된 지 얼마 되지 않은 일본의 영토를 의식하고 있다. 쓰보이는 서양의 인류학적 시선에 자신의 인류학자로서의 시선을 일치시키고, 국경선으로 구분된 일본을 '패총', '아이누', '오키나와인'이 진열되어 있는 '인류학 박물관', 혹은 '인류학 실험실'이라고 부르고 있다. 그러나 은유로 가득한 문장에 대해 다음의 사변적 물음을 설정해 보자. 이 일본이라는 '박물관'에 '일본인'은 진열되어 있는가?

만일 '일본인'이 진열되어 있다면 관찰자는 서양 인류학자의 시선과 일치하는 시선을 지녀야 하며, 진열되어 있지 않다면 관찰자인 '일본인' 인류학자가 등장할 수 있을 것이다. 그렇지 않다면 '일본인'은 관찰하는 주체와 관찰되는 객체로 분열되고 만다. 일본 인류학자에게 서양의 인류학적 시선의 문제란 곧 이러한 관찰하는 시선을 둘러싼 분열의 위기이다. 즉 서양의 시선에 의해 이미 객체로서 진열된 '일본인'이 분열에 저항하는 관찰하는 주체로서 영토인 일본을 스스로의 시선으로 재발견해 가는 것이 당시 일본 인류학자의 숨겨진 과제였다.[28] 바꾸어 말하면 일본 인류학은 스스로를 관찰자로 설정하고 그 관찰하는 시선에 의해 일본이라는 영토를 새삼 관찰되는 객체로 재설정하는

---

28) 예컨대 쓰보이 쇼고로와 이른바 코로포클 논쟁을 전개했던 시라이 미쓰타로(白井光太郎)는 "서양의 실험"에 의해 '우리 내지에 남아 있는 고적유물 및 인종론이 외국인의 탐구의 대상'이 되는 것에 노골적인 혐오를 드러내면서, 이대로는 "해외의 외국 학자"에게 "자국(일본—인용자)의 일을 묻게 될 것"이라면서, 일본에 인류학회를 설립할 것을 상찬했다(白井光太郎, 「祝詞」, 『人類学会報告』 1권 1호, 1886). 시라이의 이러한 주장은 지금까지 지적되어 온 것과 같은 내셔널리스트로서의 시라이의 문제가 아니다(江藤雅樹, 『研究史 日本人種論』, p. 89; 寺田和夫, 『日本の人類学』, p. 25). 여기서는 서양에 의해 언급되는 "자국"이 아닌, 스스로가 말하는 "자국"이라는 자기언급적인 조국(=일본)을 표출하고자 한 일본 인류학의 출발점이 간취되지 않으면 안 된다.

것이었다. 나아가 이렇게 재발견된 일본이라는 인류학 박물관 안의 진열품을 검토하면서 '일본인'인 자기를 마치 사물처럼 정의해 가는 과정에 바로 일본 인류학이 지닌 자기표출의 힘이 존재하고 있다.

이 자기표출의 힘에 대해서는 다음의 두 가지 논점을 지적해야 할 것이다. 첫째, 이러한 자기표출에는 증후학적인 관찰 대상으로서의 경험이 존재한다는 점이다. 그러나 그것은 미리 서양의 존재를 실체적으로 설정한 서구화주의나 그것에의 반발이라는 평이한 구도의 문제는 아니다. 중요한 것은 증후학의 수행이 관찰 대상으로서의 경험과의 부단한 교섭과정이기도 했다는 점이며, 거기에는 증후학적으로 기술하는 것과 관련된 경험의 언어화라는 논점이 존재한다. 따라서 앞서 거칠게 설정된 서양이라는 존재도 이미 고정된 것이 아니라 이러한 경험과의 교섭 속에서 이해되고 다시 기술된다.

그리고 또 하나의 논점은 문제가 증후학적 기술의 획득인 이상, 역시 이러한 자기표출의 힘은 "관찰자 자신이 자기가 수행하는 관찰의 일부"라는 사실을 충분히 인식하면서 "자기를 끝없이 객체화(대상화) 할 수 있는 능력"을 내세운 레비스트로스와 중첩시켜 검토해야 한다는 점이다.[29] 서장에서 언급했듯이, 자신이 속해 있는 세계를 사물처럼 관찰하고 증후학적으로 기술하는 것, 바꾸어 말해 불안정한 시니피앙을 관찰 대상의 질서로 안정화하는 데에는 그 대상 내부에 레비스트로스가 말하는 '제로치'가 설정되어야 했다. 따라서 쓰보이의 인류학 박물

---

29) 「서장」의 각주 63 참조. 또 '이 자신을 객체화 할 수 있는 능력'이라는 레비스트로스의 민족지기술을, 호미 바바는 국민의 기술 문제라고 언급한다(Homi K. Bhabha, The Location of Culture, Routledge, 1994, p. 150).

관에서 문제되는 자기표출의 힘이란 일본 내부에 이론적 '제로치'를 설정하는 작업이기도 하다. 바꿔 말해서 언어행위의 임계에 속하는 영역을 언어화할 수 없는 무의식적 영역, 즉 말에 대해 타자성을 지닌 존재로서 언어화하는 일이 이러한 자기표출의 과정이다.

일본인이라는 자기를 표출하는 기술은 스스로가 관찰 대상이라는 경험과 교섭하면서, 스스로의 내부에 언어의 외부를 일방적으로 밀어붙일 수 있는 영역을 확정해 가는 가운데 수행되었다. 그리고 지금 말한 두 가지 논점은 일본인종론에서 '아이누'와 '류큐인'을 둘러싼 논의의 통주저음으로 존재한다.

3. '아이누'

메이지 시대의 아이누 민족의 인구 감소는 이렇다 할 검토도 없이 미개하고 야만적인 인종의 문제로, '쿠사이섬(Kusaie) 토인', '오스트레일리아 토인', '남양제도 토인'과 동일시되었다.[30] 그러나 이러한 논의 속에서 관찰된 '아이누'는 단순히 '오스트레일리아 토인' 등의 '미개인종'과 동일시되었던 것은 아니다. 주지하는 바와 같이, 일본인종론에서 '아이누'는 일본 석기시대인과의 유사성으로 이해되었다. 그렇다면 '아이누' 안에서 발견된 석기시대인을 드러내는 징후는 '일본인'이라는 자기동일성에 있어서 어떤 의미를 갖는 것일까?

앞서 말한 모스 등의 관찰은 단순히 일본을 관찰 대상으로 설정했

---

30) 예를 들면 山田錠太郎, 「クサイ島の住民」, 『東京人類学会報告』 2巻 10号, 1886.

을 뿐 아니라, 거기에서 야만 혹은 미개(未開)를 발견하는 작업이기도 했다. 이를 가장 단적으로 보여 준 것이 석기시대인을 둘러싼 식인(食人) 문제다. 모스가 1879년에 간행한 보고서 『오모리 가이쿄 고물편』(大森介墟古物編)에는 "오모리 가이쿄에서 발견된 많은 것들 중에서도 특히 식인종의 흔적을 찾는 일은 미증유의 예로 일본 고대의 풍속은 이것에서 찾아볼 수 있다"라고 하는 '식인종'에 관한 기록이 있다. 이 보고서는 '일본 고대'의 '식인종'에 대해서 '아메리카 토인'의 '식인종족'을 언급한 다음 "야만스러운 에조인(蝦夷人)조차도 …… 굳이 잔혹하게 동족을 먹는 종족은 아니다"라고 서술하고 있다.[31] 이에 대해서 시라이 미쓰타로(白井光太郎)는 "일본인의 선조가 인육을 먹었다는 증거가 있다는 설에 놀라울 따름이며 과연 우리 선조에게 이러한 풍습이 존재했는지 아닌지를 조사하고자 하는 분발심에 불타 가이쿄 연구에 심혈을 기울였다"라고 말하고 있다.[32] 또, 쓰보이 쇼고로도 식인은 '오스트레일리아'나 '피지' 주민에게서나 발견할 수 있는 미개한 풍습으로 "개화의 정도에 따라 생각지도 못한 것을 먹는다"라고 서술하고 있다.[33]

일본 영토 내에서 발견된 식인 풍습이 단적으로 보여 준 미개한 모습은 자기를 표출하고자 했던 일본 인류학의 입장에서는 타자성을

---

31) 이 보고서에는 '식인종'의 인종결정에 대한 내용은 보류하고 있지만, 모스 자신은 '일본인'도 '아이누'도 아닌 제3의 인종의 존재를 주장한다.
32) 白井光太郎, 「モールス先生と其の講演」, 『人類学雑誌』 41巻 2号, 1926.
33) 坪井正五郎, 「貝塚は何で有るか」, 『東京人類学会雑誌』 3巻 29号, 1888. 당시 모스의 '식인' 설에 이의를 제기한 논문은 많다. 예컨대 福家梅太郎, 「人骨研究」, 『東京人類学会報告』 1巻 5号, 1886; 寺石正路, 「食人風習に就いて述ぶ」, 『東京人類学会雑誌』 4巻 43号, 1888 등.

띤 존재였다. 그리고 모스에 의해 발견된 미개를 관찰되는 객체로서 일본 영토 내에서 재발견하고, 거기에서 말하지 못하는 타자를 그려내는 작업이야말로 곧 '일본인'이라는 자기의 표출 과정이다.[34] 이때부터 '아이누'나 '코로포클'에게서 석기시대인과의 인종적 동일성을 나타내는 징후를 찾으려고 한 일본 인류학상 최초의 작업이 시작된다.

'아이누' 속에서 일본 석기시대인을 발견하려는 시도는 토기의 유무(有無), 문양, 식인 풍습, 뼈의 형태 등의 항목, 곧 징후를 통해 논의되었다. 예컨대, 토기의 문양을 둘러싸고 시라이 미쓰타로, 사토 시게키(佐藤重記), 야마나카 에무(山中笑) 등은 석기시대 토기 문양과 오늘날의 '아이누'의 목조 문양과의 유사성을 지적하고, '아이누'를 일본 석기시대인이라고 주장했다.[35] 이에 대해 쓰보이 쇼고로는 문양을 '산포(散布) 문양', '병렬(竝列) 문양', '연속(連續) 문양'으로 세분하여 검토하며 반론을 제기했다.[36] 또, 야마나카 에무가 석기시대 유적에서 출토한 토우(土偶)와 '아이누'의 목조인형과의 유사성을 지적한 것

---

34) 서양의 시선에 따르면서 '일본' 속에서 미개를 재발견하는 문제는 석기시대인을 둘러싼 담론 이외에서도 발견할 수 있다. 예컨대 미국인종학 연보에 "아직 개화되지 않은 인종"의 특징인 손짓으로 의사를 표현하는 '형어'(形語)의 인류학적 조사지로 '일본섬'이 거론된 것에 대해 스즈키 겐타로(鈴木券太郎)는 "우리는 동포 사이에 존재하는, 혹은 존재할 만한 형어를 추적하려면 먼저 벽지나 구석진 곳 등 개화가 가장 늦은 곳을 찾아야 한다"라고 서술한다. 미국 인류학의 객체인 '일본섬'은 일본 인류학에서는 "개화가 가장 늦은" "벽지"로서 재발견되고 있다. 鈴木券太郎, 「形語」, 『東京人類学会雑誌』 4巻 32号, 1888.

35) M.S(白井光太郎), 「コロボックル果たして北海道に住みしや」, 『東京人類学会報告』 2巻 11号, 1887; 佐藤重記, 「陸奥上北郡アイノ沢遺跡探究記」, 『東京人類学会雑誌』 5巻 46号, 1889; 山中笑, 「沖縄土器はアイヌの遺物ならん」, 『東京人類学会雑誌』 5巻 50号, 1890 등.

36) 坪井正五郎, 「アイヌ模様と貝塚模様との比較研究」, 『東京人類学会雑誌』 11巻 119〜120号, 1896.

에 대해서도 쓰보이는 어떤 점이 어떻게 유사한 것인지 잘 모르겠다고 답하고 있다.[37)]

이 논쟁의 전개 방식은 우선 '아이누' 속에서 문양이라는 징후를 설정하고 석기시대인의 그것과 비교함으로써 인종을 결정하는, 철저히 유추를 바탕으로 한 것이었다. 또 유사성을 주장하는 시라이, 사토, 야마나카와 상이성을 주장하는 쓰보이의 문답에서는 유추에 기반을 둔 분류법의 우연성을 간취할 수 있을 것이다. 더욱 중요한 것은 어떻게 석기시대 인종과 지금의 '아이누'를 동일평면에 둔 유추가 가능한가라는 문제이다. 이에 관해서는 역시 쟁점이 되었던 토기의 유무를 둘러싼 논의를 예로 들어 보자.

'아이누'를 일본 석기시대 인종으로 분류할 때, 석기시대인에게서는 토기가 발견되고 있는 데 반해 '아이누'에게는 토기가 없다는 것이 논의의 초점이 되었다. 이 점에 관해 고가네이 요시키요(小金井良精)는 '아이누'는 "정신적으로 크게 퇴보하여 오늘날처럼 무기력한 인종"이기 때문에 토기 제작법이나 사용을 망각해 버린 것이라고 서술하고 있다.[38)] 이 토기에 관한 고가네이의 고찰 안에는 '무기력한 인종'이라는 멸시로 가득 찬 그의 '아이누'관이 여실히 드러나고 있다. 하나 더 문제로 삼고 싶은 것은 유추라는 방법으로 표현된 '아이누'가 갖는 시간성에 대해서다.

---

37) 坪井正五郎, 「繩紋土器に関する山中笑氏の説を読む」, 『東京人類学雑誌』 5巻 54号, 1890, p. 365.
38) 小金井良精, 「北海道石器時代の遺跡に就いて」, 『東京人類学雑誌』, 5巻 45号, 1889, p. 38.

'아이누'와 석기시대인과의 동일성에 찬성하든 안 하든 여러 징후를 둘러싼 '아이누'의 분류는 '아이누'를 석기시대로부터 변화하지 않은 존재라고 간주하고 있다. 또 고가네이는 자신도 석기시대 유적이 있는 곳에 '아이누'와 같은 '석기시대에 근접한 인간'이 있다는 사실을 '아이누'가 일본 석기시대의 인종이라는 논거로 들고 있다.[39] 토기를 둘러싼 고가네이의 고찰에서 중요한 것은 한편으로는 석기시대 유적처럼 변화하지 않는 '아이누'를 설정하고, 다른 한편으로는 토기를 망각했다는 '아이누'의 역사를 설정하여 유추를 전개하는 점이다. 분류되는 객체인 '아이누'에게 역사는 존재하지 않는다. 또 존재한다면 석기시대인과의 동일성을 보증하기 위해 만들어진 역사이다. 말해지는 객체가 말하는 주체와 같은 시간을 갖는 것을 철저하게 부정하고자 하는 이런 어법이야말로 파비앙(J. Fabian)이 말한 것처럼 인류학의 전형적인 어투이다.[40]

이러한 일본 인류학의 논의 가운데 석기시대인의 미개는 '아이누'로 객체화되고 분류됨에 따라서, 타자성을 띤 미개의 '아이누'로 표상되어 갔다. 분류라는 방법으로 표상된 '아이누'는 석기시대의 유적과 마찬가지로 영원히 미개여야만 하는, 역사를 잃어버린 존재였으며, 다른 한편으로는 자기 자신인 '일본인'은 개화라는 역사를 획득해 갔다.

---

39) 小金井良精,「日本石器時代の住民」,『東洋学芸雑誌』259~260号, 1904. 후에 小金井,『人類学研究』(大岡山書店, 1926)에 재수록. 위의 책, p. 321.

40) 인류학적 담론에서 이러한 타자의 시간에 대한 지배를 파비앙은 '동시간성'(coevalness)의 부정이라고 칭한다. J. Fabian, Time and The Other, Columbia University Press, 1983.

4. '류큐인'

'류큐인'을 둘러싼 인종 분류는 '아이누'나 석기시대인과의 유추 및 일본인과의 유추라는 두 가지 측면에서 논의되고 있다. 바꾸어 말해서 분류에 의해 절단된 '일본인'과 '아이누'(곧 석기시대인)가 동시에 '류큐인' 속에서 발견되었다. 메이지 시대 일본 인류학의 '류큐인'을 둘러싼 논의는 '아이누'에 비해 적었으며 지금까지 일본인종론으로는 별로 다루어지지 않았다. 여기에는 단지 양적으로 적을 뿐 아니라 '류큐인'의 인종 분류에 있어 유추의 혼란이라고 할 만한 문제가 있었다.

'류큐인'의 분류에는 곡옥, 결승기표[41], 언어, 피부색, 토기, 체모 등 몇 가지 항목(즉 징후)이 채용되었다. 먼저 곡옥이라는 징후를 둘러싼 분류를 검토해 보자. 이른 시기부터 오키나와를 조사하고 그 보고를 『도쿄 인류학회 보고』에 게재했던 다시로 야스사다(田代安定)는 오키나와의 종교를 조사하던 중에 제구(祭具)로서의 곡옥에 주목하여 "우리의 세 가지 신기(神器)와 같은 것"이라고 지적한다.[42] 이 지적은 나중에 서술하겠지만 도리이 류조에게 계승되며, 도리이도 곡옥을 '내지(內地)의 신도(神道)'와의 관계를 나타내는 것이라고 지적한다.[43] 곡

---

41) 結繩記標. 문자가 없었던 시대에 새끼줄을 맺는 모양으로 의사소통을 하고 기록의 수단으로도 사용했다. 중국, 이집트, 중남미, 하와이에서도 사용되었다. 오키나와에서 근대까지 사용되었다. ―옮긴이

42) 田代安定, 「人類学上の取調に付き沖縄よりの通信」, 『東京人類学会報告』2巻 16号, 1887, p. 337.

43) 鳥居龍藏, 「琉球諸島女子現用のはけだま及び同地方掘出の曲玉」, 『東京人類学会雑誌』9巻 96号, 1894.

옥을 신도와 관련짓고 '일본인'과의 동일성을 나타내는 징후로 간주하는 이러한 사고는[44] 훗날 일본원인설(日本原人說)을 주장하는 기요노 겐지가 "검(劍)과 옥(玉), 거울은 두말할 것도 없이 3종의 신기 이래, 일본 민족이 존숭해야 할 기물(器物)'로서 곡옥을 들고 있는 것에서도 알 수 있듯이 일본인종론 안에 뿌리 깊게 존재하고 있었다.[45]

다시로와 마찬가지로 곡옥은 대체적으로 '일본인'과의 유사성을 나타내는 징후로서 '류큐인' 안에서 발견되었다. 그러나 다시로는 오키나와의 결승기표에 대해서는 그것을 미개에 속하는 것으로 보고 "남북 아메리카 및 태평양 제도 등의 토인(土人)"과의 공통성으로 이해하고 있다.[46] 또, 곡옥의 경우도 '일본인'이라는 동일성을 나타내는 징후로만 취급되었던 것은 아니다. 쓰보이 쇼고로는 「아시카가(足利) 고분 발굴 보고」(1888)에서 고분에서 발굴된 곡옥을 언급하면서 그것을 '아메리카 토인' 등의 '현재의 야만스럽고 미개한 인민의 풍속'과 중첩시켜 설명하고 있다.[47] 좀 거칠게 말해서 곡옥은 '일본인'으로도, '야만스럽고 미개한 인민'으로도 분류할 수 있는 징후이다. '류큐인'을 둘러싼 이러한 중층적인 유추를 염두에 두면서 '류큐인'을 둘러싼 도리이 류조의 담론을 검토해 보자.

---

44) 다시로는 곡옥을 야에야마의 종교 고찰에서도 언급한다. 거기에서 그는 "오키나와 제도의 토속을 목격하고 황화(皇和)민족 범위 밖에 있는 자'로 구성된 "매국노"나 "폴리네시안", "멜라네시안" 등의 "제 민족과 비슷한 원시인 즉 야만민족으로 보는 자가 있기 때문에" 집필했다고 서술하고 있다. 田代安定, 「八重山群島住民の言語及び宗教」, 『東京人類学会雑誌』 9巻 96号, 1894.

45) 淸野謙次, 『日本人種論変遷史』, 小山書店, 1944, p. 297.

46) 田代安定, 「沖縄諸島結縄記標考」, 『東京人類学会雑誌』 6巻 61号, 1891.

47) 坪井正五郎, 「足利古墳発掘報告」, 『東京人類学会雑誌』 3巻 30号, 1888.

도리이는 '류큐인'(도리이는 '오키나와인'이라는 표현을 사용한다)에게서 '일본인'과 같은 징후를 발견하고 동일성을 주장했다. 그가 '류큐인'에게서 발견했던 징후는 앞서 말한 곡옥 이외에도 언어(류큐어), 피부색 등이다.[48] 이러한 징후에 근거하여 도리이는 "오키나와인은 일본 내지인과 가장 가까운 계통의 민족임을 믿는다"고 언급하고 있다.[49] 또 오키나와에서 출토된 토기에 대해서는 일본 석기시대 토기와의 유사성을 지적하면서 '아이누'가 오키나와에 거주하고 있었음을 주장한다. 그런데 어디까지나 '류큐인'에게서 '일본인'의 징후를 발견하는 도리이에게 있어 '류큐인'과 미개의 타자인 '아이누'는 별개의 인종으로 간주되었는데, 여기에서 도리이의 '아이누' = '오키나와 선주민' 설이 등장하게 된다.

고가네이가 '아이누'와 석기시대인의 유사성을 주장하기 위해 토기를 망각한 '아이누'의 역사를 창조한 데 반해, 도리이는 토기가 발견되었음에도 불구하고 '아이누'의 뒤를 이어 오키나와에 도래한 '류큐인'이라는 역사를 다시 창조함으로써 '아이누'의 징후인 토기를 '류큐인'에서 단절시켰다. 여기에 앞서 말한 '류큐인'을 둘러싼 유추의 혼란은 '류큐인' = '일본인'이라는 것과 미개의 타자인 '아이누'로 분할하고 정리함으로써 일단락되었다. 도리이 류조의 이러한 정리는 이하

---

48) 鳥居龍藏,「沖繩諸島に居住せし先人民に就いて」,『太陽』11卷 1号, 1905;『鳥居龍藏全集 第1卷』에 수록;「沖繩人の皮膚の色に就いて」,『東京人類学会雑誌』20卷 223 号, 1904;『鳥居竜藏全集 第4卷』에 수록. 도리이는 피부색 검토에서 두개(頭蓋)계측학으로 인종의 우열을 주장한 폴 브로카의 피부색표를 사용하고 있다. 브로카에 대한 논의는 S. J. 굴드의『人間の測りまちがい』제3장에 자세히 기술되어 있다.
49) 鳥居龍藏,「沖繩諸島に居住せし先人民に就いて」,『鳥居龍藏全集 第1卷』, p. 243.

후유에게 굴절되면서 계승된다. '류큐인'을 둘러싼 도리이의 정리와 이하와의 관계는 2장에서 다시 검토하겠다.

철저하게 '류큐인'에게서 '일본인'을 발견하고, '류큐인'과 '아이누'를 단절시키려고 했던 도리이에게도 유추의 혼란은 존재했다. 예컨대, 도리이는 털이 많다는 징후를 들어 예전에 오키나와에 '아이누'가 거주했음을 나타내고, 이를 위해 현재의 '류큐인'과 '아이누'의 유사성을 지적하고 있다. 결국 도리이도 '류큐인'에게서 '일본인'과의 동일성을 나타내는 징후와 타자성(즉 '아이누')을 나타내는 징후 등 양쪽의 징후를 모두 발견하는 셈이다. 이 분열된 징후야말로 '류큐인'의 특징이라고 말할 수 있을 것이다.

분류에 있어 이런 분열 혹은 불가능성은 어디를 향하는 것일까? 도리이와 마찬가지로 '류큐인'을 '일본인'으로 간주하면서도 결승기표에서 미개의 '남북 아메리카 및 태평양 제도 등의 토인'과의 유사성을 발견했던 다시로 야스사다는 계속해서 이렇게 서술하고 있다. "동(同) 제도(諸島, 오키나와 —인용자)는 수백 년 전 먼 옛날부터 원시 사회의 경계를 벗어난 지 오래되어, 미개 사회와 반개(半開) 사회의 경계 선상에 머물러 있으나……진화의 영역에 다가서고 있다(다만 어떤 부분에서는 매우 미개한 면이 적지 않다)." 또 "교육의 혜택으로 그 비루함을 깨달아 계몽"됨에 따라 "결승기표와 같은 것이 점차 감소"한다.[50]

유형적인 특징을 표현하자면 '아이누'의 미개가 같은 시간을 공유하지 않는, 말하지 못하는 타자로 설정된 반면, '류큐인'의 미개는

---

50) 田代安定, 「沖縄諸島結縄記標考」, pp. 256~7.

개화라는 역사 속에 배열되었으며, 바로 개화되는 과정을 통해서 '일본인'이라는 자기동일성으로 받아들여져 갔다. 다시 말해서 분류라는 방법에 따라 일본 영토 안에는 운명적으로 바뀌지 않는 미개와 실천으로 개화할 수 있는 미개라는 두 가지의 미개가 발견되었다.

그러나 다시로가 말하는 개화할 수 있는 미개란 분류가 불가능한 존재를 바꾸어 부른 것이다. 또 개화라는 연속면에서는 분류보다도 개인을 대상으로 한 개화의 측정이 일의적으로 중시되는 것이며, 이러한 연속면에서는 '일본인'을 둘러싼 '아이누'와 '류큐인'이라는 분류보다도 "내일을 기약할 수 없는 기형의 증식"에 먼저 논의의 초점을 맞추어야 할 것이다. '아이누'에게서는 봉인되어 말하지 못하는 타자가 '류큐인'에게서는 봉인을 깨고 얼굴을 내민다. 그러나 이미 그것은 '아이누' 혹은 '류큐인'의 문제는 아니다.

3_ '미개'의 개량·재정의

분류할 수 없는 것에 대해서는 지금부터 언급할 쓰보이 쇼고로의 인종 분류에 대한 사고가 중요하다. 쓰보이는 우선 잡혼(雜婚)이나 학습으로 인한 인종의 변용 문제를 지적하면서, 징후에 따른 인종 분류는 결코 운명적인 것이 아니라 변경될 수 있는 것이며 "하나의 명칭 아래 포함될 한 무리의 인류와 다른 명칭 아래 포함될 한 무리의 인류 사이에는 분명한 경계선을 그을 수 없다"고 하면서 인종 분류에 관해 진중한 사고를 전개한다.[51] 또 신장 측정에 대해 이렇게 말한다.

예컨대, 파타고니아인은 성인 남자는 키가 평균 5척 9촌이고 아프리카 내지에는 평균 3척 남짓 정도가 되는 사람도 있습니다. 그러나 세계 여러 지역 사람들과 비교할 때 평균적으로 5척 9촌인 사람, 5척 9촌 이하인 사람, 그 이상인 사람도 있습니다. 아프리카에도 3척 정도

---

51) 坪井正五郎, 「通俗講話 人類学大意(続)」, 『東京人類学会雑誌』 8巻 88号, 1893, p. 425.

인 사람, 그보다 큰 사람도 있으니 더 많은 지역의 사람들과 비교하면 모두 연결될 것입니다. 각 종족이 연결되기 때문에 결코 구분이 가능하지 않다는 말입니다. …… 또한 머리 둘레를 말씀드리면 세계 전체로 볼 때 모두 연결이 됩니다. 유럽 북쪽에 거주하는 랩(Lap)인〔스칸디나비아 북부에서 코라 반도에 걸친 지역에서 사는 종족으로 사미(Sápmi)인이라고도 불린다〕은 전후를 100이라 하면 좌우 85, 아이누는 전후를 100이라 하면 좌우 77의 비율입니다. 이런 차이가 있긴 하지만 세계 전체로 볼 때 모두 연결되어 갑니다. 어디가 경계라고 할 수 없습니다. 이 밖의 다른 점도 모두 평균치로 연결되어 있습니다.[52]

마찬가지로 피부색의 측정이나 머리 둘레의 측정 역시 경계를 설정할 수 없음을 지적한다. 결론적으로 쓰보이는 "인류에게 종(種)의 차이는 없다고 할 수 있다"고 말하고 있다.[53] 측정이라는 방법은 유추에 의한 인종 분류를 무너뜨리면서 모든 개인의 수치적인 차이를 제시하고 이 수치화된 개인을 하나의 연속면에 배열하게 된다. 그렇다면 개인을 어떤 연속면에 배열하는 것일까? 쓰보이는 "종의 차이는 없다"고 언급한 다음 이렇게 서술한다. "다만 그 발달의 정도가 다를 뿐이다."[54] 분류 불가능성은 "발달"이라는 연속면에서 읽히고 있으며 개인을 둘러싼 징후는 인종 분류의 유형 속으로 용해될 뿐 아니라, "발달"의 정도에 따라 개별적으로 배열되어 가는 것이다.[55] 또한 이것은 측정된 개

---

52) 坪井正五郎, 『人類学』, 早稲田大学出版部, 1906, p. 61.
53) 같은 책, p. 63.
54) 같은 책, p. 65.

화의 정도가 자기와 타자의 분류를 불가능케 하면서 타자로 분류되지 않는 미개를 자기 안으로 제시해 가는 것이기도 하다. 결론을 먼저 말하자면 자기 안에 제시된 이 미개를 둘러싸고 다시 일본인종의 구성이 시작된다.

그런데 쓰보이가 말하는 유추를 바탕으로 한 인종 분류의 분류 불가능성은 이러한 측정을 바탕으로 한 연속면에서의 배열과 결부된 것만은 아니다. 그는 마지막을 이렇게 끝맺고 있다.

인종에 따라 개화와 야만의 정수(定數)가 있는 것은 아니다. 사람들의 수완에 따라서는 현상을 새롭게 바꿀 수도 있다. 인류학은 사람으로 하여금 자중(自重)하고 자분(自奮)하는 마음을 일으키는 것이라고 할 만하다.[56]

여기서 쓰보이가 말하는 개화라는 연속면은 "자중하고 자분하는 것"을 실천하는 장(場)이기도 하다. 이 갑작스러운 실천을 향한 움직임에는 분명 "인종에 따른 개화와 야만"이 결정되어 버리는 것에 대한 반발이 존재한다.

---

55) 예컨대, 쓰보이의 풍속 측정법은 개인을 관찰하는 것으로 '서양화' = '개화'의 정도를 측정한다. 坪井正五郎, 「風俗漸化を計る簡単法」, 『東京人類学会報告』 2巻 14号, 1887; 「中等以上の者900人の風俗を調べたる成績」, 『東京人類学会報告』 2巻 16号, 1887; 「風俗測定成績及び新案」, 『東京人類学会雑誌』 3巻 28号, 1888; 「東京西京及び高松に於ける風俗測定の成績」, 『東京人類学会雑誌』 4巻 35号, 1889; 「東京に於ける髪服履欧化の波動」, 『東京人類学会雑誌』 4巻 37号, 1889.
56) 坪井正五郎, 『人類学』, p. 124.

그런데 측정은 분류를 무너뜨리면서 개인의 수치화된 징후를 개화라는 연속면에 배열하기만 한 것은 아니다. 측정된 개인의 항목들은 분류 불가능성을 현재화(顯在化)시키면서 인종을 나타내는 징후로서 다시 구성된다. 말할 것도 없이 그것은 우생학의 문제이다. 우생학에서 개화의 정도는 측정된 능력의 우열이며 게다가 그것은 기본적으로 유전으로 인해 계승되는 인종의 생득적(生得的) 형질이라 여겨졌다. 그러나 일본의 우생학은 유전보다 환경적 요소를 중시하는 형태로 전개되었다.[57] 즉 쓰보이가 말하는 개화라는 연속면에서 "자중하고 자분하는 것"을 실천하는 과제는 인류학보다는 우생학에서 계열화되어 갔으며, 일본인종의 개량이라는 주제를 낳았다고 할 수 있다. 인류학과 우생학은 오늘날에는 별개의 학문으로 취급되고 있지만, 당시에는 일본인종을 둘러싼 담론으로서 서로 중첩되거나 서로 간섭하고 있었다.

일본의 인류학이 탄생한 것과 거의 같은 시기에 일본인종의 개량을 최초로 정면으로 논의한 책은 다카하시 요시오(高橋義雄)의 『일본인종개량론』이다.[58] 다카하시는 이 책에서 인종 개량을 '수양(修養)'과 '유전'으로 나누고, '수양'을 다시 '체육'과 '생계(生計)의 품위'로 나누어 논하고 있다. 다카하시에게 '서양인'과 '일본인종'의 우열은 유전적으로 결정되는 것이 아니라 '수양'을 통해 극복 가능한 것으로 설정되어 있다.[59]

---

57) 鈴木善次, 『日本の優生学』(三共出版社, 1983) 참조.

58) 高橋義雄, 『日本人種改良論』, 1884, 『明治文化資料叢書 第6巻』(風間書房, 1961)에 수록. 다카하시는 게이오의숙(慶応義塾)에서 후쿠자와 유키치에게 사사받았으며 지지신보사(時事新報社) 기자였다. 다카하시와 후쿠자와의 관계에 대해서는 鈴木吉次, 『日本の優生学』, pp. 32~44 참조.

먼저 다카하시는 '체육'에 대해 '지육'(知育), '덕육'(德育)을 겸비한 교육의 필요성을 주장하고, 체력의 발육에는 '생계의 품위'가 중요하다고 말한다. 여기서 '생계의 품위'란 '의식주의 정도'라는 뜻으로, "국민 의식주의 품위가 높을 경우 그 심신도 이에 따라 우등한 지위로 격상하겠지만, 만약 그 품위가 낮을 경우에는 심신 또한 홀로 고상한 품격을 갖추지 못할 것이다"라고 서술한다. 다시 말해서 '의식주의 정도'가 인종의 우열로 이해되고 있는 것이다. 또 "우리나라 의식주를 서양 여러 나라와 그 품위의 우열을 비교·고찰하여 만약 서양에 비해 크게 열등한 것이 사실이라면 우리나라 앞날의 대계로서 점차 생계의 정도를 높이지 않을 수 없다"고 언급한 것에서 알 수 있듯이, '생계의 품위'라는 관점에서 '서양인'은 '우수 인종'으로 상정되고 있다.

이처럼 다카하시는 '의식주'에 관한 영양학적·위생학적 검토를 통해 '일본인종'의 개량을 주장하는데, 이런 검토는 인종적 '열성' 및 '열등 인종'에 대한 정의로 이어진다. 우선 '생계의 품위'가 낮은 것은 '야만사회의 종족'이라고 언급하고, 그 예로 '피지'와 '샌드위치' 제도(諸島)의 "노역에 종사하는 왜소하고 다갈색을 띤 하민(下民)"을 들고 있다. 또 보리를 먹을 것을 주장하면서, 쌀을 주식으로 하는 '지나(중국)·조선·인도' 등은 '문명'이 '하급'한 나라라고 서술하고 있으며, 양장(洋裝)을 권장하면서 "소매가 있는 옷"은 "지나(중국)와 조선,

---

59) 다카하시는 '유전'적 측면에서 서양인과 일본인의 잡혼을 주장하는 '황백잡혼론'(黃白雜婚論)으로 가토 히로유키(加藤弘之)와 논쟁을 벌였다. 加藤弘之,「人種改良の弁」,『東洋学芸雑誌』53~5号, 1886. 가토의 비판에 관해서는 鈴木善次,『日本の優生学』, pp. 35~8에 자세히 정리되어 있다.

그 외 동양의 반개(半開)한 나라"에서나 입는 것이라고 말하고 있다.

다카하시만 그러한 것이 아니라 일본인종의 개량 문제는 교육, 영양, 위생, 범죄 등과 관련한 사회 개량의 측면에서 주장되었다. 거기에는 인종 개량의 테크놀로지(technology)로서의 영양학·위생학·형사학 등의 존재를 파악할 수 있다. 그리고 운명으로 받아들이기 어려운 일본인종의 '열성'을 '수양'이라는 실천을 통해 설정하고 개량하려고 할 때 일본인종의 '열성'과 '열등 인종'은 교육의 문제, 영양의 문제, 위생의 문제, 범죄의 문제로 다시금 정의되어 간다.

운노 고토쿠(海野幸德)의 『일본인종개조론』(日本人種改造論, 1910) 역시 골튼을 비판하면서 인종 개량의 방법으로 환경의 역할을 중시하고 있다. 이 책의 마지막에서 운노는 이렇게 언급하고 있다.

인종 개조에 의의를 두지 않는다거나 무지할 경우에는 국민 전체가 불구자, 정신병자, 백치, 병자, 범죄자가 되어 버릴 것이다.[60]

운노가 말하는 인종 개량의 문맥에서는 개량되지 않은 '일본인종'의 '열성'은 교육·영양·위생·범죄와 같은 징후에 의해 다시 정의되며, "불구자, 정신병자, 백치, 병자, 범죄자"로 표상된다. 그것은 또 인류학에서 측정된 분류할 수 없는 미개의 행방이기도 했다.

쓰보이 쇼고로는 문부성 파견으로 1892년 8월에 브뤼셀에서 열린 형사인류학 만국회의에 참가한다. 그 보고에서 쓰보이는 미개와 범

---

60) 海野幸德, 『日本人種改造論』, 冨山房, 1910, p. 303.

죄를 연관시켜 범죄인류학을 확립한 롬브로소(Cesare Lombroso)를 비롯한 여러 학자들의 연구를 발 빠르게 소개하고 향후 연구의 필요성을 호소했다.[61] 이듬해 10월에는 국가의학회에서 형사인류학을 발표하고, 범죄를 '구태가 재발하는 것'으로 파악하여 "죄인들의 체격과 정신을 조사해서 신체나 마음에 구태가 재발할 가능성이 있는지의 여부"를 연구해야 한다고 언급했다.[62]

일본인종 개량론에서 '일본인'의 미개를 나타내는 징후는 개량해야 할 대상으로 전도되고 있으며 개량의 대상이 되는 항목은 미개를 나타내는 징후로 다시 정의된 것이다. 이 새로운 정의로 인해 인류학의 관찰하는 시선은 동시에 개량이라는 실천을 감시하는 모니터링으로 변모한다.

인류학에서의 인종 분류는 객체화된 '아이누'와 '류큐인'에게서 자기와 타자의 경계를 구획하는 징후를 발견하면서 전개되었다. 그러나 인류학은 단순한 경계선을 구획하는 것만으로 전개된 것은 아니다. 미개를 타자로 분류함으로써 자신인 일본인종에게 개화의 역사를 부여하고자 한 것이다. 또한 그것은 '아이누'와 관련해 전형적으로 보이는 것처럼, 관찰되는 객체에 대해 동시대를 살고 있다는 역사성을 부정하는 일이기도 했다. 일본의 인류학은 분류라는 방법을 통해 '일본인'이라는 자기표상과 그 개화의 역사를 만들어 갔다고 말할 수 있다.

61) 坪井正五郎, 「刑事人類学万国会議報告」, 『東京人類学会雑誌』 8巻 81号, 1892. 범죄 인류학에 대해서는 グールド, 『人間の測りまちがい』와 渡辺公三, 「同一性のアルケオロジー 1~3」, 『国立音楽大学研究紀要』 26~28集, 1992~94 참조.
62) 坪井正五郎, 「刑事人類学の真価」, 『東京人類学会雑誌』 9巻 93号, 1893.

그러나 측정은 분류에 의한 자기와 타자의 경계를 위태롭게 하고, 타자에 봉인되어 있던 미개를 자기 안에 제시해 간다. 나아가 이 자기 안에서 측정된 미개는 미개의 개선, 개량, 말살이라는 실천으로 이행한다. 이 이행에서 파악할 수 있는 것은 측정된 미개를 나타내는 징후가 실천 대상을 나타낼 뿐 아니라, 실천 방법을 제시하는 교육, 의료·위생, 치안을 둘러싼 여러 학문에 의해 거꾸로 '일본인'의 미개를 나타내는 징후로서 다시 정의되고, 또 '미개 인종'도 새로운 의미를 획득한다고 하는 관계였다. 다시 말해서 미개는 타자로 분류되는 반면, 자기 내부에 있는 "불구자, 정신병자, 백치, 병자, 범죄자"라는 표상과 유착하면서 등장하고, 이러한 자기 내부에서의 미개에 대한 새로운 정의가 타자의 미개에 대해서도 새로운 표상을 더해 간다. 또한 이러한 전개로 인해 인류학은 우생학, 혹은 범죄학, 통계학과 같은 다른 증후학과 겹쳐진다.

그런데 인종으로서의 자기인식과 자기의 개량이라는 실천이 유착된 배후에는 분명히 지향해야 할 서양인이라는 타자가 존재하고 있었다. 그러나 인종으로서의 자기표출이 국민의 개량이라는 사회적 실천과 유착해 간 것은 비단 일본인들만의 문제는 아니었다. 19세기 말에 등장한 막스 노르다우(Max Nordau)의 『퇴화』(退化)라는 책에서도 대도시의 범죄자, 정신병자, 이상행위자의 증가를 문자 그대로 '인종말'(人種末, Fin-de-race)이라고 표현하고 있는데,[63] 이것을 보더라도 인

---

63) M. S. Nordau, Entartung, Duncker, 1892. 이 책은 일본에서 1914년 『현대의 타락』이라는 제목으로 일부가 번역되었다. M. ノルダウ, 『現代の堕落』, 中島茂一 訳, 坪内雄蔵(逍遥) 「序」, 大日本文明協会, 1914.

종적인 자기표출과 의료·위생, 치안을 둘러싼 실천의 유착은 프랑스인이나 영국인, 독일인에게서도 고찰할 수 있을 것이다.[64] 왜냐하면 문제는 인종 분류나 분류의 계층구조에 있는 것이 아니라, 증후학에 의한 영토나 주민의 등기가 끊임없이 자본주의의 탈영토화와 재영토화에 노출되어 있기 때문이다.

---

64) 에티엔 발리바르(Étienne Balibar)는 오늘날 확대되고 있는 이민과 난민에 대한 새로운 인종주의(racism)에 대한 투쟁으로 인터내셔널(=트랜스내셔널)한 시민권의 필요성을 주장하면서 근대 인종주의를 이렇게 언급한다. "근대 인종주의의 본질은 단순히 문화적·사회적 차이의 도착(倒錯)을 바탕으로 한 타자와의 관계는 아니다. 그것은 국가 개입을 매개로 한 타자와의 관계"이다. 여기서 발리바르가 국가의 개입을 지적한 것은 행정이나 경찰 기구, 법적 제도와 같은 치안유지 장치이다. 이러한 장치로 인해 인종주의는 분류된 두 집단의 문제가 아니라, 사회 전반의 안정성 문제로 처리된다. 또한 그것은 '이상자'나 '범죄자'와 같이 사회적으로 위험시되는 인물들을 다른 인종으로 표현하려는 사태와도 관련된다. Étienne Balibar, "Migrants and Racism", New Left Review 186, 1991, pp. 15~6.

4_ 하수도

인류학과 통계학이 담당했던 새로운 코드화는 영토와 영토에 속하는 주민이 어떤 자들인지 관찰해서 국토와 국민으로 등기해 나갔다. 일본 인종론이 수행했던 것은 기본적으로는 이러한 등기 작업이며, 이때 북의 국경선에서는 '아이누'가, 남의 국경선에서는 '류큐인'이 관찰의 대상이 되었다. 그런데 이러한 등기에서 확인해 두어야 할 점은 이러한 작업이 결국 일본인이라는 자기동일성으로 귀착하는 것이 아니라 불안정한 시니피앙을 생산하는 결과를 낳았다는 사실이다. 특히 그 불안정성은 '류큐인'을 둘러싸고 구현되었다고 할 수 있다. 또 거기서의 인종 분류는 종종 분류 불가능성을 드러냈다. 이 분류 불가능성은 개화의 역사 안에서는 '불구자', '범죄자'로 재설정되어, 감시하고 개량해야 할 대상으로 조정(措定)되었다. 이 분류 불가능성의 재설정에서 인류학은 우생학이나 통계학과 같은 다른 증후학과 겹쳐진다.

그러나 예컨대 '류큐인'을 둘러싸고 등장한 분류 불가능성이라는 사태는 인종 분류의 애매함이나 불가능성의 문제도 아니거니와 성질을 달리하는 증후학의 융합이나 혹은 증후학의 불충분성을 의미하는 것도 아니다. "오키나와인이 일본민족인지 아닌지 하는 성질의 문제"
가 아니다.[65] 개선해야 할 '불구자', '범죄자', 혹은 '기형(畸形)의 증식'
의 가능성은 도리이 류조가 처음 오키나와를 방문했던 1898년에서 30
년이 지난 후에 기시와다(岸和田) 방적 사장의 다음과 같은 발언과 함
께 생각해 봐야 한다.

　　싼 값에 노동하려는 자가 있다면, 그가 제주도인이든 류큐인이든 전
　　혀 상관없다.[66]

　　매우 상투적으로 표현하자면, 가변자본이 될 만한 노동력이라면
누구라도 상관없었던 것이다. 그러나 다른 한편으로 생각하면 "사회는
교환주의자가 아니다."[67] 따라서 영토와 거기에 속하는 주민과 관련된
코드화는 노동력의 실질적 포섭이 전개됨에 따라 끊임없이 교란을 일
으킨다. 이러한 포섭이 전개되는 과정에서 증후학은 반복해서 명명을
수행하지만 결코 안정된 시니피앙을 만들어 내지는 못할 것이다. 분류
불가능성의 '불구자', '범죄자'로의 재설정과 이것에 수반되는 인종의
명명, 혹은 그 배후에 계속 고착되는 '기형의 증식'이란 이러한 노동력
의 포섭과 관련되는 과정 속에서 생겨나는 것이다. '류큐인'과 연관시
켜 말하자면 그것은 '류큐인'이라고 명명되었던 주민들이 노동력으로
서 실질적으로 포섭되어 가는 1920년대 이후의 전개와 관련이 있다.

---

65) 「서장」 각주 88과 같음.
66) 『大阪每日新聞』 1928年 9月 23日. 이 발언에 대해서는 4장에서 다시 검토하겠다.
67) ドゥルーズ=ガタリ, 『アンチ・オイディプス』, p. 225.

이 점은 3장에서 검토하도록 하겠다.

결국 원래 종잡을 수 없이 막연한 자본주의와 영토 및 주민을 국가로 등기하고자 하는 증후학 사이에서 수많은 불안정한 시니피앙이 생산되는 것이다. 유동화(流動化)라고도 할 만한 이러한 상황을 어떻게 표현하면 좋을까? 노동력의 포섭과 증후학의 끝나지 않는 악순환을 19세기의 파리를 무대로 훌륭하게 고찰한 루이 슈발리에(Louis Chevalier)는 이러한 막연한 유동상황을 빅토르 위고의 『레미제라블』을 인용하면서, 하수도(下水道)라고 표현하고 있다.[68] 하수도. 그것은 도시도 아니며 농촌도 아니다. 지리적으로 구분된 범위로는 수렴되지 않는 존재다. 그러나 급격하게 자본주의가 전개되는 가운데 그 수량(水量)을 더해 가는 것이다. 또 때로는 그것은 범죄와 질병의 소굴로 기술되며, 거기에는 미개와 야만과 같은 인종적 표상이 겹쳐진다. 증후학은 수량(水量)이 계속 증가하는 이 하수도를 기술하려고 하지만 그 작업은 완수되는 일 없이 보다 정밀한 증후학과 제도(制度)를 수시로 만들어 낼 것이다.

거듭 말하면 이러한 증후학에서 발견해야 할 것은 관찰되면서 방어태세를 취하는 누군가이다. 그것은 증후학이 봉인하려고 했던 침묵하는 타자이기도 할 것이다. 그러나 봉인은 깨지고 이들은 침묵하는 타자이기를 멈추고 이름을 드러낼 것이다. 자칭(自稱)하는 이름을 제시하는 장소에는 증후학의 새로운 전개와 통치가 준비되어 있지만 이

---

68) Louis Chevalier, Classes laborieuses et classes dangereuses à Paris, Librairie Plon, 1958. 喜安朗・木下賢一・相良匡俊 訳, 『勞働者階級と危險な階級』, みすず書房, 1993, pp. 99~108 참조.

름을 드러내는 행위 속에서 증후학에 의한 명명이 결코 완수되는 일은 없을 것이다. 이 하수도의 수로를 따라 흐르면서 증후학의 임계에서 방어태세를 취하는 누군가에 대해서는 다음 장에서 논의를 시작할 것이다.

2

내세우는 자

1 _ 점령

1. 노예해방

1879년 류큐처분관 마쓰다 미치유키(松田道之)는 군대와 무장경찰을 이끌고 슈리성을 제압한 다음 류큐번(琉球藩)을 폐지하고 오키나와현을 둘 것을 포고했다. 그로부터 약 30년이 지난 1910년에 이하 후유는 오키나와현립도서관 초대 관장에 취임한다. 그 해는 한국병합이 있었던 해이기도 했다. 그리고 이하는 이듬해인 1911년에 자신의 대표작 『고류큐』를 간행한다. 이 장에서는 『고류큐』를 둘러싼 논의를 살펴보도록 하자.

『고류큐』에 수록된 이하의 「진화론으로 보는 오키나와의 폐번치현[1]」에는 슈리성이 무력으로 제압된 이후의 약 30년을 이렇게 기술하고 있다.

---

1) 폐번치현(廢藩置縣)은 1871년 바쿠후(幕府) 시기의 번(藩)을 폐지하고 현(縣)을 설치한 조치. 번이 상대적으로 중앙으로부터의 자율성이 강했다면, 현은 압도적인 중앙집권체제하의 지방행정기구였다. — 옮긴이

1879년의 폐번치현은 퇴화의 길을 걷고 있던 오키나와인을 다시 진화의 길로 향하게 했다.[2]

이 '진화의 길'은 나아가 '노예해방'이라는 표현과 연결된다. 1914년 『류큐신보』(琉球新報)에 게재되었던 「폐번치현은 일종의 노예해방이다」라는 이하의 글은 「류큐 처분은 일종의 노예해방이다」라고 수정된 다음 『류큐 견문록』(琉球見聞錄, 1914)에 서문으로 실리게 된다. 이어서 『고류큐』(1916) 재판에도 수록되었고 나아가 「류큐인의 해방」이라는 제목으로 『고류큐의 정치』(古琉球の政治, 1922)에 실리게 된다. 여기서 일관되게 주장하는 것은 1879년의 슈리성 제압을 3백 년간 계속되었던 사쓰마(薩摩)의 지배로부터 류큐가 해방된 기점이라고 보는 역사관이었다.[3] 그리고 3백 년의 지배로 배양된 '노예근성'을 극복하는 것이 당면 과제라고 기술되어 있다.

본 현인(縣人)도 금후 이 혐오해야 할 잠재된 노예근성을 근본부터 일소해 자기 마음의 통일을 꾀하지 않으면 결국 슬픈 운명에 빠지게 될 것이다. 동화주의를 칭송한다 해도 자기 마음에 이와 같은 모순과

---

2) 伊波普猷, 『古琉球』, 沖縄公論社, 1911, p. 113.

3) 이하의 '노예해방'은 류큐 처분에 대한 평가와 직결되기 때문에 지금까지도 논의가 계속되고 있다. 이는 이하 후유를 논의하는 데 매우 중요한 축이라고 할 수 있다. 나의 논의는 다음의 선행 연구에 힘입은 바 크다. 鹿野正直, 『沖縄の淵─伊波普猷とその時代』, 岩波書店, 1993; 安良城盛昭, 『新 沖縄史論』, 沖縄タイムス社, 1980; 比屋根照夫, 『近代日本と伊波普猷』, 三一書房, 1981; 金城正篤・高良倉吉, 『沖縄学の父 伊波普猷』, 清水書院, 1984; 新川明, 『差異と天皇の国家』, 二月社, 1973. 선행 연구 검토에 관해서는 冨山一郎, 「国境」, 『近代日本の文化史 4』(岩波書店, 2002)을 참고하기 바람.

암투가 있는 이상 그 동화는 형식상의 동화로 아무런 가치도 없는 것이다.[4]

이하에게 '진화의 길'은 진화의 역사 법칙이 아니라 '노예근성'의 극복, '자기 내심의 통일'이라는 실천의 과정이며, '동화'라는 말도 이 실천으로 가치를 부여받고 있다는 점에 우선 주목하자. 또 거기에서는 1879년 이후 역사의 객관적 평가보다는 '동화'라는 선택지를 우선 수용하면서 자신들은 무엇을 해야 하는가를 설정하려 하는 자기표시가 간취될 필요가 있을 것이다. 그리고 널리 알려진 것처럼, 이 자기표시는 『고류큐』 권두 논문인 「류큐인의 선조에 대해」의 결론 부분과도 관련이 있다. 이 논문은 1906년에 『류큐신보』에 게재되었다가 『류큐인 종론』(1911)이라는 제목으로 출판된 다음 『고류큐』에 수록되었다.

그래서 나는 메이지 초기의 국민적 통일의 결과, 반쯤 죽은 류큐왕국은 멸망했지만, 류큐민족은 소생해서 2천 년 전 헤어진 동포와 해후하고, 동일한 정치하에 행복한 생활을 하게 되었다는 한마디로 이 글을 마치고자 한다.[5]

이하에게 '진화'나 '동화'는 과거의 '소생'이었으며, 그것은 개화의 역사인 동시에 '류큐민족'의 복권이기도 했다. 이러한 개화에 민족

---

4) 伊波普猷, 「廢藩置縣は一種の奴隷制度なり」, 『琉球新報』 1914年 1月 5日.
5) 伊波普猷, 『古琉球』, p. 60. 강조는 원문.

의 복권을 중첩시키는 이하의 '노예해방'에서는 개화가 단순한 동화, 즉 이하의 말을 빌리자면 '형식상의 동화'인 이상, 개화로부터 계속 소외된다는 논점을 바로 이끌어 낼 수 있을 것이다. 또 근대에 민족 해방을 조정(措定)하면서 근대로부터 계속 소외되는 자들에게 공유되는 탈식민화와 관련된 문제를 거기서 발견하는 것도 가능할 것이다.[6]

그러나 슈리성 제압으로부터 30년을 '노예해방'으로 보는 이 같은 역사관을 이하의 대표작인 『고류큐』를 관통하는 역사관으로 설정하기 전에 조금 더 논의해야 할 논점이 있다. 역시 『고류큐』에 수록되어 있는 「류큐사의 추세」에서 이하는 청일전쟁을 이렇게 말하고 있다. 이 문장을 어떻게 읽어야 할까?

그 누구도 대세에 저항하는 것은 불가능하다. 자멸하고 싶지 않은 사람은 대세에 따라야만 한다. 한 명을 일본화하고, 두 명을 일본화해서 마침내 청일전쟁이 끝날 무렵에는 예전에 메이지 정부를 비난했던 사람들의 입에서 제국 만세의 소리가 나오게 되었다.[7]

거역할 수 없는 '대세'란 무엇인가? 그 '대세'의 바로 옆에서 존재하는 '자멸'이란 무엇을 의미하는 것일까? '자멸'하는 자와 그것을 '원하지 않는 사람'이란 누구를 가리키는 것일까? 그리고 1879년 이

---

6) 이에 관해서는 두보이스(Du Bois, William Edward Burghardt)를 논한 폴 길로이(Paul Gilroy)의 논의를 참고할 것. Paul Gilroy, The Black Athantic : Modernity and Double Consciousness, Harvard University Press, 1933, p. 126.
7) 伊波普猷, 『古琉球』, p. 96.

후의 30년을 '노예해방'이라는 말로 표현했던 이하는 '청일전쟁이 끝날 무렵'에 도대체 무엇을 발견하는 것일까? 이것들에 대한 물음과 더불어 마지막 부분의 '제국 만세의 소리'를 읽지 않으면 안 된다.

여기서 서장에서의 논의를 반복해 보자. 무장(武裝) 면에서 압도적으로 불리한 상황에 처한 위치에서 이루어지는 언어행위에서는 정리된 지배의 구조적인 배치도나 객관적인 혹은 법칙적인 역사관이 아닌, 폭력에 대치하는 언어의 가능성의 임계가 우선 발견되어야 한다. 그리고 이와 같은 언어행위는 바로 옆에서 폭력이 이미 행사되고 있다는 점을 항상 암시하고 있다. 논의를 앞당겨서 말하자면, '자멸하고 싶지 않은 사람'이라는 말은 사체 바로 옆에 있는 자의 목소리이다. 이말에 의해 암시되는 폭력은 옆에서 행사되고 있지만 이미 남의 일이 아니다. 그리고 그러한 폭력은 무엇보다도 방어태세를 갖춘(sur la défensive) 자들에 의해서 표현되어야 한다.

다시 '노예해방'이라는 말로 돌아가 보자. 이 '노예해방'이라는 표현은 이하 자신에 의하면 부커 워싱턴(Booker T. Washington)의 저작과 관련해서 설명되어 있다.[8] 오타 요시노부(太田好信)가 지적하는 것처럼, 이하가 여기서 언급하는 것은 1901년에 출판된 부커 워싱턴의 『노예의 굴레를 벗고』(Up from Slavery)일 것이다. 이 책에서 기술되고 있는 미국의 노예제와 흑인인 워싱턴 자신의 삶의 모습에 '류큐인종'의 '소생'을 중첩시키면서, 이하는 '노예해방'이라는 말을 사용

---

8) 伊波普猷, 「琉球人の解放」, 『伊波普猷全集 第1集』(이하, 『全集 1』로 약칭함), 平凡社, p. 493 참조. 이 전집은 1974~6년에 간행된 것임.

했던 것이다. 이제까지 전개되어 온 이하 후유 연구나 오키나와학 연구를 보면, 이하는 후술하게 될 도리이 류조나 야나기다 구니오와 같은 일본 인류학과 민속학과의 관계 안에서 주로 논의되어 왔는데, 오타는 이 '노예해방'이라는 말에서 인류학이나 민속학과는 다른 수맥이 이하 안에 흐르고 있음을 정확하게 지적해 내고 있다.[9] 이하는 확실히 민족해방투쟁의 세계성(世界性) 안에 존재하고 있다. 그리고 그렇기 때문에 다음에 검토하는 것처럼 일본 인류학과 이하와의 관계도 재고되어야 한다. 또 이러한 해방투쟁이라는 세계성을 통해서 비로소 이 '노예해방'이라는 말이 워싱턴과는 다른 문맥에서도 이하에게 흘러들고 있음을 뒤이어서 논의해야 한다. 이하는 '노예해방'이라는 말을 이미 워싱턴의 저작이 간행되기 이전에 알고 있었던 것이다.

청일전쟁 직후인 1897년, 『오사카마이니치신문』에는 오키나와의 오타 조후(太田朝敷) 등의 공동회운동[10]이 류큐 토족의 복번운동이라고 비난하는 「류큐 사족의 기도[企謀]와 오키나와」라는 제목의 기사가 9회에 걸쳐 게재되었다.[11] 집필자는 '나하 통신원'인 사사키 쇼주로(佐々木笑受郎)이며, 사사키는 이 기사로 당시 오사카마이니치 사장이었

---

9) 太田好信, 『民族誌的近代への介入』, 人文書院, 2001, pp. 153~6. 이하와 워싱턴의 관계에 대해서는 이외에도 真栄平房昭, 「近代沖縄の自立を求めて」(『ヤマトウのなかの沖縄』, 大阪人権博物館, 2000)를 참조하기 바란다. 또 '노예해방'을 둘러싼 사상적 수맥은 워싱턴 이외에도 중국의 량치차오(梁啓超)가 있다. 이에 관해서는 鹿野正直, 『沖縄の淵』, p. 113 및 冨山一郎, 「国境」을 참조.

10) 공동회운동(公同会運動)은 1896년 즈음 류큐왕국의 상태왕(尚泰王)의 아들 상인(尚寅)과 상순(尚順)이 중심이 되어 일으킨 운동이다. 복번운동(復藩運動)이라고도 한다. 류큐인의 일치단결을 목적으로 공동회(公同会)를 창립, 오키나와현의 집정권(지사)을 상씨 가문(尚家)이 세습하도록 요구했고 1897년에는 공동회 대표가 도쿄로 가서 정부에 대해 청원했다. 오타 조후는 그 핵심 멤버였다. ―옮긴이

던 하라 다카시(原敬)로부터 예장(禮狀)을 받는다.[12] 이 기사는 당시의 공동회운동을 오키나와의 불평 사족층의 시대착오적인 복번운동으로 규정하고, 오키나와의 지방제도 개편, 토지정리 사업의 완성을 주장하였는데, 여기에서 사사키는 폐번치현, 즉 '류큐 처분'에 대해 '폐번 전의 류큐 평민은 모두 사족의 노예'라고 하면서[13] 다음과 같이 말하고 있다.

폐번은 농민을 위한 것으로 노예해방령이나 마찬가지였다고 평가해도 결코 틀린 말은 아니다.[14]

사사키가 '폐번'에 '노예해방'이라는 용어를 대응시켜 표현한 이 기사를 게재했을 당시 이하 후유는 제일고등학교(第一高等学校) 입학시험에 낙방한 뒤 수험공부에 여념이 없던 시기였다. 그러나 훗날 이하의 회상기 등을 통해서도 알 수 있듯이[15], 이하는 사사키가 쓴 이 기사를 실시간으로 읽고 있었다. 즉 청년 이하는 청일전쟁 직후에 게재된 사사키의 글에서 '노예해방'이라는 말을 접하고 있다. 게다가 이 청

---

11) 佐々木笑受郎, 「琉球土族の企謀と沖縄(1~9)」, 『大阪毎日新聞』 1897年 9月 14日~10月 7日. 『那覇市史 資料編二 中一四』(那覇市, 1971)에 수록.

12) 「佐々木笑受郎翁に日清戦役前後の沖縄の話を聴く」, 『沖縄日報』 1943年 7月 22日부터 8회에 걸쳐 연재. 『全集 10』, pp. 393~4.

13) 『那覇市史 資料編 2 中-4』, p. 664.

14) 같은 책, p. 665.

15) 이하가 이 기사를 읽었음은 다음 자료를 참조. 伊波普猷, 「中学時代の思出」, 『琉球古今記』, 刀江書院, 1926, 『全集 7』, p. 370과 「田島先生の旧稿琉球語研究資料を出版するにあたつて」, 伊波 編, 『琉球文学研究』, 青山書店, 1924, 『全集 10』, p. 307.

일전쟁 직후 이하는 '제국 만세의 소리'를 들었다. 따라서 부커 워싱턴이 아닌 사사키 쇼주로를 통해 이하가 만났던 '노예해방'이라는 표현은 이 '제국 만세의 소리' 안에서 검토되어야 한다.

2. 점령지

류큐가 일본과 병합되어 간 과정은 1879년에 류큐처분관 마쓰다 미치유키가 군대와 무장경찰을 이끌고 오키나와현을 설치한다는 포고를 내림으로써 완료된 것은 아니다. 외교사적으로 말하면, 그 뒤로 이 '류큐처분'에 대한 청국의 항의를 받아 미야코(宮古)·야에야마(八重山) 분할안이 대두했지만, 청국과의 국경선을 둘러싼 이 교섭은 최종적으로는 청일전쟁에서의 무력적 대립으로 인해 마무리된다. 이러한 병합과정은 근대국가 일본의 국경선 설정이 애초부터 군사점령 형태로 전개되었음을 명확하게 말해 준다.[16]

그렇다면 이하가 훗날 "청일전쟁이 끝날 무렵 예전에 메이지 정부를 비난했던 사람들에게서 제국 만세의 소리를 듣게 되었다"라고 한

---

16) 그러나 그것은 앤서니 기든스가 말하는 폭력의 독점 문제는 아니다. 기든스는 근대국가를 폭력의 독점으로 보고, 모든 폭력이 국가에 의해서 독점된 국내에서는 폭력이 아닌 감시라는 새로운 질서가 확립되며, 국외에서는 독점된 폭력이 군사력으로서 행사된다고 하지만, 거기에서는 근대국가가 동시에 대외적 침략을 수행하는 제국의 성립이기도 하다는 것을 분명하게 함의하고 있다. 또 이 기든스의 폭력에 대한 이해는 폭력의 지정학적 이해를 공유한 것이기도 하다. 그러나 폭력의 독점에 의한 국경선의 안과 밖이라는 구분은 지정학적으로 명확히 구분되는 것은 아니다. 폭력은 안에서도 내전(內轉)되며, 감시는 밖에서도 전개된다. Anthony Giddens, The Nation-State and Violence, Polity, 1985.

상황이란 어떤 것이었을까. 청일전쟁 전후의 오키나와 사회에서는 청국의 승리를 믿는 사람들 가운데서 청국 함대가 오키나와로 들어올 것이라는 소문이 퍼졌다. 이러한 움직임에 대응해 경찰과 군대, 그리고 칼로 무장한 내지인(内地人) 관리나 기류(寄留)상인이 자경단(自警団, 동맹의회)을 조직해 오키나와 주민에 대한 진압을 준비했다.[17] 게다가 중학교에서도 교직원과 학생들로 구성된 의용대가 조직되었다. 당시 오키나와 심상(尋常)중학교 4학년이었던 이하 후유도 나중에 첨예하게 대립하는 고다마 기하치(児玉喜八) 교장이 조직한 의용대에서 사격 연습을 하고 있었다.[18] 물론 그 총구는 자신의 친척을 포함한 오키나와의 주민을 향해 있었다.

또 거기에는 훗날 '중학시절의 추억'으로만 언급되는 이하 자신의 경험 역시 내포되어 있다. 의용대 안에서 총을 겨누었던 경험은 직설적인 문체로 표현되는 것이 아니라, 남유적인 표현과 연결되면서 말을 계속 생산하게 된다. 그것은 폭력이 주제로 등장하지 않는 이하의

---

17) 자경단에 관해서는 伊波普猷, 「中学時代の思出」(『琉球古今記』의 부록에 수록, 『全集 7』, p. 369) 및 「彙報」, 『琉球教育』(4巻 31号, 1898, p.20)을 참조. 또, 이 시기의 사회상에 대해서는 新川明, 『異族と天皇の国家』, pp. 82~6 및 森宜雄, 「琉球は『処分』されたか」(『歴史評論』 603号, 2000)을 참조. 그런데 이러한 전개는 청일전쟁 중 오키나와와 분견보병 중대로의 조졸배속(助卒配属)계획, 1897년에 공포된 오키나와의 징병제의 도입과도 깊은 관련이 있다. 조졸배속계획은 비록 실시되지 않았지만 계획상으로는 오키나와에 거주하는 기류자에 한정되었다. 군사적 폭력이 조직화되는 가운데 그 진압 대상이 오키나와 주민이었음은 틀림없다. 자경단은 이런 전개를 이른바 선취하고 있다. 또 징병제를 도입할 때도 그것을 시행하기에 앞서 소학교 교원을 대상으로 6주간 현역병제도를 시행했다. 조졸배속계획 및 6주간 현역병제도에 관해서는 遠藤芳信, 「陸軍六週間現役兵制度と沖縄県への徴兵制施行」, 社会科学 編, 『北海道教育大学紀要』(33巻 2号, 1983)을 참조.

18) 伊波普猷, 「中学時代の思出」, 『全集 7』, p. 369.

작품에서 폭력을 어떻게 읽고, 기술할 것인가의 문제이기도 할 것이다. 죽은 자의 옆에 있는 자의 말은 결코 폭력을 직접적으로는 표현하지 않는다. 기껏해야 '추억'으로 언급하는 정도이다. 그러나 거기에 폭력이 표현되어 있지 않은 것은 결코 아니다. "누구든 대세에 대항할 수는 없다. 자멸을 원치 않는 자는 대세에 따라야 한다."[19] 이 이하의 정언명령〔定言的命法〕[20]에서는 점령지에서 자경단과 의용대가 휘둘렀던 폭력을 해독해야만 한다.

청일전쟁 직후인 1879년에 있었던 슈리성 진압을 '노예해방'의 기점으로 논의했던 사사키 쇼주로는 자경단을 조직한 중심인물이었다. 사사키는 단순한 '나하(那覇)통신원'이라기보다 국사(国事)탐정에 가까운 인물이었다. 사사키는 훗날 이하와 같이 참석한 좌담회에서 당시를 이렇게 회상한다.

당시 분견대(分遺隊)에 있던 시모무라(下村) 중위라는 활달한 군인이 가끔 내가 있던 숙소로 찾아왔어요. 둘이서 자주 부침두부를 먹으면서 얘기를 나누곤 했는데, 어느 날 중위가 만약 지나(支那, 중국) 군함이 오면 제일 먼저 구메(久米)촌을 모조리 불태울 계획을 세우고 있다, 석유통을 놔둘 곳은 다음에 말하자고 하더군요. 그때 의용대가 먼저 손을 쓰면 오히려 일에 지장이 있으니 모두 우리 군대의 뒤를 따라

---

19) 伊波普猷, 『古琉球』, p. 96.

20) kategorischer Imperativ의 번역어로 칸트가 주창한 의지를 무조건적으로 규정하는 도덕적 명령이다. 예컨대, '행복해지고자 한다면 수단으로서 이렇게 하라'는 가언(假言)명령과는 달리, 행위 그 자체를 가치 있는 목적으로 여기는 것이다. ─옮긴이

움직여 주면 좋겠다, 그리고 만약 그때 필요한 물건이 있으면 내게 알려 달라고 진지하게 말했었는데…….[21]

자경단을 조직한 사사키는 군과 함께 구메촌 토벌 계획을 상의하고 있었다. 당시 이하가 이 같은 주민학살계획을 구체적으로 어디까지 알고 있었는지는 확실치 않다.[22] 그러나 중요한 것은 이하가 접했던 '노예해방'이라는 표현은 주민학살에 관여했던 자경단에게서 전해 들은 것이란 점이다. 그리고 이하는 이 군대와 자경단이 수행한 점령이라는 '대세'의 한편에서 '자멸'의 늪을 훔쳐보면서 방어태세를 취하는 누군가를 발견했으며, 개화(곧, 해방)의 역사 쪽에 승부를 걸면서도 끊임없이 폭력을 예감한다. 바로 그렇기 때문에 '제국 만세'인 것이다. 부커 워싱턴의 해방 쪽에 승부를 걸었지만 이와 동시에 사사키 쇼주로의 해방에서 끊임없이 폭력을 예감한다. 따라서 그의 개화(開化)의 역사와 관련된 기술은 그가 예감한 폭력의 기술로 다시 읽혀져야 할 것이다.

반복하지만 이하가 직접적으로 식민주의와 폭력을 논의하지 않았던 것은 이하가 이미 그것을 남의 일로 논할 수 없는 위치에 있었다는 증거다. 따라서 이하의 기술은 점령지의 말이다. 남의 일이 아닌 폭력은 방어태세를 갖춘 자들에 의해 표현되어야 하며, 이 위치에서 표현

---

21) 「佐々木笑受郎に日清戦役前後の沖縄の話を聴く」, 『全集 10』, p. 392.
22) 1934년에 『오키나와일보』(沖縄日報)에 게재된 이 좌담회에서 학살 계획에 대한 내용을 들은 이하는 "그런 소문은 들은 것 같은데, 그렇게 구체적으로 계획된 줄은 몰랐네요"라고 답했다. 같은 책, p. 392.

되는 말은 단순히 이하 자신의 개인적인 경험도 아니며, 시기 구분이나 혹은 지리적으로 정리된 지배의 구조적인 배치도도 아니다. 폭력에 대치하는 말의 가능성의 임계가 무엇보다 먼저 발견되어야 한다. 언어 행위에서 점령지라는 표현은 이러한 다시 읽기를 요구한다.[23]

---

23) 여기서 나는 루쉰을 떠올린다. 1926년 3·18사건이 있던 날, "먹으로 쓴 허언(虛言)은 피로 쓴 사실을 감출 수 없다"고 말한 후, "피의 빚[血債]은 반드시 동일한 것으로 갚아야 한다"라는 유명한 문구를 남긴 루쉰은 그로부터 2년 후, "글은 어차피 먹으로 쓰는 것이다. 피로 쓴 것은 혈흔에 지나지 않는다. 물론 그것은 글보다 더 감동적이며, 더 직선적이긴 하지만 색이 변하기 쉬우며 사라지기 쉽다. 이 점은 어떻게 해서든 문학의 힘에 기댈 수밖에 없다"고 말하고 있다. 이하가 이 글을 다시 읽을 때, 거기에 이하의 개인적 경험이 포함되어 있다고 하더라도, 이하가 '피'가 아닌 '먹'으로 흔적을 남겼다는 것이 갖는 의의를 문제 삼아야 한다. 이 점에 관해서 루쉰의 글과 중국 식민지 상황의 관계를, 전자를 후자의 반영이라고 생각하는 것이 아니라, 말로 표현하는 것으로 "스스로의 운명을 결정했다"고 하는 다카하시 가즈미의 '해설'을 동시에 떠올리게 된다. 魯迅, 『魯迅評論集』, 竹內好 編訳, 岩波文庫, 1981, p. 30, pp. 80~90 ; 高橋和已, 「解説」, 魯迅, 『吶喊』, 高橋和已 訳, 中央公論社, 1973, p. 224.

2_ 관찰 · 교도 · 폭력

1. 관찰되는 경험

이하 후유의 『고류큐』에 수록된 「류큐인의 선조에 대하여」는 『류큐신보』(1906년 12월 5~9일)에 게재되었다가 『류큐인종론』이라는 제목으로 출판되었다. 이 안에는 "이 책을 쓰보이 쇼고로 선생님과 도리이 류조 씨에게 바친다"라고 표기되어 있다.

1장에서도 언급한 바와 같이, 인류학은 '류큐인'을 '일본인'으로서, 또는 개화를 향한 미개로서 증후학적으로 관찰했다. 이러한 증후학이 국가에의 등기(登記)이며, 통치 혹은 폭력에 일조하는 것임은 앞서 말한 대로이다. 또 증후학의 논점은 그것이 실패를 거듭하는 것에 있으며, 보다 구체적으로 표현하면 분류 가능성과 그 개화를 향한 통어(統御)의 문제이다. 거기에서는 개선해야 할 개인을 측정하는 새로운 증후학의 등장이 논의되어야 할 것이다.

이러한 증후학의 전개에서 이하는 어떤 위치에 있었을까. 이하의 대표작 『고류큐』는 이렇게 도리이가 중심이 되어 '류큐인'에 대한 증후학적 관찰을 실행해 가는 가운데 태어났는데, 여기서는 도리이와 이하의 증후학을 둘러싼 조금 복잡한 관계가 먼저 전제로서 간파되어야 한다.

도리이 류조는 1896년과 1904년에 오키나와를 방문하여 조사 활동을 개시한다. 오키나와에 대한 도리이의 연구는 「오키나와인의 피부색에 대하여」[24], 「오키나와 제도(諸島)에 거주한 선주민에 대하여」[25], 「야에야마의 석기시대 주민에 대하여」[26]로 보고되었다. 이들 연구는 『고류큐』에 큰 영향을 미쳤는데, 거기에는 앞서 말했듯이 '류큐인'[27]이란 누구인가 하는 도리이의 증후학적 질문과 이 질문에 대한 이하의 응답이라는 관계가 존재한다.

1904년 6월과 7월에 걸쳐 도리이는 이하의 안내를 받으며 오키나와 조사에 착수한다. 도리이의 말을 빌리자면, 조수[28] 역할로 조사에 관여한 것이다. 도리이는 이런 이하를 가리켜 "오키나와인이면서 오키나와 분야의 대가라 할 만한 나의 유익한 벗"이라 표현했다.[29] 그러나 조금 거칠게 말하면, 이하는 도리이의 오키나와 조사에 필요한 정보제공자(informant)의 역할을 담당했다고 할 수 있다. 그리고 이하는 『고

---

24) 鳥居龍藏, 「沖繩人の皮膚の色に就いて」, 『東京人類学会雑誌』 20巻 223号, 1904, 『鳥居龍藏全集 第4巻』 수록.
25) 鳥居龍藏, 「沖繩諸島に居住せし先住人民に就いて」, 『太陽』 11巻 5号, 1905, 『鳥居龍藏全集 第1巻』 수록.
26) 鳥居龍藏, 「八重山の石器時代の住民に就いて」, 『太陽』 11巻 5号, 1905.
27) 도리이는 '오키나와인' 이라는 단어를 사용한다. 또, 이하도 '류큐인', '류큐민족', '류큐인종', '오키나와인' 이란 단어를 사용하고 있다. 이들 단어가 갖는 어감의 차이는 앞으로 검토되어야 하겠지만, 여기서는 '류큐인' 으로 일괄해서 표기하기로 한다.
28) 鳥居龍藏, 「沖繩人の皮膚の色に就いて」, 『鳥居龍藏全集 第4巻』, p. 616.
29) 鳥居龍藏, 「八重山の石器時代の住民に就いて」, p. 170.

류큐』에서 '류큐인'을 기술할 때 자신의 연구를 지지하는 선행 연구로 도리이의 연구를 인용한다. 거기에는 자신이 정보제공자 입장에서 도리이에게 표명했던 '류큐인' 기술을 나중에 이하 자신이 '류큐인'을 표상할 때 선행 연구로 다시 인용하는 복잡하게 얽힌 과정이 있다.

그 과정을 정리해 보자면, 우선 '류큐인'이란 누구인가라는 질문을 도리이가 던지고, 도리이의 입장에서 '류큐인'인 이하에게 '류큐인'에 관해 말하도록 요구한다. 이때의 '류큐인'은 도리이가 기대하고 예정했던 것이지만, 그 질문에 이하가 답변함으로써 도리이의 예정은 추인(追認)을 받게 된다. 한편 이하 자신이 '류큐인'을 표상할 때 그 전제는 도리이가 기대했던 '류큐인'이다. 이하는 자신이 정보제공자로서 이야기한 것이 받아들여져, 도리이에 의해 묘사된 '류큐인'을 전제로 하면서 '류큐인'을 다시 기술해 간다. 결국 이하는 증후학이 '류큐인'으로서의 이하에게 기대했던 '류큐인'의 내부성을 스스로 이 증후학으로 다시 번역함으로써 '류큐인'을 새롭게 기술해 갔다.

이처럼 도리이와의 관계에서 부상하는 증후학과 이하와 도리이의 뒤얽힌 관계에서 다음과 같은 논점을 끌어내 보자. 증후학적으로 관찰되는 경험은 이하가 기술하는 '류큐인'에게 무엇을 각인시키고 있을까. 언뜻 도리이의 질문을 반복하는 것으로 보이는 이하의 새로운 기술에서는 증후학적으로 관찰된 경험을 읽어 내지 않으면 안 된다. 거듭 말해서 이 증후학적 관찰은 영토의 획득, 점령과 통치 가운데 수행되고 있다. 아무리 관찰자가 양심적이고 또 평화적으로 관찰을 수행한다고 해도 관찰된다는 경험에서 관찰이 이미 등기이며 점령이라는 것은 감지되고 있지 않았을까. 이하가 도리이의 기술을 선행 연구로 재인용하는데, 여기서 관찰된다는 이 경험, 환언하면 관찰되면서 꼼짝 않고 방어태세를 취하는 누군가를 먼저 읽어 낼 필요가 있을 것이다. 거듭 말하지만 이하의 기술은 바로 점령지의 말이다.

2. 관찰·교도·폭력

증후학과 등기의 관계는 제도나 지식의 연관만이 아니라 증후학적 관찰을 수행하는 관찰자 자신에 있어 먼저 논의되지 않으면 안 된다. 왜냐하면 관찰된다는 경험이 생겨나는 것은 곧 관찰을 수행하는 관찰자와 관찰되는 자와의 관계에 대한 것이기 때문이다.

관찰자와 관찰되는 자의 관계는 관찰자가 어떻게 의식하고 있든 관찰한다는 동사에 대해서만 표현되는 관계는 아니다. 거꾸로 말하면, 이미 폭력적인 관계가 존재함에도 불구하고 마치 관찰한다는 인식론적인 지평이 보증되어 있다고 착각함으로써 관찰은 유지되며, 이런 착각으로 인해 유지되는 것에 불과하기 때문에 관찰은 끊임없이 위협받게 된다. 따라서 그들/그녀들은 누구인가라는 증후학의 등기에서 전제가 되는, 관찰자와 관찰되는 자와의 구분은 관찰이 관찰을 위협하는 존재를 끊임없이 계속 진압하는 가운데 수행적으로 성립하고 있다.[30]

---

30) 이는 다음의 사카이의 지적과도 관련된다. 사카이 나오키(酒井直樹)는 인식론적 주관과 실천적 관계의 주체(シュタイ)를 구별한다. 그리고 문화적 차이를 관찰하고 학문적 담론으로 기술하는 과정에서, 관찰자 자신이 기술되는 대상과 맺고 있는 실천적 관계 및 거기서 발생하는 시간성이 부인되는 점을 지적한다. "인식론적 주관성과 실천적 주체 사이의 긴장과 모순을 실천적으로, 즉 정치적으로 조정함으로써 문화적 차이의 분절화는 발화되지 않는다." 酒井直樹, 「文化的差異の分析論と日本という内部性」, 『情況』 1992年 12月, p. 90.

이 점을 사고하기 위해서 '마다가스카르인'의 '집합적 무의식' 속에 존재하는 의존 콤플렉스가 프랑스의 식민지 지배를 필연적인 것으로 만들었다는 옥타브 마노니(O. Mannoni)의 『식민지화의 심리학』을 예로 들어 보자.[31] 정신장해로부터 투쟁하는 힘을 이끌어 내고자 한 프란츠 파농은 동일한 영역을 증후학적으로 관찰하고, 여기서 식민지배의 필연성을 발견한 마노니에 대해서 "열등 콤플렉스 증상을 만들어 내는 것은 인종차별주의자다"라고 통렬히 비판한다.[32] 그러나 파농의 비판만 보면 다소 이해하기 어렵겠지만, 마노니의 『식민지화의 심리학』에서는 피식민자의 정신분석과 함께 식민자에 대한 분석도 이루어지고 있다.

흥미로운 것은 식민지 경영에서 경제적 이익을 거두는 것보다 훨씬 더 큰 식민에 대한 욕망을 식민자의 정신구조에 내포된 콤플렉스와 염세감(厭世感)의 두 가지 측면으로 설명하려 한 점이다.[33] 식민자는 이 식민에 대한 욕망에 기초하여 외부세계를 향해 자신의 욕망을 불러일으키는 판타지를 구성한다. 이런 판타지는 당연히 식민자의 자기동일성을 보증하게 된다.

그런데 식민주의가 단순한 판타지나 자기동일성 문제가 아니라 폭력을 수반하는 실천임을 생각한다면, 이 같은 자아도취적 욕망에 근

---

31) Octave Mannoni, Psychologie de la Colonisation, Éditions du Seuil, 1950, translated by Pamela Powesland, Prospero and Caliban : The Psycology of Colonization, Methuen, 1956.

32) Frantz Fanon, Peau Noire, Masques Blancs, Éditions du Seuil, 1952. 海老坂武・加藤晴久 訳, 『黒い皮膚 白い仮面』, みすず書房, 1970, p. 69.

33) Mannoni, op. cit., p. 32.

거한 판타지는 현실에서 식민주의가 전개되는 가운데 끊임없이 위험에 노출된다. 마노니에 따르면, 식민지 사회에서 이 판타지에 걸맞지 않는 사태, 예컨대 식민자가 주민의 권리 요구나 사소한 반항에 부딪혔을 때, 판타지에 상처를 입은 식민자는 분개하고 거기서 인종주의라는 폭력이 발동되는 것이다.[34] 바꾸어 말하면, 식민자의 판타지에는 식민에 대한 자아도취적 욕망이 내재해 있는 동시에 현실의 식민지 지배 속에서는 그것이 끊임없이 배반당할지 모른다는 강박관념이 감춰져 있으며, 이 강박관념은 폭력이 전개될 것이라는 예징이기도 하다.

후세인 불한(Hussein Abdilahi Bulhan)이 언급했듯이, 마노니의 사고는 폭력적 전개를 암시하면서 모든 논의를 피식민자의 정신구조 분석에 집중시킨다. 식민주의에 선행한다고 가정한 '마다가스카르인'의 '집합적 무의식' 이라는 사고는 '마노니의 다른 모든 사고를 뛰어넘는' 것이다.[35]

이처럼 피식민자의 분석에 집중된 마노니의 사고에서 간파할 수 있는 것은 식민자의 욕망과 그것이 배반당할지 모른다는 강박관념이, '마다가스카르인' 을 증후학적으로 관찰하고 그들/그녀들의 내부에 존재하는 '집합적 무의식' 을 분석하는 마노니의 작업 그 자체에 반입되고 있다는 점이다. 개략적으로 말해서, 마노니는 자아도취적 판타지가 위험에 봉착했을 때 피식민자를 보다 철저하게 관찰하는 관찰자로 변신하는 것이다. 역으로 말해서, 관찰이라는 행위 안에는 식민에 대한

---

34) Mannoni, Psychologie de la Colonisation, p. 117.
35) Hussein Abdilahi Bulhan, Frantz Fanon and the Psychology of Oppression, Plenum Press, 1985, pp. 112~3.

욕망이 끊임없이 동반되는 동시에 폭력적 전개가 이미 내포되어 있다. 바로 이런 이유로 마노니는 '집합적 무의식'을 분석하고 나서 다음과 같이 주장한다.

> 우리는 그들을 열등성에서 벗어날 수 있는 길로 교도(教導)해야 한다.[36]

교도. 그것은 판타지가 깨지고 폭력이 얼굴을 드러내는 상황에서도 자아도취적인 욕망을 계속 유지하려고 하는 식민자의 행위이다. 더욱이 그 행위는 교도라는 개화의 역사를 부여해 나가는 작업이기도 하다. 관찰의 대상으로서 '마다가스카르인'을 설정하는 일, '마다가스카르인'을 교도해서 유일한 역사를 부여하는 일, '마다가스카르인'이 만들어 내는 다른 역사에 대한 가능성을 계속 진압하는 일은 마노니에게는 결코 별개의 논의가 아니다. 관찰자는 관찰이 위험에 처했을 때 보다 강도 높은 관찰을 준비하는 동시에 자신이 교사가 되어 교실에서 보신(保身)할 장소를 찾게 되는데, 이때는 이미 교도에 따르지 않는 자를 진압하는 폭력이 대기하고 있다. 파농이 마노니를 철저히 비난했던 것은 바로 이러한 보신의 몸짓이다. 관찰을 행하는 관찰자는 교도를 수행하는 교사이며, 진압하는 교관이기도 하다. 그런데 그것은 관찰자 스스로가 자각하는 것도, 그렇다고 직접적으로 표현되는 것도 아니다. 도리이 류조가 그랬듯이, 자아도취적 욕망에 기초한 관찰은 많은 경우

---

36) Mannoni, op.cit., p. 65.

무자각하게 혹은 아카데미즘이라는 이름으로 수행된다. 그러나 관찰자가 교사이며 경찰이기도 한 것은 관찰된다는 경험에서 감지된다.[37] 그리고 이하 역시 감지한다.

관찰 대상으로서 '류큐인'을 설정하는 일, '류큐인'을 교도해서 유일한 역사를 부여하는 일, '마다가스카르인'이 만들어 내는 다른 역사에 대한 가능성을 계속 진압하는 일은 이하에게는 먼저 관찰된다는 경험으로서, 그리고 '류큐인'을 둘러싼 관찰의 위험으로서 논의될 것이다. "이들에 대해서는 잘 안다"고 관찰자·교사·경찰은 말한다. 그러나 "인종주의의 종언은 갑작스러운 이해불능과 함께 시작된다."[38]

---

37) 파농은 식민주의의 '사물화'(objectification)라고 언급한다. "'그들에 대해서는 잘 알고 있다', '녀석들은 그런 놈들이다'라는 상투적인 문구는 이 사물화가 매우 성공했음을 나타낸다. 즉, **그들을 정의하는 몸짓이나 사고를 나는 이미 알고 있는 것이 된다.** …… 그렇다고 한다면, 어떤 문화의 대결도 존재할 수 없게 된다"(강조는 인용자). Frantz Fanon, Pour la Révolution Africaine, Maspero, 1964. 北山晴一 訳, 『アフリカ革命に向けて』, みすず書房, 1969, pp. 36~7.
38) ファノン, 『アフリカ革命に向けて』, pp. 37, 45.

3_내세우는 자

1. 개성(個性)

1장에서 살펴본 것처럼, 도리이 류조의 오키나와 연구는 기본적으로 '류큐인'의 내부에서 관찰된 곡옥, 언어적 공통성, 피부색, 신체측정, 석기시대 유적 등을 '일본인'의 징후로서 읽어 나가는 작업이었다. 이하는『고류큐』에서 도리이의 인종 분류에 따라 언어(류큐어)와 곡옥을 '일본인'과의 동일성을 나타내는 징후로 보았으며, 도리이와 마찬가지로 오키나와에서 발견된 석기시대 유적을 '류큐인'이 아닌 '미개'의 타자인 '아이누'로 분류했다.[39] 또한 '류큐인'과 '일본인'의 차이에 관해서는 1장에서 언급한 바와 같이, 다시로 야스사다(田代安定)의 결승기표(結繩記標)의 이해를 좇아 '개화'라는 연속면에서 설정한다. 예컨대, 이하는 도리이 류조의 생체측정을 인용하면서 '류큐인'(여기서 이하는 '오키나와인'이라고 칭한다)과 '일본인'의 평균 신장에 차이가 있

---

39) 伊波普猷,「琉球人の祖先に就いて」,『古琉球』를 참조할 것.

음을 지적하고, "폐번치현은 퇴화의 길을 걸어 온 오키나와인을 다시 진화의 길로 나아가게 했으며" 그 결과 "30년 전에 비해 오키나와인의 평균 신장이 확실히 커졌다"고 말하는 한편, 이 30년간을 "오키나와인을 개조하기 좋은 시기"였다고 언급한다. '오키나와인의 개조'라는 표현에서도 알 수 있듯이, 이 책에서 이하는 뒤떨어진 '류큐인'의 개화를 주장하고, 특히 교육이라는 실천의 중요성을 강조하고 있다.[40]

증후학이 '류큐인'의 내부에서 미개를 찾아내려고 할 때 이하는 그 미개를 먼저 '아이누'라는 '미개 인종'에 속하는 것으로 보고 '류큐인'의 밖으로 타자화해 간다. 그래도 발견되는 미개는 개화라는 연속면에서 설정하고 '개조'라는 실천을 촉구한다. 이것은 우선 분류하고, 분류할 수 없는 영역은 개화라는 연속면에서 세분화하여 실천의 대상으로서의 미개로 재정의해 간다고 하는 1장에서 검토한 증후학의 분류, 측정, 개량이라는 방법 바로 그 자체이다. 또 이 구도는 '아이누'가 아니라는 것이 바로 '일본인'이라는 것으로 연결되고, 나아가 '류큐인'과 '아이누'의 분단은 개화를 목표로 한 실천으로 재확인해 가게 된다.[41] 이하 후유가 『고류큐』를 집필하던 시기에는 '아이누'에 대한 차별이 곳곳에 보이는데, 이는 '아이누'를 말하지 않는 타자로 분류했던 일본의 인류학과 밀접한 관련이 있다.

그런데 이하의 독자적인 기술은 바로 이러한 인류학으로 상징되

---

40) 伊波普猷, 「進化論より觀たる沖繩の廢藩置県」, 『古琉球』, pp. 112~9.
41) 이하는 교육을 통한 '개화'에 대해 "오키나와인이 아이누나 생만과 비슷한 수준의 인민이었다면(류큐 처분 이후 —인용자) 30여 년 만에 그만한 성적을 올릴 수 없었을 것"이라고 서술한다. 伊波普猷, 「琉球史の趨勢」, 『古琉球』, p. 105.

는 증후학을 전제로 하면서 그것을 반복하는 것에서 시작된다. 이하는 집요하게 '류큐인' 속에서 '일본인'의 징후를 찾아내려고 하며, 이와 동시에 '일본인' 속에서도 '류큐인'의 징후를 발견해 내려고 한다. 즉 도리이가 발견해 낸 징후 이외에도 신화, 종교, 이가동요〔俚歌童謠, 민간에 유행하던 동요〕 등에서 유추(analogy)하여 '일본'의 신도(神道)에서 '류큐'의 종교를,[42] 『고사기』(古事記), 『일본서기』(日本書紀), 『풍토기』(風土記)에서 '류큐'의 신화를 발견하고 있다.[43]

1장에서 기술한 것처럼, 유추에 의한 인종 분류를 통해 '류큐인'을 '일본인'으로 번역해 갈 때 관찰되고 언급되는 것은 항상 '류큐인'의 징후이고 '일본인' 자신은 관찰되는 객체를 통해 확인될 뿐이다. 또한 '류큐인'에게서 발견되는 '일본인'과의 다른 징후는 타자성으로 분류되는 반면, '일본인'에게서 발견되는 '류큐인'과의 다른 징후는 언급되지 않는다. 이에 대한 이하의 집요한 유추는 '류큐인'에게서 더 많은 징후를 찾아내는 동시에 '일본인'에게서 '류큐인'과의 동일성을 나타내는 징후를 설정한다. 다시 말해 '일본인'과 동일한 '류큐인'을 발견할 뿐만 아니라 '류큐인'과 동일한 '일본인'을 발견하는 이른바 관찰행위의 역전이 추구되고 있으며, 따라서 이하는 '류큐인'은 '일본인'이라는 것이 아니라 양자 모두 '동조'(同祖)라고 주장한다. 나아가 이하는 이런 관찰의 역전으로, '류큐인'에게서 '일본인'과는 다른 징후를 타자화의 압력으로부터 구출해서 다른 유형으로 재구성해 가고

---

42) 伊波普猷, 「琉球人の祖先に就いて」, 『古琉球』, pp. 25~32.
43) 伊波普猷, 「琉球の神話」, 『古琉球』.

자 한다. 이것이 바로 이하가 말하는 '류큐인'의 '개성'이다.[44] 이하는 일본인종론으로 대표되는 분류라는 방법을 반복함으로서 분류가 불가능한 '개성'이라는 영역을 부각시켰다.

이하가 '류큐사'를 정면으로 논한 『고류큐』에 수록된 글 「류큐의 추세」에서는 '일본화'(日本化)란 '류큐인'이 '일본인'으로 동화되는 것이 아니라, 먼저 양쪽의 공통점, 즉 '류큐인'의 내부에도 존재하는 공통성을 확장하는 것으로서 정의되고 있다.

나는 오키나와인이 이 **일치하는 점**을 크게 발휘하게 하는 것이 곧 오키나와인을 유력한 일본제국의 한 구성원이 되게 만드는 것이라고 생각합니다.[45]

'일본화'는 '일본인'도 '류큐인'도 아닌 제3의 범주인 '동조'(同祖)에 대한 회구를 의미한다. 이하의 기본적 사상으로서 종종 지적되는 '일류동조론'은 소위 말하는 동화사상이 아니다. 이하는 계속해서 이렇게 말한다.

지금 말씀드린 바와 같이, 일치하는 점을 발휘하게 하는 것은 물론 필요한 것입니다만, 일치되지 않는 점을 발휘하게 하는 것 역시 필요할 것입니다.[46]

---

44) 伊波普猷, 「琉球史の趨勢」, 『古琉球』, p. 101.
45) 같은 글, p. 100. 강조는 원문.

이 일치하지 않는 점이야말로 바로 이하가 '개성'이라고 명명한 영역이다. 이것은 또 도리이의 증후학을 전제로 하면서도 그것을 반복하는 가운데 이하가 부각시킨 영역이기도 하다. 역사 주체로서의 '류큐인'은 바로 이 '개성'이라는 영역에서 획득되어 간다.

이하는 '류큐인'을 '아이누'로부터 분리했다. 이것은 역사가 부정된 '아이누'가 아닌 '류큐인'을 설정하고, 역사를 획득하는 것이기도 했다. 그러나 이하가 획득하고자 한 역사는 단순한 개화의 역사만은 아니다. '류큐인'의 '개성'을 역사로서 획득하는 것이야말로 바로 이하가 목표로 했던 류큐사이다. 이하는 '류큐인'의 '개성'이 꽃피웠던 시대로서 사쓰마 침입 이전을 '고류큐'라고 불렀는데, 거기에서의 '개성'은 '고류큐'라는 '류큐인'의 전통으로 설정되고 있다.

바로 여기에 개화라든가 동화에 '류큐민족'의 '소생'을 중첩시키고자 했던 이하가 있다. 혹은 사사키 쇼주로에게서 이미 '노예해방'이라는 단어를 읽어 내면서도 끝까지 부커 워싱턴의 '노예해방'을 사용하고자 했던 이하가 있다. 이하는 역사를 잃은 무언의 타자로서 '류큐인'이 설정되는 것도, 개화의 역사 속에서 '형식적으로 동화'되어 '류큐인'이 해소되어 버리는 것도 거부하면서 '개성'의 소생이라는 역사로서의 '류큐사'에 걸었다. 이 '개성'의 소생으로서의 역사와 그 역사의 주체로서의 '류큐인'은 바로 증후학에서 이하가 획득한 영역이다. 증후학을 반복하는 가운데 개척한 '개성'에서 이하는 '류큐인'을 내세운다. 하지만 여전히 그 '개성'은 증후학에 노출될 것이다.

---

46) 같은 글, p. 100.

2. '생번'(生蕃)

그런데 '류큐인'이란 누구인가라고 질문하는 도리이의 관찰이라는 행위를 생각할 때 중요한 것은 도리이의 오키나와 조사가 타이완 조사와 병행해서 이루어졌다는 점이다. 도리이는 청일전쟁 직후인 1896년의 조사를 시작으로 1900년까지 모두 네 차례에 걸쳐 타이완을 방문했고, 그 연구보고서는 1897년부터 10년 동안 잇달아 발표되었다. 시기적으로 보아 도리이의 오키나와 조사와 타이완 조사는 동시에 진행되었고 또 보고되었다. 그런데 도리이는 타이완 연구를 시작할 즈음 이렇게 말하고 있다.

> 바야흐로 다카사고(高砂)의 섬, 일라 포모사[Ilha formosa. 아름다운 섬]라고 불린 아주 사랑스럽고 아름다운 타이완은 우리 영토가 되었다. 이 타이완에서 앞으로 우리 인류학자에게 가장 흥미로운 것은 저 지나(중국)인 이외에 원래 이 섬에 살고 있는 이른바 생번(生蕃)이란 존재가 아닐까 한다.[47]

이 문장은 도리이의 조사가 일본의 영토확장과 보조를 맞추어 전개되고 있음을 여실히 보여 주고 있으며, 그것은 도리이가 제창한 '동양민족학'과 '동양인종학'으로 이어지고 있다.[48] 또 이 문장에서는 도

---

47) 鳥居龍蔵,「台湾生蕃地探検者の最も要す可き智識」,『太陽』 3巻 15号, 1897,『鳥居龍蔵全集 第11巻』, p. 408.
48) 이 책의 1장 각주 4를 참조할 것.

리이의 타이완 조사가 일본이 새롭게 점령한 영토에 거주하는 '이른바 생번'을 겨냥해 시작되었음을 알 수 있다. 같은 시기에 도리이보다 한 발 앞서 타이완 조사를 개시한 이노 가노리(伊能嘉矩) 역시 타이완 조사에 임하면서, "포모사(Formosa)라는 이름처럼 풍요롭고 수려한 땅 타이완은 이제 우리 대제국의 판도에 들어왔다. …… 이 땅에 살고 있는 번민(蕃民)을 어떻게 다스리고, 보호하며 이끌고 도와줄 것인가 하는 문제 역시 우리 국민의 책무로 삼아 나아가야 할 것이다"[49]라고 말한 바와 같이, 타이완에서의 '생번' 조사는 '생번'을 다스리고, 보호하며 이끌고 도와주려는 의도와 함께 시작되었으며, 도리이의 오키나와 조사는 문자 그대로 새롭게 점령한 영토와 주민에 대한 이러한 조사와 함께 진행되었다. 바꿔 말하면, 도리이에게 있어 '생번'이란 누구인가라는 질문과 '류큐인'은 누구인가라는 질문은 동시에 설정되어 있으며, 이것은 또 이하가 청일전쟁 중에 '제국 만세의 소리'를 들었던 시기와도 겹쳐진다.

한편, 도리이의 '생번' 연구와 '류큐인' 연구를 연속된 것으로 생각해 보면, 도리이가 양자의 차이를 인류학적으로 정의하고자 했으나 이루지 못하고 종종 두 연구 사이에서 분류상의 혼란에 빠지는 것을 볼 수 있다. 예컨대, 야에야마에서 발견된 석기시대 유적에 대한 논문 「야에야마의 석기시대 주민에 대해」에서는 "이 석기시대 주민이 오늘날의 야에야마의 도민일 것"이라고 기술했으나, 나중에는 "이 석기시

---

49) 伊能嘉矩, 「余の赤志を陳べて先達の君子に訴ふ」, 森口雄稔 編, 『伊能嘉矩の台湾踏査日記』, 台湾風物雑誌社, 1992, p. 305.

대 유적은 일본의 유적과는 전혀 관계가 없다. 앞으로 연구해야 할 것은 타이완의 석기시대 유적일 것이다. 아직 경솔하게 단언할 단계는 아니지만 야에야마의 유적과 타이완의 유적은 앞으로 비교 연구해야 할 큰 숙제가 될 것"이라고 하면서 타이완의 원주민인 '생번'과의 연관성을 시사하고 있다.[50] 그리고 1장에서도 언급했듯이, 도리이 자신이 '류큐인'에게서 발견되는 '일본인'의 징후로서 언급했던 곡옥을 '생번'의 장식품에 대해 언급할 때는 '류큐인'의 곡옥과 동일시하고 있다.[51] 또, '생번'의 문신을 보고 "일본의 오키나와에서도 했었다"고 기술하고 있다.[52]

물론 이러한 혼란은 '류큐인'은 '일본인'이라는 도리이의 기본적인 사고를 흔드는 것은 아니었다. 전술한 것처럼, 야에야마의 석기시대 유적의 경우에도 「야에야마의 석기시대 주민에 대해」라는 논문에서는 '생번'과의 관련성을 시사했음에도 불구하고, 이 논문을 나중에 『유사(有史) 이전의 일본』(1925)에 재수록할 때 마지막 결론 부분을 이렇게 고쳐 쓰고 있다.

---

50) 鳥居龍蔵,「八重山の石器時代の住民に就いて」, p. 173. 석기를 둘러싼 타이완과 오키나와의 관계를 연구할 필요성에 대해서는 이 밖에도 鳥居龍蔵,「台湾に於ける有史以前の遺跡」(『地学雜誌』9輯 107巻, 1898, 『鳥居龍蔵全集 第11巻』p. 402)을 참조할 것.

51) 오키나와 곡옥에 대해서는 鳥居龍蔵,「琉球諸島女子現用のはけだま及び同地方掘出の曲玉」(『東京人類学雜誌』9巻 96号, 1894)을 참조할 것. 그런데 또 다른 논문에서는 목에 거는 장식을 (1) 자연물, (2) 약간 인공적인 것, (3) 곡옥 등, 세 가지 유형의 발전단계로 분류하고, (1)과 (2)의 유형으로 "미국 토인", "호주 토인", "브라질 토인", 야에야마, 미야코(宮古), 남양제도, '생번'을 분류한다.「東京台湾諸蕃族に就いて」(『地学雜誌』9輯 104·105巻, 1897, 『鳥居龍蔵全集 第11巻』, pp. 493~5).

52) 鳥居龍蔵,「台湾生蕃地探検談」, 『地学雜誌』13輯 146~8巻, 1901, 『鳥居龍蔵全集 第11巻』, p. 424.

이 야에야마의 유적을 오키나와 본도 아이누의 유적과 비교할 때 이 둘은 큰 차이가 있으며 전혀 다른 별개의 것이다. 그 차이는 마치 일본 내지에서의 아이누의 석기시대 유적과 우리 조상의 선구자(고유 일본인)가 야요이식(弥生式) 토기를 사용하던 석기시대의 유적이 다른 것과 마찬가지다. 따라서 야에야마 유적은 우리 선구자의 유적과 동일하며, 그 토기 형식 또한 바로 야요이식 계통이다. 이런 사실로 미루어 보아 **야에야마의 석기시대 민중은 우리 선조와 동일하며** 규슈 (九州) 주변에서 오래전에 이곳으로 이주해 왔을 것이다.[53]

이러한 '류큐인'과 '생번'의 분류상의 혼란과 그것을 다시 정의해 보려던 도리이의 노력은 그 후에도 하세베 고톤도(長谷部言人), 마쓰 무라 아키라(松村瞭), 스다 아키요시(須田昭義), 가나세키 다케오(金関 丈夫) 등에게 계승된다.[54]

문제는 인류학의 학문적 성과로서 양자의 차이가 어떻게 확정되 었는가가 아니라, 설령 이 양자의 분류 그 자체를 학문적으로는 전복 시킬 수 없었다 하더라도 도리이를 비롯한 인류학에 존재했던 분류상 의 혼란이 이하에게 어떤 의미였을까 하는 것이다. 관찰되는 경험 속

---

53) 鳥居龍蔵,『有史以前の日本』, 磯部甲陽堂, 1925,『鳥居龍蔵全集 第1巻』, p. 225. 그 런데 『鳥居龍蔵全集』에는 수정된 글만 수록되어 있다. 그런데 이하가 『古琉球』를 집필 할 때 인용한 글은 분명히 수정되기 이전의 것이다. 강조는 인용자.

54) 長谷部言人,「荘丁の身長より見たる日本人の分布」,『東北医学雑誌』2巻 1号, 1917; 村松瞭,「琉球人の頭形について」,『東洋学芸雑誌』36巻 457号, 1919; 須田(大島)昭 義,「奄美大島における人類学的調査」,『人類学雑誌』43巻 8号, 1928;「琉球列島民の 身体計測」,『人類学雑誌』55巻 2号, 1940; 金関丈夫,「琉球人の人類学的研究」,『人類 学雑誌』45巻 第5付録, 1940 등.

에서 이하는 도리이에게 발생했던 분류상의 혼란을 어떻게 받아들였을까.

　도리이는 '생번' 과 '류큐인' 을 동시에 조사했다. 그러나 이 동시성은 시기적인 동시성에 한정된 것은 아니었다. 도리이의 '생번' 조사는 석기와 토속에 대한 조사와 함께 신체측정을 비롯해 모발, 최장광두 지시수(最長廣頭指示數), 얼굴형, 머리형, 코 모양, 피부색 등 문자 그대로 인체측정학(anthropometry)의 방법에 따라 수행되었는데,[55] 이 '생번' 을 관찰하는 방법 가운데 피부색 측정이라든가, 신체측정 등은 '류큐인' 에게도 똑같이 실시되었다. 개략적으로 말하자면, '생번' 과 '류큐인' 은 같은 시기에 동일한 방법으로 관찰되었다. 더구나 도리이가 무력 진압이 계속되던 타이완에서 '생번' 조사를 실시했다는 사실을 간과해서는 안 된다. 도리이 자신도 조사 시에는 경찰을 대동하고 총을 소지하고 다녔다.[56] 도리이는 신체측정과 관련해서 이렇게 말한다.

---

55) 앞서 언급한 것 이외에도 鳥居龍蔵,「台湾人類学調査略報告」,『東京人類学会雑誌』13卷 144号, 1898;「台湾各蕃族の頭形論」,『東京人類学会雑誌』24卷 282～5号, 1909;「台湾基隆の平埔蕃の体格」,『東京人類学会雑誌』13卷 153号, 1898;「有點蕃の測定」,『地学雑誌』9輯 107卷, 1897;「點面蕃女子の頭形」,『東京人類学会雑誌』16卷 184号, 1901;「紅頭嶼土人の頭形」,『東京人類学会雑誌』16卷 182号, 1901;「紅頭嶼土人の身長と指極」,『東京人類学会雑誌』16卷 189号, 1901;「紅頭嶼通信」,『地学雑誌』10輯 109号, 1898;「蕃薯 萬斗社生蕃の身体測定」,『東京人類学会雑誌』13卷 146号, 1898;「人類学写真集台湾紅頭嶼之部」, 東京帝国大学, 1899 등이 있다.

56) 鳥居龍蔵,「台湾中央山脈の横断」,『太陽』7卷 9・10・12・13号, 1901,『鳥居龍蔵全集 第11卷』, p. 442;「鳥居龍蔵氏よりの通信」,『東京人類学会雑誌』12卷 141号, 1897;『鳥居龍蔵全集 第11卷』, p. 405.

> 토인(土人)은 처음부터 우리의 방법이 좋은 것인 줄 알았던 모양인지 이제는 감히 우리에게 폭력을 행사하려 드는 자는 없습니다. 오히려 우리가 그들의 체격을 조사할 때 총을 겨누고 할 정도랍니다.[57]

개략적으로 말하면 '생번' 조사는 총을 겨누면서 수행되었다. 도리이의 총이 당시에는 미미한 폭력이며, 평화적인 조사를 위한 최소한의 무장이었다고 보더라도, 청일전쟁 직후라는 같은 시기에 동일한 관찰기법이 '류큐인'에게도 적용되었다고 할 때, 이제 막 '제국 만세'의 소리를 들었던 이하는 이 총을 과연 어떻게 느꼈을까. 폭력은 방어태세를 갖춘 자들에게서야말로 표현되어야 한다.

확실히 도리이는 '류큐인'을 '일본인'으로 분류해 갔다. 하지만 결과적으로 '류큐인'과 '생번'이 분류상 구분되었다고 해도, '누구인가'라는 도리이의 질문에 담겨 있는 교도와 폭력이 뒤섞인 관찰이 '생번'이라는 영역에 갇혀 있다고 생각한다면 그것은 본말이 전도된 일일 것이다. '생번' 혹은 '류큐인'이라는 것은 미리 전제되어 있는 것이 아니라, 그야말로 미지의 것을 향한 도리이의 총구와 함께 전개되고 관찰됨으로써 표상되어 간 것이며, 폭력과 교도는 관찰 과정에서 전개되어 간 것이다. '생번'이라는 이유로 폭력을 당하고 '류큐인'이라서 당하지 않은 것이 아니라, 증후학적 관찰이 실행되어 가는 과정 자체에서 이미 점령과 관련된 폭력이 이하에게 감지되었다. 그것은 이하가 자칭하는 '개성'이라는 말과 관련된다.

---

57) 鳥居龍蔵, 「紅頭嶼通信」, 『地学雑誌』, 『鳥居龍蔵全集 第11巻』, p. 594.

3. 대국민(大國民)

'개성'에 따라 '류큐인'을 역사적 주체로서 설정했던 이하가 구상하는 류큐사는 '류큐인'이 '일본인'이 되는 것은 아니다. 이런 의미에서 류큐사는 일본사가 아니라고 할 수 있다. 그렇다면 '개성'이 소생하는 이 역사란 어떤 역사일까.

> **하늘은 오키나와인이 아닌 다른 사람들에 의해서는 결코 자기를 발현시킬 수 없는 곳을 오키나와인에 의해 발현시킵니다.** …… 오키나와인이 일본제국에서 점하는 위치 역시 이것으로 인해 정해지리라 봅니다. …… 일본국에는 무수한 개성이 있습니다. 또한 무수한 새로운 개성이 계속해서 생겨나고 있습니다. 이처럼 다양한 다른 개성을 가진 인민을 포용하는 여유 있는 국민이 바로 대국민(大国民)입니다.[58]

여기서는 희망하는 '대국민'을 목적으로 하는 단일한 역사가 설정되고 있으며, '류큐인'으로서 주체를 형성하는 일과 '대국민'이 되는 일이 동일한 것으로 주장되고 있다. 이 '대국민'은 '류큐인'도 '일본인'도 아닌 양자를 모두 껴안으면서 동시에 각각의 '개성'의 차이를 정의하는 공통의 평면으로서 등장한다. 이하에게 있어 '류큐인'이라는 주체를 설정하는 일은 '일본인'과 '류큐인'의 차이를 정의하는 공통의 평면으로서의 '대국민'을 설정하는 작업이었다고 우선은 말할

---

58) 伊波普猷,「琉球史の趨勢」,『古琉球』. p. 101. 강조는 원문.

수 있다. 다시 말해서, '일본인'과의 종차(種差)에 따라 '류큐인'이라는 주체를 설정했던 이하는 종차를 정의하는 유적(類的) 동일성의 평면까지 이끌어 내고자 한 것이다.

이하의 '대국민'이라는 표현은 『고류큐』가 발간된 이듬해인 1912년에 『오키나와마이니치신문』에 연재했던 「고류큐의 정교일치(政教一致) 논의를 통해 경세가의 종교에 대한 태도를 말한다」(『오키나와마이니치신문』 1912년 3월 20~30일)에서도 등장했다. 이 글에서 이하는 일본이 세계의 '대국민'이 되려면 조선이나 타이완에서 '식민지인의 인격을 무시'하는 일을 멈추어야 한다고 지적한다.[59] 이하는 훗날 『고류큐의 정치』(1922)에 이 논문을 재수록하면서 다음과 같은 문장을 추가했다.

나는 요즘 조선에서 귀국한 사람들에게서 대학 교수가 주장하는 일한동조론(日韓同祖論)이나 기독교 선교사가 말하는 동포주의 설교보다도 윌슨의 **민족자결** 선언이 훨씬 조선인의 마음을 움직이는 바가 크다고 들었는데, 이것은 일본국민이 좀 생각해 봐야 할 문제다. 그렇다면 일본인은 그러한 이민족들을 어떻게 동화하려는 것일까.[60]

위와 같은 이하의 주장으로 미루어 보건대, 이하의 '개성' 혹은 '대국민'이라는 설정은 확실히 식민주의에 대한 비판이나 '다원적 자

---

59) 伊波普猷, 「古琉球の政教一致を論じて経世家の宗教に対する態度に及ぶ (10)」, 『沖縄毎日新聞』 1912年 3月 30日.

60) 伊波普猷, 『古琉球の政治』, 郷土研究社, 1922, 『全集 1』, p. 489. 강조는 원문.

치' 론으로 이해할 수 있을지 모른다.[61] 하지만 종차와 관련된 '개성' 을 사고하는 것과 '개성' 을 유적 동일성으로 각인하는 것을 혼동해서는 안 된다. 바꿔 말하면, 이러한 혼동 속에서 종차는 유적 동일성 안에서 재정의될 위험이 늘 존재한다.[62] '개성' 을 '대국민' 이라는 틀 속에서 이해하는 것은 이러한 위험에 한발 내딛는 것이다. '개성' 을 '대국민' 이라는 동일성 평면에서의 다원적 차이로 이해하기 전에 이하가 도리이를 비롯한 증후학에 노출되면서 '개성' 을 자칭할 때 무엇을 감지하고 있었는지가 검토되어야 한다. 다시 말해서, 증후학적으로 관찰된다는 경험이 '개성' 을 자칭하는 이하에게서 간취되어야 한다. 다음에서 논의하고자 하는 것처럼, 이하는 도리이의 증후학을 반복하면서 '개성' 으로 정의할 수 없는 '류큐인' 을 감지했고, 이어서 '류큐인' 과 '일본인' 사이에는 '대국민' 으로 정의할 수 없는 차이를 감지하고 있었다. 그럼에도 불구하고, '류큐인' 을 정의하고 역사적 주체로 이름을 내걸었다는 점에서, 어떤 의미에서는 이하의 역사에 대한 기대, 이름을 내건다는 기대가 존재했다고 할 수 있다. 또한, 이 장 마지막 부분에서 지적하는 것처럼 '개성' 은 함께 약속하는 것이 가능한 '다원적' 존재로서 '대국민' 과 연결되는 것은 아니다. 거기에는 1920년대에 본격화되는 탈영토화와 재영토화와 관련된 새로운 전개가 검토되어야 한다.

---

61) 이 부분을 자치론으로 다룬 연구에는 比屋根照夫, 『近代沖縄の精神史』(社会評論社, 1996)에 수록된 「伊波普猷の自治思想」(第3部 第2章)과 「地域的 「個性」 の発展と構想」 (第3部 第3章) 등이 있다.

62) 차이를 유적 동일성으로 파악하는 것에 대한 비판은 들뢰즈가 말하는 차이의 개념과 개념적 차이의 혼동을 참조할 것. Gilles Deleuze, Differance et Répétition, Presses Universitaires de France, 1968. 財津理 訳, 『差異と反復』, 河出書房新社, 1992, pp. 61~3.

이하의 '개성'이라는 표현을 생각할 때, 앞서 들었던 인용문에서도 상상할 수 있듯이, 확실히 거기에는 '류큐인'과 마찬가지로 '조선인'에게도 '개성'이 설정되어 있다고 볼 수 있다.[63] 그러나 동시에 이하가 '개성'을 가진 주체로서 '류큐인'을 정의할 때, 거기에는 매우 명확한 '류큐인'과 '아이누' 그리고 '생번' 사이의 구분이 동원된다. 앞서 살펴본 「류큐사의 추세」에서 이하는 1879년 이후의 '류큐인'의 발전에 대해 이렇게 기술한다.

우리에게도 이렇다 할 만한 개성이 있었다는 것을 조금은 언급하고 싶었습니다. 위정자나 교육자가 아무리 위대하다고 하더라도 오키나와인이 아이누나 생만(生蛮) 정도의 인민이었다면, 30여 년 만에 이만한 성적을 올리기란 절대 불가능했을 것입니다.[64]

이하가 말하는 '개성'이라는 개념은 '류큐인'과 '조선인'을 '대국민'이라는 틀 속에서 역사주체로 정의한 것이었으나, 동시에 '아이누'와 '생만'('생번')에게서 주체를 박탈한 것이기도 했다. 이하는 전자를 '네이션'(nation)이라고 하고 후자를 '피플'(people)이라 명명하고 있다.[65] 이하의 '개성'을 주체로 한 '대국민' 안에는 '개성'의 자격을 부

---

63) 「琉球史の趨勢」에는 시마즈의 지배를 받고 있는 류큐와 현재의 조선을 동일시하는 내용이 나온다(『古琉球』p. 89). 이를 둘러싸고 이하가 조선의 식민지배를 비판하는 것인지 아닌지가 논의되고 있지만(鹿野政直, 『沖縄の淵』, p. 96을 참조할 것), 중요한 것은 이하가 조선을 피플(people)이 아닌 네이션(nation)으로 인식하고 있는 점이다.
64) 伊波普猷, 「琉球史の趨勢」, 『古琉球』, p. 105.
65) 伊波普猷, 「琉球史の趨勢」, p. 90.

여받지 못한 채 '대국민'이 되는 단일한 역사에서 배제된 세계가 펼쳐지고 있는데, '피플'로 명명된 '아이누'와 '생번'은 이렇게 배제된 세계에 사는 사람들을 의미하고 있다. '개성'에 따라 주체들을 정의하고 그 종차를 정의하는 유적 동일성으로서의 '대국민'이 등장할 때, 그 유적 동일성에서 배제된 영역이 거뭇거뭇하게 펼쳐져 간다. 다원적 세계에서 계기적(繼起的)으로 작동하는 폭력이 그곳에 존재할 것이다.

여기서 도리이와 이하의 관계로 이야기를 되돌려 보자. 도리이는 '류큐인'과 '생번'을 동시에 관찰하고, '류큐인'을 '일본인'으로 분류해 갔다. 하지만 이하에게 '생번'은 '류큐인'에서 구분된 실체가 아니라 도리이가 던진 '누구인가'라는 질문에 내포된 교도와 폭력의 예감 바로 그것이었다. 도리이의 관찰이 이해 불가능한 무엇인가를 '류큐인'의 내부에서 발견할 때, 관찰되는 경험에서 이하의 안에서는 '생번'이 떠오르게 된다. 이하가 '일본인'에게는 동화되지 않는 '개성'을 자칭할 때마다 끊임없이 이런 '생번'과의 동일시에 의한 점령의 폭력을 느끼고 있다. 거꾸로 말하면, 이하가 '개성'을 언급할 때마다 이렇게 감지된 폭력을 '개성' 밖으로 밀어 내고 부정해 둘 필요가 있었다.

그런데 도리이를 비롯한 인류학에 존재했던 '류큐인'과 '생번'의 분류상의 혼란은 이하가 부정하고자 했던 폭력을 부채질하는 꼴이 된다. 증후학적으로 계속 관찰되었기 때문에 '개성'을 언급했던 이하는 폭력을 끊임없이 감지할 수밖에 없다. 예컨대 앞서 말했듯이, 도리이의 분류상의 혼란은 야에야마의 석기시대 유적에 관련된 것이었는데, 이에 대해 이하는 다음과 같이 말하고 있다.

(도리이 씨는) 저 석기시대 유물과 유적으로 15, 6세기 무렵까지 이시가키(石垣) 섬의 시시산(獅子嶽) 산허리에 말레이인(馬來人)이 생존해 있었을 것이라고 상상했다. 그렇게 최근까지 말레이인이 생존했었다는 주장에는 선뜻 찬성할 수 없지만, 상고(上古) 시대에는 아마 살았을 것이다. 그것은 요나구니(与那国) 섬의 식인 풍습이 있었다는 전설을 보더라도 알 수 있다. 이 인육을 먹는 기호가 왕성했던 것은 말레이 인종과 파푸아 인종이며 몽골 인종에게는 없었기 때문에, 야에야마의 영웅이 요나구니로 건너가서 식육 인종을 정벌했다는 구비전승은 남도(南島)에서 류큐인의 선조와 말레이족이 접촉했음을 상상케 한다.[66]

도리이가 "이 석기시대의 주민은 지금의 야에야마의 도민"이라고 말한 반면, 이하는 야에야마에 '말레이인', 즉 '생번'의 존재를 인정하면서도 그 유적은 '생번'의 것이고 그 '생번'을 정복한 것이 '류큐인'이라고 말한다. 그 결과 이하는 '류큐인'을 야에야마를 정복한 식민자로 그렸다. 바꿔 말해서, 이하는 도리이의 '류큐인'과 '생번'의 분류상의 혼란을 야에야마에 가두어 버리고, '생번'을 정복한 존재로서 '류큐인'을 재정의했다. 이하는 "우리는 '생번'이 아니"라고 표명했다. 그러나 증후학은 이하에게 이렇게 고한다. '생번'이 아니면 죽여 보라. 또 이하가 산 제물로 바쳤던 야에야마는 훗날 '남도인'(南島人)이라는 설정과도 연관된다.

---

66) 伊波普猷, 「琉球人の祖先に就いて」, 『古琉球』, p. 50.

4. 신경계

이하가 『고류큐』에서 논의했던 '개성' 혹은 '류큐사'가 그 뒤에 어떻게 전개되었는지를 볼 때, 1920년대 중반에 있었던 이하의 사상전환이 중요한 논점이 될 것이다. 세계 시장의 설탕 가격 폭락으로 인해 1920년대의 오키나와 경제도 파탄에 이르게 되는데, 이를 '소철지옥'이라 한다. 이 소철지옥을 기점으로 한 1920년대 중반의 이하의 사상전환에 대해서는 히야네 데루오(比屋根照夫), 아라키 모리아키(安良城盛昭), 가노 마사나오(鹿野政直) 등이 지적해 왔다.[67] 그러나 이하의 사상전환에 대해서 많은 논자들이 공통적으로 지적하듯이, 경제적 피폐에 직면한 이하의 '절망의 깊이'(가노 마사나오)만을 문제 삼아서는 안 된다. 주목해야 할 것은 '개성'을 언급한 이하가 증후학적 관찰에 노출되면서 끊임없이 예감하고 있던 점령과 관련된 폭력이다.

그러면 이하의 사상전환을 고찰하기 위해서는 우선 『오키나와 교육』(137호, 1924)에 수록된 「세키호(寂泡) 군을 위하여」라는 제목의 짧은 에세이를 다루고자 한다(여기서 세키호란 가인歌人 이케미야기 세키

---

67) 이러한 전철을 처음으로 논의했던 것은 히야네 데루오였다. 히야네는 그것을 자기변혁을 기축으로 한 계몽으로부터 사회변혁으로의 전개라고 표현했다. 比屋根照夫, 「啓蒙者伊波普猷の肖像―大正末期の思想の転換」, 外間守善 編, 『伊波普猷 人と思想』, 平凡社, 1976. 이후 比屋根照夫, 『近代日本と伊波普猷』에 수록되었다. 또, 히야네의 논의를 이은 아라키 모리아키(安良城盛昭)는 그것을 보다 구체적으로 전개된 이하의 역사관으로 파악하여 토지제도, 아이누관, 류큐처분관(観) 등의 여러 논점으로 논의한다. 安良城盛昭, 『新 沖縄史論』, pp. 187~197. 가노 마사나오는 이 둘의 논의에 많은 영향을 받았다. 鹿野政直, 『沖縄の淵』; 冨山一郎, 「書評·鹿野政直 『沖縄の淵』」(『歴史学研究』 659号, 1994) 참조.

호池宮城積宝를 가리킨다). "소(小)민족 주제에 특수한 역사와 언어를 갖는다는 것은 현대에서는 불행이 아닐 수 없다"라는 글로 시작되는 이 에세이는 다음과 같은 결정적인 구절로 이어진다.

개성을 표현할 만한 자신만의 언어를 갖고 있지 않다. 당신들이 갖고 있는 그것은 빌려 온 것에 불과하다.[68]

'류큐인'으로서의 역사주체에 내실을 부여하게 될 '개성'을 언급하고, 그것을 표현할 수 있는 언어가 없다는 이 글은, 증후학에 노출되면서 '류큐인'의 내부성을 증후학의 언어로 번역함으로써 '류큐인'을 표상해 왔던 이하의 논리의 연장선상에서 이해되어야 한다. 즉 이하는 지금까지의 말로는 번역할 수 없는 무엇인가를 '류큐인'의 내부에서 발견한다. 그것은 일단은 증후학에서 말하는 이해 불가능한 문제라고 할 수 있을 것이다. 하지만 이런 이해 불가능한 사태는 도리이에게서는 증후학적 관찰로 전개되었지만, 이하에게서는 자신의 내부성에 대한 이해 불가능으로 먼저 등장하게 된다. 또한 이것은 지금까지 '개성'을 논의하는 데 사용되어 왔던 말 자체가 이하에게서 낯설고 '빌려 온 것'에 불과해지는 일이기도 하다. 증후학에 노출되면서 자신을 표명해야만 했던 자가 자신의 내부에서 그 말로는 번역할 수 없음을 느꼈을 때, 그 사태는 자신에 대한 이해 불가능으로 등장할 수밖에 없었을 터였다.

---

68) 伊波普猷, 「寂泡君の為に」, 『沖縄教育』 137号, 『全集 10』, p. 314.

위의 에세이는 "이제 우리는 이 특수한 역사로 인해 무너져 가고 있다"라는 문구로 끝을 맺는데,[69] '류큐인'의 내부에 이해할 수 없는 영역을 끌어안는 일은 이하가 승부를 걸었던 '대국민'이 되고자 했던 단일한 역사에 대한 불가능성으로도 등장한다. 자신이 인류학적 용어로 말하고자 했던 정보제공자(informant)는 더 이상 정보제공자로 되돌아갈 수는 없는 것이다.[70] 자신이 말할 수 없는 "역사와 언어를 갖고 있다는 것"은 "불행"일 뿐이다. 이 불행한 사태야말로 증후학에서 관찰되는 경험이다. 그렇다면 말이 "빌려 온 것"으로 전락해 가는 와중에 이하는 무엇을 감지하기 시작한 것일까. 증후학에서 이해 불가능한 영역을 자신의 내부로 끌어안으면서, 그 이해 불가능한 내부를 통해 이하는 무엇을 감지한 것일까.

「세키호 군을 위하여」가 발표된 지 2년 후인 1926년에 잡지 『태양』(太陽)에 게재되었다가, 「남도의 자연과 인간」이라는 제목으로 같

---

69) 같은 글, p. 315.

70) 제임스 클리포드(James Clifford)는, 정보제공자(informant)는 인류학적 발화를 지탱하는 것과 동시에 그 발화를 무너뜨리고 새로운 다중적인 발화를 만들어 내는 기점이 된다고 파악한다. 즉 "전통적 민족지에서는 지금까지 하나의 목소리에, 넓은 영역에 걸친 권위적 역할을 부여하고, 그 한편에서는 그 이외의 목소리에, 인용이나 환언하기 위한 정보원으로서의 '정보제공자' 역할을 부여함으로써 다중적인 목소리를 억압하여 오케스트라처럼 편성해 왔다"(『文化を書く』일본어역, p. 26). 그런데 이 정보제공자가 바로, 자신이 곧 문화를 표상한다고 주장하는 '단일적 목소리의 권위'(monophonic authority)로서의 인류학에서, 무엇이 이해 불가능한지를 제일 먼저 파악한다. 그렇지만 그것은 "단일적 목소리의 권위"하에서 자신을 이해했던 정보제공자는 자신을 더 이상 표현하지 못하고, 이야기하지 못하는 사태로 우선 등장하는 것이다. James Clifford and George E. Marcus(ed.), Writing Culture, University of California Press, 1986. 春日直樹·橋本和也·西川麦子·足羽与志子·多和田裕司·和邇悦子 訳, 『文化を書く』, 紀伊国屋書店, 1996, pp. 25~8. James Clifford, The Predicament of Culture, Harvard University Press, 1988, pp. 49~51 참조.

은 해에 간행된 『고독한 섬 고난의 류큐사』(孤島苦の琉球史, 1926)에 수록된 「고난의 섬」(苦の島)에는 「세키호 군을 위하여」에서와 마찬가지로 "고독한 섬의 고난을 자신의 말로 표현할 수 없게 되고, 이를 역사로 인해 무너져 버린 비통한 표정으로밖에 표현할 수 없음은 견딜 수 없는 일"[71]이라며, '류큐인'을 더 이상 역사주체로 설정할 수 없는 것에 대한 답답함이 표명되어 있다. 그리고 다음과 같은 문장이 이어진다.

> 개성을 오모로[おもろ ; 류큐의 고대 서사시로 '신의 노래'라는 뜻이다]나 건축으로 표현했던 민족이 남양의 토인과 유사한 운명을 갖게 된다는 것은 견딜 수 없는 일이다.[72]

'개성'을 내세울 수 없는 사태를 이하는 '남양의 토인'과 닮아 가는 것으로 느꼈다. 또한 이하에게 이 '남양의 토인'은 도리이가 총을 들이대면서 관찰했던 '생번'이기도 할 것이다. 「고난의 섬」은 다음과 같은 구절로 끝맺는다.

> 일본 민족의 먼 갈래이면서 작지만 독특한 문화를 갖고 있던 류큐가 고대 생활양식을 많은 부분 보존하고 있다는데, 이것이 사라져 가는 아이누가 국보로 보존되고 있는 것처럼, 학자들에게만 주목 받을 뿐,

---

71) 伊波普猷, 「苦の島」, 『太陽』 32巻 8号, 1926, 『全集 2』, p. 284.
72) 같은 글, p. 273.

세상의 식자들, 특히 정치인들의 주의를 끌지 못하고 있음은 유감스러운 일이다.[73]

'개성'을 소생시켜 가는 '류큐사'에 승부를 걸었던 이하에게 '아이누'와 함께 국보로 박물관에 전시되는 '류큐인'은 도저히 받아들이기 어려웠음에 틀림이 없다. 도리이 류조의 오키나와 조사와 함께 탄생한 이하 후유의 '류큐인'은 여기서 일단 종결된다. 이러한 결말 속에서 '개성'을 언급함으로써 불식시키려고 했던 '생번'과 '아이누'는 팽창하는 이해 불가능성을 통해서 자신의 내부에 감지되게 된다. 그리고 이 사태는 더 이상 관찰과 관련된 문제가 아니다. 거기에서 관찰은 교도로, 그리고 진압으로 변모한다. 타이완 조사와 함께 수행된 도리이의 증후학에 대해서 '개성'을 말하고, 주민 학살에 관여하는 사사키의 '노예해방'을 인지하면서 거기에 소생의 역사를 중첩시켰던 이하가 은밀하게 감지하고 있던 점령의 폭력이 이미 언어행위를 정지시킬 만큼 이하의 바로 앞에 등장하기 시작한 사태이다.

"'생번'과는 다르다"는 아슬아슬한 언어행위조차도 기능정지에 빠졌을 때, 그 지점에서 폭력에 대한 예감이 팽창한다. 이하가 말한 '개성'은 말을 잃고, 남의 일이 아닌 폭력을 예감하는 신경계가 되어 간다.

---

73) 伊波普猷, 「苦の島」, 『太陽』 32巻 8号, 1926, 『全集 2』, p. 284.

4_ 아넷타이/아열대

1. 남도인

지금까지 지적해 온 것처럼 1920년대 중반의 이하의 기술 가운데 '남도'라는 표현이 등장한다. 1926년에 간행된 『류큐고금기』(琉球古今記)의 서문에는 "내가 일개 남도인으로서 주로 내부에서 남도를 관찰한 것으로 이른바 남도인의 정신생활의 기록 가운데 하나라고 할 수 있을 것"[74]이라는 문장은 '남도'라는 표현이 이하의 새로운 기술의 시작이라는 것을 여실히 보여 준다.

이 책의 속표지 뒷장에서 이하가 야나기다 구니오(柳田国男)의 이름을 들고 있는 것에서도 알 수 있듯이, 이 '남도'라는 표현은 1922년에 발족한 야나기다의 '남도담화회'(南島談話会)로 상징되는 '남도' 연구에서 차용해 온 것이다. 이것은 이하가 도쿄로 이주해 온 것과도 관련이 있을 것이다. 또한 이 '남도'는 사사모리 기스케의 『남도탐험』

---

74) 伊波普猷, 『琉球古今記』, 『全集 7』, pp. 67~8.

(南島探驗) 등에서 보이는 근대일본의 영토확장과 관련된 표상과도 무관하지 않다.[75]

가노 마사나오가 지적하는 것처럼, '남도'가 연발되는 가운데 시작되는 이하의 연구에서는 옛 역사에 대한 미련은 사라지고, 오키나와를 일본의 방계(傍系)로 자리매김하고 오키나와와 일본의 공통점을 찾는 방향으로 향한다. 거기서 '남도인'은 '일본인'의 방계인으로 명확하게 정의되고 있다.[76]

그러나 "내가 일개 남도인으로서 주로 내부에서 남도를 관찰"한다는 내부관측이라고 할 만한 시선은 확실히 『고류큐』에서 나타난 증후학을 둘러싼 이하와 도리이의 복잡하게 얽힌 관계와는 다르다. 발화를 정지시키고, 역사를 방기하고, 폭력의 심연으로 향했던 이하가 새롭게 개시한 기술이란 과연 무엇이었을까?

"개성을 표현할 만한 자신만의 언어를 갖고 있지 않다"는 탄식으로 시작되는 새로운 기술에는 '일본인'과의 차이를 정의하고 '류큐인'이라는 주체를 '대국민'과 함께 설정하려는 협박성의 의도는 없다. '류큐인'에서 '남도인'으로 전개시켜 갈 때 '남도인'은 '일본인'의 방계인을 뜻하며, '남도인'은 의심할 여지없이 '일본인'으로 분류된다. 반면에 '류큐인'을 역사의 주체로 설정하려고 했을 때에 명확하게 구분되고 있던 '생번'과의 경계가 '남도인'을 기술하는 데 있어서는 애매해진다.

---

75) 鹿野政直, 『沖縄の淵』, pp. 210~1.
76) 같은 책, pp. 211~35.

'남도'와 '남도인'이라는 말이 산재하는「『수서』(隋書)에 나타난 류큐 상·하」(『오키나와 교육』157~158호)와「『수서』의 류큐에 대한 의문」(『동양학보』, 1927)은 7세기 초『수서』에 기재되어 있는 '류큐(流求)를 둘러싼 논의이다. 이 '류큐'라는 곳이 도대체 어떤 지역을 지칭하는가를 둘러싸고 이하와 히가시온나 간준(東恩納寬惇) 사이에 논쟁이 벌어졌다.[77] 이하는『수서』에 기술되어 있는 것을 '남도인'이라고 한 반면, 히가시온나는 그것을 타이완의 '생번'이라고 했다.

문제가 된 것은 거기에 기술되어 있는 식인(食人), 문신, 출산, 장례에 관한 풍습이었다. 특히 식인 풍습에 대해서 히가시온나는 "쇼토쿠 태자(聖德太子) 섭정의 문명국과 빈번히 교류할 정도의 민족[国人]이 왜 굳이 사자(死者)의 썩은 고기를 탐욕스럽게 먹겠는가?"[78]라는 의문과 함께 "과연 그랬다면(식인을 한다거나 하는) 그런 저열한 문화의 민족에게서 어찌 저리 웅대하고 신비로운 오모로가 탄생한 것일까? …… 저 신가(神歌)에 담겨져 있는 웅대하기 이를 데 없는 사상은 결코 식인을 도덕이라고 생각하는 그런 민족의 소산은 아니다"[79]라고 언급하면서 이하의 논의를 반박한다. 히가시온나에 따르면, 식인과 같은 야만적 풍습은 '저열한 민족'의 문화이지 오키나와의 문화는 아니다. 또한 '쇼토쿠 태자 섭정의 문명국'인 '일본'과의 공통성을 강조하고 있다.

---

77) 논쟁의 경위에 대해서는『全集 2』外間守善·比嘉実의 해제 p. 578 참조.
78) 東恩納寬惇,「隋書の琉球は果して沖縄なりや」,『沖縄タイムス』, 1926年 10月 5~7日,『東恩納寬惇全集 1』, 琉球新報社, 1979, p. 263.
79) 東恩納寬惇,「伊波君の修正説を疑ふ」,『沖縄タイムス』(1927年, 발행일 미상),『東恩納寬惇全集 1』, p. 273.

그러나 이에 대해 이하는 인육을 먹는 풍습은 아주 최근까지 존재했고, 또 '남도인은 남쪽으로는 말레이인(馬來人)과 접촉'하고 있었음을 지적하고 식인과 관련된 기술은 '남도인'의 징후라고 주장한다.[80] 아울러 문신에 관해서도 "이 토속(土俗)은 남도인이 생번에 영향을 미친 것인지, 아니면 생번이 남도인에 영향을 미친 것인지는 확실히 알 수 없다"고 하면서 "어쨌든 이 야만스러운 풍습(蠻風)이 야만적인 생번인 사이에서 빠르게 소실되고 개화한 남도인 사이에서는 오랫동안 보존되어 온 것은 이상한 일"[81]이라고 기술하고 있다.

이하와 히가시온나의 논쟁에서 알 수 있는 것은 이하가 거기서 '류큐인'을 '네이션'으로, '생번'을 '피플'로 다르게 표현함으로써 양자를 엄격히 구분하는 것이 아니라, 오히려 양자의 공통점에 눈을 돌리고 있다는 점이다. 환언하면, 이하는 '일본인'의 방계로 규정했던 '남도인'에서 '생번'과의 관계를 인정하고 있다.

그런데 이하가 이러한 '남도인'과 '생번'과의 관계를 인정해 가는 과정은 동시에 이제까지 개화를 통해 개선해야 할 것, 불식해야 할 것으로 설정해 왔던, 뒤처진 풍속과 제도를 재평가하는 것으로도 전개되었다. 예를 들어 『오키나와여 어디에』(沖縄よ何処へ, 1928)에서는 종래의 토지제도인 지할(地割)제도에 대해서 "참정권이라는 미명을 얻고 소철지옥에 떨어지는 것보다는 이 특수한 토지제도를 보존해 두고 서서히 다음 시대를 기다리는 편이 더 현명했던 것은 아닐까?"라고 서술

---

80) 伊波普猷,「『隋書』の琉球に就いての疑問」,『東洋学報』 16ノ2, 1927,『全集 2』, p. 583.
81) 같은 글, p. 539.

하고 있다.[82]

이러한 미개와 야만을 재평가할 때 자주 언급되는 것이 '모아소비'[毛遊, 오키나와에서 전전까지 활발하게 이루어진 것으로 대개 농촌 등의 젊은 남녀가 들에 나가 샤미센과 비슷한 오키나와 악기인 산신(三線)을 연주하며 노래하고, 춤추며 즐기는 것을 말한다]이다. 이하는 『오키나와 여성사』(1919)에서 "모아소비란 묘령의 여자들이 제각기 남자들과 만나 거의 매일 밤을 밖에서 노는 것을 말하는 것"이라고 하면서, 성병(性病)의 전파와 모아소비의 관계를 언급하여 이를 '악습'이라고 표현한다.[83] 그런데 1930년 잡지 『민속학』(2권 1호)에 게재된 「야가마야와 모아소비」에는 "모아소비는 농촌에서는 없어서는 안 될 청춘남녀의 오락기관이며 배우자 선택의 기관이기도 했으나 행정관이나 교육자의 불필요한 간섭으로 한 시대 전에 금지되어 버렸다"고 기술한다.[84] 이러한 '모아소비'에 대한 재평가는 '남도인'의 기술 곳곳에서 보인다.[85]

여기서 주의해야 할 점은, 이하는 '모아소비'를 여성사 혹은 여성을 둘러싼 섹슈얼리티의 문제로 논의하고 있다는 점이다. '남도인'의 미개와 야만을 재평가하고 이를 수용해 가는 과정은 다른 한편으로는 미개하고 야만적인 여성사를 재평가하는 작업으로 전개되었다. 이러한 사례는 '모아소비' 외에도 '생번'과 관련 있는 문신에서도 볼 수 있

82) 伊波普猷, 『沖繩よ何処へ』, 世界社, 1928, 『全集 2』, pp. 451~2.
83) 伊波普猷, 『沖繩女性史』, 小沢書店, 1919, 『全集 7』, p. 49.
84) 伊波普猷, 「ヤガマヤとモーアソビ」, 『民族學』 2卷 1号, 1930, 『全集 5』, p. 172.
85) 伊波普猷, 「南島の自然と人」, 『太陽』 32卷 8号, 1926, 『全集 2』, pp. 275~6; 「琉球の女歌人「恩納なべ」」, 『短歌至上主義』 3卷 11号, 1935, 4卷 1·2号, 1936, 『全集 9』, pp. 144~5; 「琉球古代の裸舞」, 『三田文学』 1卷 5号, 1926, 『全集 7』, p. 250.

다. 이하는 "개화된 현대 남도인 가운데 혹자는 종교적 의의를 갖는 이 장식이 예전에 존재했었다는 사실이 남에게 알려지는 것조차 고통스러워했으며, 나아가 그 과거의 문화 일체를 저주할 만큼 민족을 비하하는 마음이 컸던 사람들이었음을 부기해 둔다"고 기술하고 있는데[86], 이 역시 '류큐 부인(婦人)'의 문신을 지칭한 것이다.

'남도인'과 '생번'의 관계를 인정해 가는 과정에서 발견되는 것은 미개한 여성만이 아니다. 이하는 1927년에 「일본문학의 방계로서의 류큐문학」에서 야에야마와 '생번', '말레이인' 사이의 '토속'에서 공통성을 지적하고 있으며,[87] 이런 주장은 1939년에 쓴 「아마미야에 대한 고찰」(あまみや考)에까지 이어지고 있다.

앞서 말한 것처럼, 인류학에서 '류큐인'과 '생번'을 분류하고자 한 관찰은 도리이 류조 이후에 일본 인류학자에 의해서도 이루어졌다. 예컨대, 가나세키 다케오는 손바닥의 이문(理紋), 특히 지문과 족척(足蹠)의 이문에 대해 상세하게 검토하고, '류큐인'의 지문은 "매우 원시성이 농후하며 생번인과 가장 가까운 관계에 있음을 나타낸다"[88]고 지적하면서, 족척의 이문이 '생번'과 유사한 것은 "특히 미야코(宮古)와 야에야마에서 두드러진다"고 주장한다.[89] 이런 분류의 혼란은 '개성'을 언급했던 예전의 이하였다면 틀림없이 반박했을 테지만, '남도인'

---

86) 伊波普猷, 「琉球婦人の黥」, 『日本地理風俗大系 第12巻』, 新光社, 1930, 『全集 9』, p. 250.

87) 伊波普猷, 「日本文学の傍系としての琉球文学」, 『日本文学講座 10・11』, 新潮社, 1927, 『全集 9』, pp. 3~7.

88) 金関丈夫, 「琉球人の人類学的研究」, p. 660.

89) 같은 글, p. 661.

의 기술에서는 가나세키의 연구가 야에야마와 '생번'의 밀접한 관련성을 밝힌 논의라며 긍정적으로 인용한다.[90]

그러나 이하의 인류학 연구에서 간과해서는 안 되는 점은 가나세키를 포함한 많은 인류학자가 '류큐인'과 '생번'을 유추해서 논의한 데 반해, 이하는 그것을 야에야마와 '생번'의 관계로 바꿔 읽고 있다는 점이다. '생번'과의 관계는 수용하면서도 거기에 야에야마라는 매개항이 설정되어 있는 것이다. '남도인'과 '생번'의 관계를 수용하면서 동시에 이하는 '남도인'의 내부에서 미개한 여성과 야에야마를 재발견해 갔다. 이하는 앞서 언급했던 「일본문학의 방계로서의 류큐문학」에서 '사키시마(先島) 문학'에 대해 이렇게 기술한다.

> 야에야마는 실로 가(歌)의 나라이자 무(舞)의 섬이다. 그곳 무명의 시인들은 율동적인(리드미컬한) 장편의 민요를 다수 남기고 있다. 그리고 그곳 소녀들은 이 아름다운 노랫가락에 맞춰 마치 하늘을 너울대는 나비처럼 춤출 때가 있다.[91]

'남도인'에서 야에야마와 여성은 야만과 미개로 발견되고 낭만적으로 묘사된다. 앞서 말한 것처럼, '개성'을 이야기했던 이하에게서 '생번'은 점령의 폭력을 예감시키는 존재였다. 그 '생번'과의 관계를

---

90) 伊波普猷, 「あまみや考」, 『日本文化の南漸』, 楽浪書院, 1939, 『全集 5』, p. 590. 여기서는 가나세키 다케오(金関丈夫)의 연구 이외에도, 기리하라 신이치(桐原真一)의 혈청(血清) 연구, 다나베 히사오(田辺尚雄)의 음악 연구에서도 이와 같이 언급되어 있다.
91) 伊波普猷, 「日本文学の傍系としての琉球文学」, 『全集 9』, p. 49.

'남도인'으로 수용해 가는 과정에서 이하는 마치 부풀어 오르는 폭력의 예감을 견디지 못한 듯 로맨틱함과 야만, 미개, 그리고 '생번'과의 만남을 그려 갔다. 여기서 점령의 폭력은 로맨틱한 야에야마와 여성의 만남으로 치환되고 있다.

결국 분류상으로는 계속 '일본인'의 방계로서 자리매김해 왔던 이하의 '남도인' 기술은, '일본인'으로는 표상될 수 없는 야만과 미개, 그리고 '생번'을 포함해 갔다. 이하에게는 이러한 '일본인'으로 표상되지 않는 영역 또한 '남도인'이었다. 이하에게 '남도인'이란 '일본인'이면서 동시에 '일본인'이 아니었으며, 또 '일본인'이면서 '일본인'으로 번역되지 않는 영역을 포함하는 존재이다. 그 안에는 감지되고 있을 점령의 폭력도 야에야마와 여성의 만남으로 치환되고 있으며 가(歌)와 무(舞)를 통해 완전히 소거되었다. 대체 무엇이 시작되고 있는 것일까?

2. 아넷타이/아열대

'류큐인' 대신에 등장한 '남도인'은 '일본인'이면서 '일본인'이 아니다. 앞으로 논의하게 될 이하의 '남도인'에 내포되어 있는 이러한 이중화된 발화의 의미를 고찰하기 위해서 야마노구치 바쿠의 시 「회화」(会話)를 예로 들어 보자.

고향은? 하고 여자가 물었다.
글쎄, 내 고향은 어딜까? 나는 담뱃불을 붙이지만, 문신과 자비센 등의 연상(聯想)으로 물들이고 도안(図案)과 같은 풍속(風俗)을 한 저 나의 고향 말인가!

아주 먼 저곳

아주 먼 저곳이라면? 하고 여자가 물었다.

그건 아주 먼 곳, 일본열도 남단 조금 못 간 곳인데, 머리에 돼지를 이고 가는 여자가 있다거나, 맨발로 걷는다거나 하는 우울한 행동을 습관처럼 하는 저 나의 고향 말인가!

남방(南方)

남방이라면? 하고 여자가 물었다.

남방은 남방, 짙은 쪽빛 바다에 살고 있는 저 상하(常夏)의 지대, 용설란과 데이고(梯梧)와 아단(阿旦)과 파파야 같은 식물들이 하얀 계절을 입고 가까이 다가와 있지만, 저건 일본인이 아니라는 둥, 일본어가 통하냐는 둥 속닥이며 세간의 기성개념들이 기류하는 저 나의 고향 말인가!

아열대(亞熱帶)

아넷타이! 하고 여자가 말했다.

아열대인데, 나의 여자여, 눈앞에 보이는 아열대가 보이지 않는단 말인가! 바로 나처럼 일본어가 통하는 일본인이 바로 아열대에서 태어난 우리라고 나는 생각한다만, 추장이니 토인이니 가라테(唐手)니 아와모리(泡盛)니 하는 것들의 동의어라도 바라보듯이 세간의 편견들이 응시하는 저 나의 고향 말인가!

적도(赤道) 바로 아래 저 근처

「회화」는 1924년 도쿄로 다시 돌아온 야마노구치 바쿠가 직업을 전전하면서 쓴 시집 『사변의 뜰』(思弁の苑, 1938)에 수록되어 있다. 이 시에 대한 논의는 이미 여러 방향으로 나와 있는데,[92] 예컨대 작가 가와미쓰 신이치(川満信一)는 밖에서의 시선을 통해 "작가의 내부에 점차 선명하게 다가오는 '나의 고향' 오키나와를 중압감 속에 보듬어 가는" 모습을 읽어 내고 있다.[93]

확실히 '고향은?', '아주 먼 저곳?', '남방이라면?' 이라는 일련의 질문들은 중압감을 가지고 '나'를 압박해 온다. 대체 너는 어디서 온 누구인가? 제일 먼저 '고향은?' 으로 시작되는 일련의 질문 속에 공갈조의 울림이 깃들어 있음을 간파해야 할 것이다. 이 공갈 때문에 '나'는 질문이 기대하는 자아상, 아니 오히려 기대하고 있다고 '내'가 생각하는 자아상을 좋든 싫든 자신의 내부에서 발견할 수밖에 없다. 더 주의해야 할 것은 질문이 극히 단순한 데 반해, '내'가 자기의 내부에서 발견하는 자기상(自己像)은 아주 구체적이고 세부적이라는 점이다. 그것은 '내'가 '고향은?' 이라고 묻는 질문 속에서 단순히 '너는 누구

---

92) 예컨대 오타 마사히데(大田昌秀)는 "우리 오키나와인의 심리 깊은 곳에 자리 잡고 있는 복잡한 의식 ── 열등감과 자조의 뒤엉킴"(p. 329)을 단적으로 노래하고 있다고 말한다. 또, 나카호도 마사노리(仲程昌徳)는 이 시가 태어나 자란 곳이 오키나와라고 표명하지 못하고 쫓겨 가는 과정을 그리고 있다고 지적한다. 大田昌秀, 『沖縄の民衆意識』, 新潮社, 1976 ; 仲程昌徳, 『山之口獏』, 法政大学出版局, 1983.

93) 川満信一, 『沖縄・根からの問い』, 泰流社, 1978, pp. 59~60.

냐?'라는 물음뿐만 아니라, 어디를 개선하지 않으면 안 되는지 끊임없이 감시하는 교도(敎導)의 시선을 느끼고 있기 때문이다. 또, 이러한 교도의 시선에는 폭력이 대기하고 있을 것이다.

이러한 교도의 시선을 내포한 질문 속에서 '내'가 자기의 내부에서 발견해 나가는 것은 '문신'이나 '자비센', '돼지', '맨발', '일본어' '토인' 등으로 이루어진 개선되어야 할 자아상이며, 거기에는 구체적인 개선해야 할 점들이 세부적으로 지시되어 있다. 이미 설정된 질문 속에서 기대되는 자기를 질문자의 말에 따라 제시하지 않으면 안 되는 '내'가 느끼는 강박감은 도리이의 시선에 응답하여 '류큐인'이라는 답을 제출했던 이하의 그것이기도 할 것이다.

그러나 '나'는 이처럼 기대되고 있는 이러한 자기를 제시하려고 하지는 않는다. 그것은 대답하기를 계속 거부하는 행위로 수행되어 간다. '나'는 '여자'에게 어떻게 대답해야 하는지 알고 있다. 그리고 자신에게 기대되고 있는 표상을 자기 안에서 발견하고 있다. 그럼에도 불구하고 '나'는 그것을 설명하지 않으며 상대방에게 전달하지도 않는다.

또한, 질문자의 말에 따라 다른 자기를 말하는 것도 '나'는 하지 않는다. 『고류큐』에서 이하가 도리이에게 대답한 것 같은 관계는 여기서는 전개되지 않는다. 게다가 '여자'의 "고향은?"이라는 물음이 결국은 "너는 누구냐?"라는 질문밖에 되지 않음에도 불구하고 '나'는 그 질문을 받고서 자신의 과거를 향해 나는 어디로부터 왔느냐는 질문을 계속한다. 거기에서 '나'는 예정된 말로 기대된 바대로 자기가 번역되고 표상되는 것을 계속 거부하려는 태세를 갖추고 있다. '나'는 질문자의 물음이 교도와 폭력이기도 하다는 것을 눈치 채고 있다. 그리고 그럼에도 불구하고 그것을 다른 존재에 떠맡기고 도망하려고는 하지 않는다. '나'는 '개성'을 내세우지 않는다. 나는 어디로부터 온 것일까 하는 내성적인 소행(溯行) 속에서 '아열대'라는 말이 등장한다. '나'는 '아열대'를 제시하고 '여자'의 "고향은?"이라는 질문으로 시작되는 일련의 질문에서 '아넷타이'라는 대답을 얻는다. 그런데 '아넷타이!'라고 외친 '여자'가 마침내 얻어 낸 대답에 감탄할 때 '나'는 거꾸로 '여자'에게 묻는다. "눈앞에 보이는 아열대가 보이지 않는다는 말인가!" 공감조의 질문에 대해서 자기가 제시된 바로 그 순간, 공감에 대한 반문이 시작된다.[94] 그리고 이 반문은 바로 '아넷타이'와 '아열대'라는 동일한 용어 속에 포함되어 있다.

"누구냐?"란 질문은 '아넷타이'라는 표상을 획득하고, 그 배후에 있는 내실을 이해했다고 생각한 순간에 그 표상은 '아넷타이' / '아열대'가 되어 이해불능에 빠져 버린다. "눈앞에 보이는 아열대가 보이지 않는다는 말인가!" 결국에는 예정된 결론으로 향하려는 대화〔会話〕를 '나'는 과거로의 내성적 소급과 자기 제시의 거부를 통해 해체해 갔다. 하지만 그렇다고 해서 '아열대가 진정으로 획득해야 할 표상은 아니다. '아넷타이'와 '아열대'는 이중성을 띠면서도 결코 개별적인 것으로 유형화된 표상은 아니다. 그리고 이해했다고 생각한 순간에 이해불

---

94) 매우 민감하게 야마노우치 바쿠의 「회화」를 들은 세키 히로노부(関広延)는 거기서 아이쿠치(비수)를 발견하고 있다. 그리고 "단순히 바쿠가 "이건 아이쿠치다"라고 말해 버린다면 비수도, 저항도, 규탄도 되지 않으므로 침묵하고 있을 뿐이다"라고 언급하고 있다. 関広延, 『沖縄人の幻想』, 三一書房, 1990, p. 139.

능에 빠지고 마는 이 '아넷타이'/'아열대'는 거짓된 표상에서 진정한 표상으로의 이행이 아니라 이해할 수 없는 꺼림칙함을 결코 표상하지 않은 채로 그 내부에 계속 유지해 간다.

자신의 내부성은 더 이상 표현할 수 없다고 선언하고 이해 불가능한 영역을 포함하면서 여전히 반복되고 있는 "너는 누구냐?"라는 물음에 대해 "나는 '남도인'입니다"라고 표명했을 때, 그 질문에서 과연 어떤 대답을 얻게 될까? 1920년대를 기점으로 시작되는 이하의 기술을 생각해 볼 때 이하의 '남도인'에서는 '아넷타이'/'아열대'와 마찬가지로 교도와 폭력이 교차하는 관찰이라는 행위 그 자체를 이해불능으로 이끌어 가는 요인이 발견되어야 할 것이다. '일본인'은 본질적으로 내실을 갖고 있다고 믿고, 방계였던 '남도인'을 관찰하고자 하는 증후학은 이런 이하에 의해 끊임없이 이해불능으로 빠질 수밖에 없다. 도리이의 '류큐인'을 반복했던 이하는 거기서 도리이의 증후학으로 정의되는 실태와는 다른 현실인 '개성'을 설정하려고 했다. 그러나 그 현실은 언어를 잃게 되고 대신 등장한 '남도인'은 이중성을 띠면서 증후학을 뒤흔든다. '그자들에 대해서는 잘 알고 있다'고 그들은 말한다. 하지만 "인종주의의 종언은 갑작스런 이해불능과 함께 시작된다."[95]

그러나 이 「회화」에서의 '나'의 발화를 생각할 때, 거기에 존재하는 지우기 힘든 남성적 울림을 놓쳐서는 안 된다. 자기 내부에 이해불능의 영역을 보듬은 '나'는 한편으로 극히 이해 가능한 남성다움으로 자기를 단단히 묶어 둔 것처럼 보인다. 그리고 이 문제는 '이하'의 발

---

95) ファノン, 『アフリカ革命に向けて』, pp. 37, 45.

화에서도 지적되어야만 한다. 앞서 살펴본 바와 같이, '남도인'의 내부에 야에야마와 여성을 설정함으로써 이하는 '일본인'으로는 번역될 수 없는 '남도인'의 영역을 기술하는 대상으로 고정시키고 있다. 그리고 거기에는 이하 자신이 이해불능의 영역을 관찰하고 교도하며 진압하는 위험성 또한 존재하고 있다고 해야 할 것이다.

3. 노동력

'개성'이 말을 상실하는 사태란 점령의 폭력을 타인의 일처럼 표현하려고 하는 언어표현의 정지였다. 거기에는 관찰되는 경험으로 인해 이미 폭력이 예감되어 있다. 그러나 동시에 그것은 새로운 사태의 등장이기도 했다. '남도인'이라는 불안정한 시니피앙은 점령의 폭력을 감지시키는 증후학에 대한 거절임과 동시에 이 새로운 사태를 반영한 것이기도 하다. 이 새로운 사태는 물론 점령의 종결은 아니다. 중요한 것은 점령이 동시에 이 새로운 사태의 개시이며 점령과 관련된 증후학은 이미 이 새로운 사태의 운동을 포함하고 있다는 점이다. 점령이 이미 점령으로만 등장하지 않는 상황에서, 점령을 계속 감지하면서 그것을 타인의 일로 회피하려고 했던 언어행위가 정지한 것이며, 거기서 예감되는 폭력은 점령의 폭력임과 동시에 이미 그것만이 아니다.

　　이하가 처음 생각했던 '류큐인'에서 '남도인'으로 전환해 가는 것과 깊은 관련이 있는 소철지옥이란 대체 무엇이었을까? 그것은 단순한 비참함이라든가 병폐가 아니라 이를 계기로 오키나와 사람들은 급격히 본토 노동시장으로 흘러 들어갔고, 거기다 새롭게 막 영유한 남양군도의 농업노동자로 포섭되어 갔다. 여기서 "일할 수 있는 자라면 아무라도 좋다"라는 식의 사태, 즉 우리들이 계속 거기서 살아가고 있는 사태가 먼저 간파되어야 한다.

'생번'과는 다르다고 스스로를 구분하면서 내세우기 시작했던 자는 "아무라도 좋다"라는 식의 사태에 직면한다. 여기서 말하는 '남도인' 역시 이러한 전개와 함께 재검토되어야 한다. 즉 이하가 '일본인'의 방계로서 발견해 낸 '남도인'이란 '일본인'이라는 주체를 월경해가는 자본주의의 신체로 다시 한번 논의되어야 할 것이다. "사회는 교환(交換)주의자가 아니다. 사회는 등기(登記)하는 것이다."[96] 그러나 시장(市場)은 "여러 종류의 흐름을 탈코드화하고 사회체에 대한 등기양식의 붕괴"를 이끌어 간다.[97]

따라서 거기에서는 '개성'이 소생하는 역사도 아니며 또 교도에 의해 개화하는 역사도 아닌, 자기를 노동력으로서 제시하고 상담(商談)하는 행위가 먼저 논의의 중심이 되어야 한다. 그리고 『고류큐』에서는 다원적인 제국으로 구상된 것처럼 보이는 '대국민'도 이러한 탈영토화와 재영토화의 운동과 함께 재고되어야 한다. 결론을 미리 말하자면, '대국민'은 '개성'을 기점으로 실현하는 것이 아니라 '개성'의 불가능성에 의해 등장한다. 그러나 그 '고류큐'의 부활이 '개성'을 언급하는 '류큐사'와는 이미 다른 것임을 이하는 이미 알고 있었다.

---

96) Gilles Deleuze & Félix Guattari, L'Anti -Œdipe : Capitalism et schizophrénie, Les Éditions de Minuit, 1972. 市倉宏祐 訳, 『アンチ・オイディプス』, 河出書房新社, 1986, p. 225.
97) 같은 책, p. 227.

또 탈영토화 속에서 새로운 증후학이 새로운 법과 폭력과 함께 생겨난다. 하수도로 유출되고 스스로를 노동력으로 제시하고자 한 상담 테이블을 원했던 자들을 이 증후학은 어디까지나 노동자로서 등기하려고 할 것이다. 그리고 이러한 증후학 속에서도 방어태세를 갖춘 자들과 함께 여전히 폭력은 예감되어야 한다.

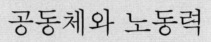

3

공동체와 노동력

1_열대과학

1. 소철지옥

소철지옥이라는 명칭은 경제사적 문맥에서는 1920년의 세계 설탕시장의 설탕 가격 폭락으로 인해 생긴 위기라고 일단 설명할 수 있을 것이다. 그 위기란 일본제국의 확대에 따라 대만과 남양군도에 확산된 제당업 자본의 전개와, 그때까지 상품유통에서만 자본주의와 관계를 맺어 "상품이 산출되는 생산과정의 성격이야 아무래도 상관없"[1]는 위치에 있었던 오키나와 농업 사이의 모순이 농업문제로 등장하게 되는 과정이라고 말할 수 있다.[2] 즉 1920년에 일어난 세계 설탕시장의 가격 붕괴는 곧바로 국내의 흑설탕 가격에도 영향을 미쳐 1919년부터 1920년에 걸친 흑설탕 가격을 100이라고 한다면 다음 해에는 48까지 급락

---

1) K. マルクス, 『資本論 4 第2巻』, 向坂逸郎 訳, p. 163.
2) 向井清史, 『沖縄近代経済史』, 日本経済評論社, 1988, pp. 1~8. 또한 무카이(向井)의 논의와 함께 국내식민지론을 검토한 冨山一郎, 「国境」(『近代日本の文化史 4』, 岩波書店, 2002, pp. 219~25)을 참조.

했다. 그 후에도 가격은 조금씩 하락해서 1935년에는 33 수준까지 내려갔다.[3] 그리고 이러한 가격폭락은 사탕수수 재배 농가를 직격하여 오키나와 농촌은 단숨에 과잉인구를 끌어안게 되었다. 또한 종장에서도 검토하는 바와 같이, 가격폭락 속에서 해체되기 시작한 오키나와 농업에서 세계제당업 시장 속에서 살아남을 수 있을 만한 식민지 농업으로 재편할 것인가, 아니면 국내 농업으로 보호할 것인가가 논의되게 된다.

물론 이 책의 과제는 이러한 경제사적 메커니즘을 해명하고자 하는 것이 아니다. 그러나 이러한 경제사적 이해로는 소철지옥이라는 감상적인 표현으로 파악되었던 1920년대 이후의 전개가 언뜻 달리 보이는 두 가지 사태를 낳았다는 점을 지적할 수 있다. 하나는 노동력의 판매처를 찾아 오사카나 남양군도로 흘러들었던 출향자(出鄕者)들을 둘러싸고 일어난 사태이며, 다른 하나는 오키나와 농촌에 잔류한 자들을 둘러싼 사태이다. 후자에 대해서는 종장에서 재검토하겠지만, 과잉인구가 산업예비군으로서 자본주의에 포섭됨에 따라 잔류한 자들도 새로운 대응을 모색해야 했다. 잔류한 자들의 사회도 재편되고 조직화되어 가는데, 이러한 전개 역시 과잉인구의 급격한 확대에 따른 새로운 질서의 형성이었다. 단숨에 팽창한 과잉인구는 자본축적에 포섭되면서 출향자와 잔류한 자라는 두 가지 얼굴로 새롭게 표현되어 갔다. 물론 거기에는 새로운 증후학의 등장이 기다리고 있다.

---

3) 冨山一郎, 『近代日本社会と「沖縄人」』, 日本経済評論社, 1990, pp. 78~82.

2. 열대(熱帶)과학

1914년 제1차 세계대전에 참전한 일본은 같은 해 10월에는 당시 독일령이었던 마리아나(Mariana), 팔라우(Palau), 캐롤라인(Caroline), 마셜(Marshall) 등의 제 군도로 이루어진 지역을 점령하였다. 당시 남양군도로 불렸던 오늘날의 미크로네시아 지역은 베르사유조약에 의해 일본의 위임통치령이 되고, 1922년에는 팔라우제도 코롤(Koror)도에 남양청(南洋庁)이 설치되었다. 그리하여 아이누 모시리, 류큐, 대만, 조선으로 침략해 간 일본은 비로소 열대지역을 손에 넣게 되었다. 일본제국이 갖는 남양군도의 의의는 필리핀, 인도네시아, 뉴기니로 진출하기 위한 군사적 거점으로서의 측면이 중요하다. 특히 1933년에 일본이 국제연맹을 탈퇴한 이래, 이러한 측면은 한층 강조되어 호칭도 '내남양'(內南洋)이라고 부르게 되었다. 여기에는 안에서 밖으로라는 침략진출 방침이 명확히 나타난다.

그러나 남방으로의 침략과 진출이 갖는 남양군도의 의의는 단지 군사적인 것에 그치지 않았다. 예컨대 당시 남양군도에서 발간되던 월간잡지 『남양군도』(南洋群島)의 원고모집에는 "남양군도의 생활은 일본민족 남방 발전의 수련의 장(場)입니다. 일상생활의 체험은 귀중한 자료입니다"라고 기술되어 있다.[4] 일본제국이 처음으로 손에 넣은 남양군도라는 열대지역은 '남진(南進) 준비의 종합 시험지(試驗地)'[5]였

---

4) 『南洋群島』 3卷 8号, 1937, 南洋群島文化協会.
5) 平野義太郎·清野謙次, 『太平洋の民族=政治学』, 日本評論社, 1942, pp. 258~9.

으며, 이 '시험지'를 무대로 인류학, 민족학, 고고학, 의학, 노동과학, 농학, 생물학 등의 제 학문이 이른바 열대과학으로서 전개되었다. 이러한 연구를 뒷받침하는 기관으로는 학술진흥회 설립의 팔라우열대생물연구소(1934년 설립), 남양청 설립의 열대산업연구소(팔라우 1922년, 포나페[Ponape. 폰페이(Pohnpei)라고도 함] 1926년, 사이판 1930년 설립), 각지에 설립된 남양청 의원(醫院) 등이 있었다. 그밖에도 1938년에 설립된 태평양협회도 남양군도에서 조사와 연구를 수행했다.

이렇게 남양군도를 무대로 시작된 열대과학도 새롭게 획득한 영토와 그곳에 속하는 사람들이 어떤 존재인가 하는 것이 주요한 테마가 되었으며, 지금까지의 증후학과 마찬가지로 새롭게 점령한 영토와 주민을 국가에 등기한다는 점에서는 변함이 없었다. 거기에서는 1장에서 서술한 일본인종론과 마찬가지로 일본인과의 유사성과 차이를 나타내는 징후를 둘러싼 인종 분류도 이루어지고 있었다. 당시 '도민'(島民) 혹은 '토인'(土人), '카나카'(Kanaka), '차모로'(Chamorro)라고 불리던 남양군도의 주민과 '일본인'과의 차이가 이러한 증후학에 의해 기술되고 분석되었다. 그런데 이들 지역에서 전개되었던 열대과학은 이러한 인종 분류만이 아니었다.

남양군도는 군사적 침략진출의 거점인 동시에 자본 진출의 거점이기도 했다. 이 지역에서는 1921년에 동양척식(東洋拓植)이 주도한 남양흥발(南洋興發) 사업이 전개되어 사탕수수를 재배하고, 제당업을 중심으로 주정(酒精), 전분, 인광(燐鑛), 수산물 등을 생산했으며, 또 남양무역은 이 지역을 거점으로 해서 해운업과 야자 재배 등을 수행했다. 더욱이 앞서의 독일남양인광주식회사에서 매수한 인광 채굴이 남양청의 관영(官營) 사업으로 전개되었다. 남양군도에서 전개된 이러한 자본이 필요로 한 노동력은, 대부분 소철지옥으로 형성된 오키나와의 과잉인구로 충당되었다. 더 나아가서는 남양군도 주민들도 부분적으로 노동력으로 흡수되었다. 이런 가운데 열대과학은 애초부터 노동력으로 포섭되어 갔던 사람들을 관찰하는 증후학으로서의 성격을 띠게 되었다. 도리이 류조의 증후학에서 일본인으로 분류되었던 '류큐인'은 이 지역에서는 노동력이기도 했다.

남양군도는 일본이 점령하기 이전부터 '남양' 혹은 '남양토인'이었으며, 소설, 노래, 모험기, 회화 등 다양한 스타일로 표상되고 기술되어 왔다. 이러한 기술이 이른바 '남진'에 대한 판타지를 불러 일으켰던 것은 의심할 여지가 없다. 그런데 여기서 중요하게 생각하고 싶은 논점은 단순한 남양 이미지나 타자상이 아니라, 점령과 동시에 시작된 이 지역에서의 자본축적 문제다. 즉 베르사유조약으로 독일령 남양군도가 일본제국의 수중으로 들어온 이래, 이 지역 주민들은 단순한 판타지가 아니라 '남양건설'에 있어서의 노동력 배치의 문제로 논의되고, 또 기술되어 갔다.

이러한 움직임은 대동아공영권에서 '남방 노동력 문제'를 구성하는 것으로 이어진다.[6] 거기에서는 판타지가 아니라 노동력으로 포섭하기 위한, 더 나아가서는 자본축적을 지탱하기 위한 제도적 건설을 목표하지 않으면 안 된다. 다시 말해서 이러한 노동력 문제의 등장과 관련해서 예전의 판타지를 뒷받침했던 쾌락과 욕망은 다시 정의되어야

---

6) 예컨대, 『社会政策時報』(260号, 1942)의 「南方勞働問題特集」에 수록된 논문을 참조.

했다. 이처럼 '남양'이라는 판타지에서 '남양건설'로 전개되어 감에 따라 '도민'을 (재)정의해 가는 작업은, 단순한 식민지 담론에서의 타자표상 문제가 아니라 '남양' 혹은 '대동아'에서의 노동력 문제 속에서 고찰될 필요가 있을 것이다.

그런데 이러한 노동력 문제와 관련해서 주목해야 할 것은 열대의학이라는 장르다. 앤더슨(Warwick Anderson)이 필리핀을 무대로 해서 논의한 바와 같이,[7] 식민주의 속에서 성립한 열대의학에 의한 주민기술은 단순한 표상의 문제가 아니다. 그것은 주거의 형태, 복장, 노동조건 등의 식민지 사회의 사회적 리얼리티를 정의하고 구성해 가는 힘으로서 구체적으로 작동해 가는 것이다. 더욱이 앤더슨은 이 열대의학이라는 증후학의 등장으로 기술의 대상이 지리적·풍토적인 것에서 신체적인 것으로 이행되는 점을 지적한다.

이러한 열대의학과 관련된 신체 기술이 등장하게 된 배경에는 주민과 식민자 사이의 매우 구체적인 피부감각을 수반한 접촉이 많아진것을 들 수 있다. 또 노동과정이 신체성을 수반하는 것인 이상, 증후학이 신체에 집중해 가는 것은 당연하다고 할 수 있을 것이다. 노동과정이 신체성을 띤 실천인 한 신체는 끊임없이 정의되어 가지 않으면 안된다. 그리고 다음 문단에서 논의하는 바와 같이 이 열대의학에 상징된 증후학에서 섹슈얼리티의 문제는 매우 중요한 논점이 된다. 성(性)

---

7) Warwick Anderson, "Where Every Prospect Pleases and Only Man Is Vile : Laboratory Medicine as Colonial Discourse", Critical Inquiry, 1992, vol. 18, No. 3. 그 밖에도 아놀드의 다음의 연구를 참조할 것. David Arnold, Colonizing the Body, University of California Press, 1993.

이 기술되는 것은 가족제도나 인구 문제가 정의되어 간 것일 뿐 아니라, 공포와 혐오, 그리고 쾌락이 정의되어 간 것이기도 했음은 말할 것도 없다. 새로운 증후학은 점령지에 사는 주민을 '도민'으로 기술했을 뿐만 아니라 노동력으로서도 등기하려고 했는데, 그것은 노동력 문제라는 한정된 설정에서만 이루어진 것이 아니라 성이나 쾌락과 관련된 열대의학의 문제이기도 했다.

지금부터 검토할 열대과학의 기술은 '도민'을 축으로 전개했다고 일단은 말할 수 있을 것이다. 그러나 이 증후학이 노동력의 등기라는 성격을 처음부터 가지고 있었다는 점에 유의한다면, 그것을 '도민'에 한정된 기술로 이해해서는 안 될 것이다. 거듭해서 말하지만 문제는 타자 이미지가 아니다. '도민'을 두고 논의되는 것이 대체 누구를 등기하고 있는가라는 문제는 "일하는 자라면 누구든 상관없다"라는 말과 함께 검토되지 않으면 안 된다. 바꾸어 말하면 '도민'을 관찰하는 증후학은 '도민'이라고 명명된 사람들에 대해서만 그 흔적을 남기는 것은 아니다.

앞서 지적한 것처럼, 이 지역에서 자본축적에 필요한 노동력은 인(燐) 채굴사업 이외에는 주로 오키나와에서 도입되었다. 특히 1930년대를 통해 그 수는 10,176명에서 45,701명으로 팽창해 갔다. '도민'을 둘러싼 노동력 문제는 비록 솔직하게 언급되어 있지 않더라도 오키나와에서 유입한 노동력에 대한 기술이기도 하다. 예컨대 다음에 서술하는 것처럼 열대의학, 노동과학, 식민학에서는 남양군도의 '도민'에 대해 언급하면서 이 지역에서의 '일본인'의 '자질'을 문제 삼는 논의가 등장하는데, 이 '일본인'이란 오키나와 출신자를 말한다. 덧붙이자면

'도민'에 관한 언급이 오키나와에 대한 기술이라는 것은 관찰자가 그렇게 의도하고 있었는지 아닌지의 문제가 아니다. 열대과학과 남방 노동력 문제에서 전개했던 관찰이 관찰된 자들에게 어떤 경험으로 존재했는지가 문제이다.

2_공동체와 노동력

1. 관찰되는 '도민'

1927년 이후 빈번히 남양군도를 조사한 인류학자이자 해부학자인 하세베 고톤도(長谷部言人)는 두부(頭部), 안면(顔面), 신체를 측정하여 '도민'의 인종 분류를 수행했다.[8] 또한 하세베 이외에도 남양청 의원(醫院) 소속 의학자들이 중심이 되어 '도민'의 혈액, 피부색, 땀샘, 지문 등을 측정한 인종 분류가 다수 존재했다.[9] 이들 학문에서는 측정되

---

8) 長谷部言人,「日本人と南洋人」, 東京人類学会,『日本民族』, 岩波書店, 1935; 同,「南洋群島人」,『人類学・先史学講座 一』, 雄山閣, 1938.

9) 松永照太・兵藤生一,「我が南洋群島に於ける「カナカ」族の血色素含有量並に血圧, 脈搏度数体温, 及び握力等に関する調査」; 高崎佐太郎,「同種血球凝集反応より観たる我南洋群島土民の生物化学的人種係数と人種型とに就いて」, 이상『南洋群島地方病調査 医学論文集 2』(南洋庁警務課, 1933)에 수록; 岡谷昇,「我南洋群島サイパン島に於けるチャムロ族の血圧に就いて」,『民族衛生』4巻, 1934; 鮫島宗雄,「マーシャル群島原住民(ミクロネシア族)の指紋研究」,『民族衛生』6巻, 1937; 園田一也,「血液型及び頭部旋毛の存在部位より観たる南洋ポナペ島民男児(ミクロネシア人)の気質及び発育に就いて」,『南洋群島地方病調査 医学論文集 4』(南洋庁警務課, 1937)에 수록; 古畑種基・羽根田弥太・古江常子,「パラオ島民の血液型並びに指紋調査」,『民族衛生』11巻, 1943. 한편,『南洋群島地方病調査』에 관해서는 본문에서 후술.

어야 할 징후가 미리 설정되었고 징후의 의미는 현지 사정과는 전혀 무관하게 일방적으로 부여되었다.

그렇다면 이러한 관찰에 의해 '도민'은 어떻게 분류되었을까? 대부분 '도민'은 인종적으로 '백인'보다도 '일본인'에 가까운 존재로 분류되었다. 이 '도민'과 '일본인'의 인종적인 상대적 근사성은 일본의 남양 침략진출과 관련한 다음과 같은 주장과 명확히 공명해 간다. 후생성(厚生省) 예방(予防)국장이며 의학자였던 다카노 로쿠로(高野六郎)는 1942년에 일본인의 남방 침략진출에 대해 다음과 같이 지적하고 있다.

> 일본 민족은 실제로 남양생활에 적합하기로 구미인에 비할 바 없다는 점은 확실하다. 우리들의 피부가 이미 남양색을 띠고 있으며, 색소의 함유에서는 현재의 남양 민족들과 큰 차이가 없다. 어떤 생리학자는 일본인의 땀샘을 연구하여 우리들의 발한기(發汗器)는 남양인에 가깝다고 발표했다. 또한 일본인의 눈에는 남양의 일광도 눈부시거나 하지 않고, 코의 높이도 북방인처럼 돌출되어 있지 않다. …… 구미인에 비해 훨씬 남양적이고 남양에 적합한 일본 민족이 남양 천지에서 활약하지 못한다는 말은 물론 아니다. 체질이나 기질 면에서 우리는 남양인이다.[10]

'일본인'과 '도민'의 근사성은 남양에 침략한 '남양인'으로서의 '일본인'을 표상하는 담론으로 바꿔 읽어 가게 된다. 이러한 바꿔 읽기는 다카노뿐 아니라 대동아공영권 주장과 함께 빈번하게 등장한다.[11]

그리고 대부분 이러한 근사성이 태고의 '선조'의 근사성으로 주장되고 있는 점에 주목해야 한다. '일본인'이 남양에 진출하는 것은 '백인'이 '남양인'을 지배하는 것과 달리 "먼 선조의 고향땅을 다시 밟는"[12] 것이기 때문이다. 거기에서 '도민'은 마치 영원히 변함없는 고고학적인 화석처럼 구성되고 있으며, 같은 역사를 구성하는 존재로는 간주되지 않는다.[13] 또 인류학자나 고고학자들에 의해 발견된 남양군도의 나만탈 유적이나 레루(Lelu) 성터 등의 거대유적이 고고학적 진열물로 존재하고 있다. 이상한 일이지만 이러한 거대유적은 지금 남양군도에서 생활하고 있는 사람들과는 무관한 것으로, 때로는 그 후계자가 '일본인'인 것처럼 전해지고 있다.[14]

주의해야 할 것은 여기서 논의되고 있는 '도민'의 인종 분류와 점령 확대와의 관련은 인종적 우열이라는 인종주의가 식민지 지배와 결합했다는 관계성이 아니라는 점이다. 우열이라는 가치판단이 아니라, '일본인'과 '도민'과의 상대적 근사성이라는 분류에서 측정된 거리가 점령을 마치 운명적인 것으로 묘사해 냈다.

그러나 남양군도에 사는 사람들을 기술한 것은 측정과 분류가 예

---

10) 高野六郎,「南方発展と人口問題」,『人口問題』4巻 4号, 1942, p. 22.
11) 예컨대, 清野謙次,「日本の南進と日本人の拓植能力」, 平野義太郎·清野謙次,『太平洋の民族=政治学』; 野間海造,「人口問題から見た南進論」,『人口問題』4巻 4号, 1942 등.
12) 中山英司,「熱帯に於ける労働能率」,『社会政策時報』260号, 1942, p. 669.
13) 그것은 J. 파비앙이 '동시간성'(coevalness)의 부정이라고 부르는 것이다. 1장 각주 40를 참조.
14) 거대유적의 고고학적 복원에 즈음해서 일어나는 유적의 건설자와 주민의 절단에 대해서는, B. 앤더슨이 같은 지적을 하고 있다. B. Anderson, Imagined Communities, Verso, 1991(revised edition), p. 181.

정조화적으로 '도민'을 묘사해 낸 이러한 인종 분류라는 방법만은 아니다. 인류학자인 말리노프스키(Bronisław Kasper Malinowski)의 『서태평양의 원양항해자』(Argonauts of the Western Pacific)가 출판되고 나서 7년 후인 1929년에 히지카타 히사카쓰(土方久功)는 1944년 병으로 쓰러질 때까지의 15년간에 이르는 남양군도에서의 활동을 개시하였다. 팔라우제도 야프(Yap)의 이도(離島)인 사테와누 섬에서의 조사를 비롯하여 그의 남양군도에 관한 인류학적 텍스트는 상세한 필드워크에 의한 민족지로서 오늘날에도 역시 인류학이나 민족학 속에 존재하고 있다. 이 히지카타의 민족지에서 그가 만나고 생활을 함께한 사람들은 어떻게 기술되고 있을까.

7년에 이르는 사테와누 섬에서의 체재를 바탕으로 쓴 민족지 『유목』(流木)의 첫 부분에서 히지카타는 이렇게 지적하고 있다.

미개인의 생활이 얼마나 대부분이 자신이 만든 그물 속에서 발버둥치고 있는 듯한, 번거롭고 난해한 규정에 지배되어야만 하는가! / 그러나 한편으로 이것이 또한 이 가운데 그들의 이성을 방치한 맹목적으로 익숙해진 감정의, 논리에 구애받지 않는 모순투성이의 신비의 ── 그리고 그것에 의해 수천 년 간 그들의 실생활이 실로 훌륭하게 유지되어 온, 그들의 도덕이며 윤리인 ── 그들의 모든 생활의 조화가 이 속에 있다.[15]

다른 민족지와 마찬가지로, 히지카타는 뛰어난 어학력으로 청취한 현지의 이야기에서 자신이 속한 사회와는 다른 그들/그녀들의 도덕, 생활의 조화를 묘사해 내고자 하였다. 그러나 필드워크에 의해 수집된 현지의 이야기는 관찰자가 어떻게 의식하든 피조사자와 외부에서 온 조사자인 인류학자의 관계 속에서 성립한 것으로, 더욱이 이러한 필드의 실천을 점령이라는 상황에서의 지배, 복종, 저항과 무관하게 설정하는 것은 불가능하다. 2장에서도 지적한 바와 같이, 관찰은 언제나 위협을 받고, 위협을 받으면서도 관찰자는 자신을 교사로 전신시켜 보신을 도모하려고 하지만, 거기에는 이미 교도에 따르지 않는 자를 진압하는 폭력이 대기하고 있다. 관찰자는 동시에 교사이기도 하고 경찰관이기도 하였다.

한편, 『유목』의 히지카타의 기술에서 주목해야 할 점은 그가 사타왈(Satawal) 사람들에게서 청취한 사회관계, 언어, 종교와 관련된 엄청난 양의 사항들을 학문적인 테마별로 정리하여 새로이 구성하는 것이 아니라, 자기 자신의 행동기록과 함께 기술하고 있다는 점이다. 즉, 『유목』은 타자를 묘사한 민족지인 동시에 히지카타 자신의 행동이 기록된 일기이기도 하다. 히지카타는 『유목』의 첫머리에서 '본서는 체재일기이지만, 이것은 나의 사생활의 일기가 아니다. 내 낭만이 아니다. 이것은 섬의 일기이고, 마을의 일기이며, 섬의 현실이다'라고 일부러 기술하고 있다. 그러나 사타왈 섬의 사람들을 묘사하려고 하면서 자기자신도 거기에 기술해 버린 이 민족지에서는 자신을 관찰 주체로 위치시키지 못한 채 엄청나게 부풀려 가는 이야기의 불안정함을 간파해야

---

15) 土方久功, 『流木』, 小山書店, 1943, 『土方久功著作集 第7巻』(三一書房), p. 2에 수록. 이 저작집의 간행년도는 1990~1993년이다.

만 한다.[16] 또한 그것은 그들/그녀들의 조화로운 세계를 묘사하려 한 것이면서도 점령과 관련한 다양한 상황을 들뜨게 해버릴 위험성(또는 가능성)이기도 하다.

그러나 히지카타에게서의 이 가능성은 어디까지나 객체로서 '아이누'나 '류큐인'을 묘사하고자 한 도리이 류조나 쓰보이 쇼고로 등과는 다른 방법으로 회피되고 있다. 히지카타의 남양군도에서의 활동은 인류학적인 필드워크뿐만이 아니다. 조각가이기도 한 그는 그림, 조각, 시, 산문 등 다양한 장르의 작품을 남기고 있다. 이런 작품들에서 그가 만나고 함께 생활한 사람들은 어떻게 표현되고 있을까.

민족지 이외의 그의 작품에는 '미개', '원시'와 같은 담론에 더해서 '딸', '아들', '자연'이 빈번하게 등장한다. 예컨대, 히지카타가 구키 이사오(久木功)라는 이름으로 잡지 『남양군도』(7권 7호, 1941)에 게재한 산문시 「파란 도마뱀의 꿈」(青蜥蜴の夢)[17]에 나오는 '전형적인 토인의 딸'인 게루루에 대해 히지카타는 때때로 '자연의 여왕', '아들' 등의 메타포를 부여하고 있다. 즉, 이 산문시에서는 '원시', '딸', '자연' 등의 언설에 의해 본원적으로 변함이 없는 '도민'이 표상되어, 민족지에서는 이룰 수 없었던 자기와 타자의 분열이 완수되고 있다. 또한 그것은 자기를 '문명', '남자', '어른'으로 확인해 가는 것이기도 할 것이다.

이 산문시의 마지막은 이렇게 맺고 있다. "우리들 단지 둘이 있을

---

16) 불안정한 이야기이기 때문에 『流木』은 뛰어난 민족지라고도 할 수 있다. 須藤健一, 「民族誌家土方久功と『流木』」, 『土方久功著作集 第7巻』을 참조.
17) 『土方久功著作集 第6巻』에 수록.

때/ 더 이상 입으로 할 말이 없어서/ 두 사람이 입 다물고 마음과 마음으로 서로 이야기할 때/ 우리들은 너무도 큰 행복의 무게를/ 부드럽게 서로 손을 잡고 함께 울지도 모른다." 본원적으로는 변함이 없는 자기와 타자의 분할에는 역시 말을 필요로 하지 않는 양자의 운명적인 만남이 예정되어 있다. 그러나 그것은 앞에서 지적한 인종 분류와 같은 인종적 유사성에 기초한 운명성이 아니라, 남녀관계에서 표현되고 있는 로맨틱한 것이다. 점령은 남녀관계로 치환되고 있다. 바꿔 말하면, 히지카타에게서는 필드워크에서의 관찰 주체의 불안정함과 시에서의 낭만주의적이고 운명적인 자기와 타자의 분할과 합일은 서로 상호 보완하면서 존재하고 있다.

그러나 이러한 치환은 치환하는 것이 곤란한 사태에 대해서는 함구하는 것이기도 할 것이다. 후술하는, 반일을 내건 팔라우의 종교운동에 대한 탄압을 비난하는 청년과의 만남을 히지카타는 이렇게 기록하고 있다.

나는 말 많은 팔라우 청년에게 어려운 것을 말하려고는 생각지 않으며, 그러한 것을 하면 나는 이 청년에게 수천 마디를 하고, 더욱이 그들의 형편에 맞는 일들만을 들려주게 되어 버릴 것이다.[18]

히지카타는 현명하게도 함구해야 할 영역이 있다는 점, 그리고 일단 거기에 발을 내딛게 되면 관찰 주체로서의 자기는 붕괴하고, 기술

---

18) 같은 책, p. 25.

할 수 없게 된다는 점을 알고 있었다. 바꿔 말해서 그것은 점령을 감지하면서 그것을 부인하고자 하는 식민자의 보신의 몸짓일 것이다. 또한 이러한 점령 부인의 연장선상에서야말로 '그들'의 세계를 개화라는 교도의 대상으로 거듭 정의하는 히지카타의 주장이 등장한다. 일기라는 불안정한 기술에도 불구하고, 『유목』에는 당돌하게도 개화라는 교도가 등장한다.

> 아주 오랜 세월 동안 견고하게 맺어진 매듭을 풀어 주지 않으면, 도저히 급속히 개화할 수는 없다. 그것을 풀어 주는 것이 일본인의 의무가 된 오늘이다.[19]

히지카타는 점령의 폭력을 감지하면서 '도민'을 교도의 대상으로 재정의했다. 거기서는 동시에 관찰하는 것도 아니고 낭만적인 만남을 연출하는 것도 아니고, '도민'을 지도하고 이끌어 가는 '일본인'이 등장하게 된다. 히지카타의 이러한 전신은 2장에서 지적한 옥타브 마노니에서도 논의되었던 것일 것이다. 또한 그것은 안정된 시니피앙을 획득하는 전신이기도 하다. 레비스트로스가 말하는 바와 같은 이론적 '제로치'의 설정은 '도민'의 "아주 오랜 세월 동안 견고하게 맺어온 매듭"의 설정이며, '도민'의 고유한 사회의 설정이자, 또한 개화 대상의 명확한 설정이기도 하다.

그렇기 때문에 이러한 히지카타에 들어맞는 전신은 해당 시기의

---

19) 『土方久功著作集 第7巻』, p. 3.

남양군도의 점령에 맞추어 재검토되지 않으면 안 된다. 즉, 관찰을 위협하는 점령상태란 무엇인가가 다음에 다뤄져야만 한다. 히지카타가 함구한 '팔라우의 청년'이란 누구인가. 히지카타는 무엇을 교도하고, 무엇을 진압하려고 한 것이었을까. 관찰이라는 미명하에 전개된 기술에는 관찰자의 의도가 어떠하든, 이러한 물음이 설정되지 않으면 안 된다. 이러한 물음에서 히지카타 자신이 그것을 아무리 일기라 주장하더라도 점령상태가 부상할 것이다. 남양군도를 둘러싸고 전개된 열대 과학과 마찬가지로 히지카타의 일기도 점령지와 관련한 기술이다.

2. 향토사회와 노동력

1941년 히라노 요시타로(平野義太郎)는 태평양협회의 기획부장이 된다. 1938년에 설립되어 쓰루미 유스케(鶴見祐輔)가 전무이사를 지내는 이 협회의 규약에는 '본회는 동서 양반구에 걸친 태평양의 제 문제를 조사 연구하여, 태평양정책에 관한 국민의 인식을 깊게 하여 국론의 기초를 다져 구체적인 정책을 확립함으로써 이를 국책으로 실현함을 목적으로 함'이라고 되어 있다.[20] 이 조직 속에서 히라노는 스스로 조사 연구를 하는 한편, 동남아시아 및 태평양제도의 조사 연구를 행할 연구자를 조직하였다.

특히 연구 대상의 중축이 되었던 것은 당시 '내남양'이라고 불리고 있던 남양군도이다. 거기에 "(내남양)제도의 점령은 우리 국민의 남

---

20) 태평양협회의 규약은 동 협회가 간행하고 있는 잡지 『太平洋』 첫머리에 기재되어 있다.

방 발전에 새로운 신기원을 이루는 것"[21]이라는 히라노의 인식이 있었던 점은 의심의 여지가 없다. 그에 의하면, "내남양제도 점령 당시에 획득한 열대 민족에 대한 군정의 경험과 더욱이 그곳에서 태어난 태평양제도에 관한 우리 민족학은 오늘날의 우리 대남양 통치의 초석을 이루고 있다."[22] 대동아공영권에서의 열대과학의 중요성을 거듭 강조하고 있었던 히라노에게 있어서 남양제도는 절호의 시험장이었다. 한때의 강좌파(講座派)의 중심적 논객이자 대동아공영권의 이데올로그이며, 태평양협회 기획부장이었던 히라노 요시타로에게 남양 혹은 남양제도에서 전개한 이러한 열대과학이란 무엇이었을까.

히라노는『태평양의 민족＝정치학』(太平洋の民族＝政治学, 1942)에서 대동아공영권에서의 '협동주의'에 대해 다음과 같이 지적하고 있다.

공영주의에 의한 민족정책, 혹은 자주주의·협동주의는 원주(原住)자 사회생활의 전통을 중시하고 그 역사적 존재의 사실을 인정하며, 이것을 그 고유한 방향에 따라 발달시키고자 하는 것이므로 획일적인 동화정책에 반해 개별적·특수적이다.[23]

이 짧은 문장에는 고유한 '전통'의 상대주의적인 인식과 '고유한 방향'에 내재하는 '발전'이라는 공통의 보편주의적 실천이 존재하고

---

21) 平野義太郎, 『民族政治の基本問題』, 小山書店, 1944, p. 103.
22) 같은 책, p. 104.
23) 平野義太郎·淸野謙次, 『太平洋の民族＝政治学』, p. 234.

있다. 또한, 동일한 구도가 히라노 저작의 도처에서 발견된다. 예컨대, 『태평양의 민족＝정치학』의 2년 후에 간행한 『민족정치의 기본문제』 (民族政治の基本問題, 1944)에서도 "우리는 대동아권 내의 각 나라에 광범위하게 그 자주 창조성에 기초하여 자주독립의 권능을 부여하고, 따라서 그 창조성을 신장하고 전통을 중시하며 문화를 발양한다"[24]고 지적하고 있다. 지금부터 『민족정치의 기본문제』에 의거하면서 히라노의 대동아공영권 구상을 생각해 보자.

먼저 히라노에게 '전통'이란 구체적인 지리적 범역을 의미하는 '향토사회'를 의미하고 있고, 더욱이 '향토사회'의 기저로서 '향토문화'를 갖는 촌락공동체가 설정되어 있다. 자바, 수마트라, 발리, 필리핀 등의 촌락공동체야말로 대동아공영권에서의 '향토사회'를 구성하는 기축이다. 이러한 촌락공동체는 농법의 차이에 의해 '도작관개농법'(稻作灌漑農法)지대, '전작한지농법'(畑作旱地農法)지대, '열대도서성(熱帶島嶼性) 농업권'으로 분류되고, 그중에서도 '도작관개농법'지대야말로 대동아공영권의 '기간부분'[25]으로 규정되고 있다. 이러한 '도작관개농법'지대의 촌락공동체에 대해서는 다음과 같이 설명한다.

우리 일본 내지(內地), 조선, 대만, 중남(中南) 중국, 프랑스령 인도차이나, 태국, 미얀마에서 인도의 동부 수도(水稻)지대를 포함하며, 더욱이 말레이시아, 동인도, 필리핀 등의 이른바 말레이시아의 수도지

---

24) 平野義太郞, 『民族政治の基本問題』, p. 6.
25) 같은 책, p. 14.

대가 여기에 든다. 이들 지대의 농촌은 촌민 간의 긴밀한 상호부조·
향토의식을 갖고 있으며, 농업형태는 지극히 영세집약적인 가족노작
경영, 즉 소농구조라는 특징이 있다. 그런데도 최근 여기서는 경지의
부족과 고율의 지대 및 농촌의 과잉인구 등이 서로를 제약해 가는 소
농민경제가 지배적이다.[26]

여기서는 고액소작료에 시달리는 영세한 가족노작경영이라는 기
본인식이 존재하고 있다. 이 인식에서 한때의 강좌파로서의 히라노를
볼 수 있을 것이다. 그러나 이 글에서 히라노는 '고율지대'의 원인을
봉건적 토지영유에서 찾아내, 소작쟁의에 의한 그 해체를 주장하는 것
이 아니다. 가족노작경영을 극복하기 위해 그가 주장하는 것은 '향토
사회'의 건설이며, 그 구체적인 방책으로 제시하는 것은 '국가적 원
조'에 기초한 ① 부재지주 귀농을 주축으로 한 토지정책, ② 유통부문
의 개선합리화를 도모하는 협동조합, 즉 합작사 정책, ③ 중농(中農)주
의, 즉 협동주의의 기술적 기초의 개선 확립책'이다.[27]

당장 말할 수 있는 것은 히라노가 제시한 촌락공동체의 정의와 그
조직화의 구체적 방법은 1930년대의 사회정책적 농정을 그대로 '대동
아'에 확대한 것이라는 점이다. 소작쟁의가 종식될 무렵 이후, 1930년
대에 급속히 진행된 국가에 의한 마을의 조직화 속에, 히라노는 마을
을 '향토사회'로서 '대동아'의 영토로까지 확대해 갔다. 히라노의 입

---

26) 平野義太郎, 『民族政治の基本問題』, p. 12.
27) 같은 책, pp. 14~5.

장에서 말하자면, 일찍이 사회운동 속에서 생겨나고, 후에 국가에 의한 조직화의 거점이 되기도 한 이 마을이라는 공동체는 '일본'이라는 국가의 범역을 정의했을 뿐만 아니라, 틀림없이 그것이 '대동아'라는 영토를 정의해 갔던 것이다. 영토란 새롭게 조직화된 공동체를 가리키는 것이다.

그러나 히라노의 지정학은 '향토사회'에 따라 향토의 범역을 정의하였던 것만은 아니다. 거기에는 생산력주의라고도 할 만한 측면이 반드시 존재하고 있다. 이와 같은 측면이야말로 두번째의 논점인 '고유한 방향'에 내재하는 '발전'이라는 보편적 실천의 문제와 관련된다. 히라노는 '향토사회'의 '기저'에 있는 '향토문화'를 과거의 가치적인 전통으로서가 아니라 일상생활에서의 실천 속에 재정의하여, 다음과 같이 설명한다.

민족정치와 그에 기초한 교육정책은 추상적이거나 단순히 도덕적인 것이어서는 결코 민족 속에 침투하여 민심을 파악하지 못한다. 따라서 문화는 원주민의 생활에 즉응하는 것만이 민족의 현실적인 구체적 생활 그 자체 안에서부터 들어가는 것이다.[28]

따라서 '향토사회'는 생활실천에 의해 확인되고, 끊임없이 재정의되는 것으로 설정되게 된다. 그렇다면 실천이란 무엇인가. 대부분의 경우, 그것은 생산으로 귀결되는 실천(즉, 노동)이다. 예컨대, 히라노

---

28) 같은 책, p. 35.

가 인도네시아에서의 '향토사회' 건설에 대해 "노동의 지속성·정확·민첩한 속도·주의력의 계속적 집중·침착·근면·저축·정신통일 등의 심적 습성을 연마, 단련하는 것이 근대적 공동체 생활의 덕성의 함양을 위해 필요불가결한 것이다"라고 지적하고 있는 바와 같이[29], '향토사회'라는 공동체는 노동이라는 실천을 통해 확인되고 획득되지 않으면 안 되는 것이다. 바꿔 말하면, 공동체는 고유한 '향토문화'나 '민족문화'로서 부여되는 동시에 노동이라는 공통의 실천에 의해 확인되고 끊임없이 지속적으로 정의되는 것으로 설정된다. 그리고 히라노는 공통의 실천에 대해 지도자인 일본을 들고 있다.

군수자원의 개발을 각 민족의 직역봉공으로 하고, 식료·의료의 자급자족, 노동력의 규율 있는 훈련을 위해 남방 민족을 자주적으로 연성하여 자강시킬 것. 그리고 이것을 지도하는 것은 동양사회에서 가장 진보하고 발달한 일본의 정신·과학 및 기술이다. / 현재 남방권의 제 민족을 전력 증강을 위해 적극적으로 협력시킬 것, 이는 제 민족의 문화·지도와는 별개의 것이 아닌 통일된 원리에서 출발하지 않으면 안 된다.[30]

히라노는 '대동아'의 영토와 '민족문화'나 '향토문화'를 사회정책적으로 조직된 공동체로 설정하였다. 동시에 그 공동체가 노동이라

---

29) 平野義太郎, 『民族政治の基本問題』, p. 38.
30) 같은 책, p. 39.

는 공통의 실천에 의해 확인되고, 그와 같은 실천에 의해 쟁취하지 않으면 안 되는 미래로 설정될 때, 영토 내의 사람들은 노동력이라는 공통의 항으로 객체화되고 지도되는 대상으로서 기술된다. 거기에서 공동체의 조직화와 노동력으로서의 객체화는 모순 없이 하나의 영토를 형성하듯이 묘사되고 있다. 공동체와 노동력이라는 양자 사이를 히라노는 단숨에 뛰어넘어 예정조화적인 '협동체'를 그리려 하는 것이다.

그렇지만, 공동체와 노동력은 일치하지 않을 것이다. 고유한 '민족문화'나 '지방문화'는 노동력이라는 공통항에 의해 부단히 위협받고, 위협받으면서도 새로운 마을로 조직화된다. 히라노의 '대동아'의 영토와 관련한 기술에서는 부단히 계속해서 재정의되지 않으면 유지할 수 없는 불안정한 공동체를 독해해 내야 할 것이다. 그것은 점령이 자본축적의 개시이기도 한 이상, 이미 공동체는 안정적으로 정의할 수 없다는 것의 증거이다.

역으로 말하자면, 이러한 불안정함 속에 히라노는 '향토사회'라는 공동체를 하나의 영토로 억지로 묘사하려고 하였다. 히라노의 공동체와 노동력의 기술은 탈영토화와 재영토화를 반복하는 자본의 운동 속에서 일어난 것으로, 거기서 히라노는 운동 속에 불안정해질 수밖에 없는 영토를 마치 예정조화적으로 제국의 영토로 결과하는 것처럼 기술한다. 그러나 노동력으로서 자기를 제시해 가는 과정은 공통항으로서의 노동력으로 되어 가는 코스로 총괄되어야만 하는 것은 아니고, 히라노가 묘사하였듯이 반드시 제국의 영토를 갱신하는 것만도 아니다. 히라노를 끌어들인 운동에서는 다른 미래가 발견되지 않으면 안 될 것이다.

그런데 히라노에게서 간파할 수 있는 고유한 공동체와 보편적인 노동력이라는 설정은 다른 기술에도 존재한다. 히라노가 기획부장을 지낸 태평양협회에 의해 조직되어 남양군도를 조사·연구한 연구자 중에는 기요노 겐지(淸野謙次)나 열대지역에서의 '일본인 식민자'의 노동 능률, 환경적응 능력을 측정한 의학자 나카야마 에이시(中山英司), 그리고 남양청의 촉탁으로 1938년부터 1941년까지 남양군도 전역에 걸쳐 '도민의 구습조사'를 하고, 전후에는 도쿄대학 문화인류학의 초대교수로 취임한 일본 민족학의 중심인물의 한 사람인 스기우라 겐이치(杉浦健一) 등이 있었다. 앞에서 지적한 히라노의 글에서도 알 수 있는 바와 같이, 히라노에게 있어서 특히 인류학, 민족학에 대한 기대는 컸다는 것을 알 수 있다. 특히 스기우라 겐이치의 연구에 대해 히라노는 때때로 언급하여, "고 마쓰오카 대좌 이후 스기우라 씨에 의한 민족학의 발전"이 "향후의 남방 통치에 좋은 지침을 주고 있다"고 지적하고 있다.[31]

스기우라 겐이치는 일찍부터 미드(M. Mead) 등의 이른바 문화상 대주의적인 문화인류학의 기술을 높게 평가하고, "제멋대로의 선입견을 버리고 실제의 조사·연구"를 하는 것의 필요성을 주장하였다. 그러한 스기우라의 입장은 그의 '도민 고유의 문화'의 연구로 구체화되어 있다.[32] 이러한 고유문화에 대한 인식을 전제로 하여 스기우라는 태평

---

31) 平野義太郎, 『民族政治の基本問題』, p. 104.
32) 杉浦健一, 「ミクロネシアの椰子葉製編み籠」, 『人類学雑誌』 57巻 10号, 1942; 「パラオ島に於ける集落の二分組織に就いて」, 『人類学雑誌』 53巻 3号, 1938; 「パラオに於ける所謂トテミズムに就いて」, 『人類学雑誌』 55巻 4号, 1940; 「マーシャル群島に於ける婚姻関係」, 『人類学雑誌』 58巻 8号, 1943 등.

양협회가 출판한 『대남양』(大南洋, 1941)에 수록되어 있는 「민족학과 남양군도 통치」에서 '미개인'에 대한 무이해에 기초한 지금까지의 민족정책을 비판하고, '고유문화' 위에 선 민족정책의 의의를 주장하고 있다.

　스기우라는 거기서 "그들의 과거를 알고, 구습에 보조를 맞추어 개선을 지도해야 한다"고 하여 '고유문화'에 기초한 '지도'를 주창한다.[33] 환언하면, '고유문화'는 점차 소멸해 가는 것이 아니라, 개선과 지도를 통해 끊임없이 갱신된다. 그렇다면, 무엇을 개선해야 하는가. 스기우라가 주장하는 민족정책에 있어서는, "먼저 첫째로 필요한 것은 토민의 노동력을 충분히 능숙하게 구사하는 것"이 기축이다.[34] 그리고 토민을 노동력으로 능숙하게 구사하기 위해서는 그들의 '게으름'을 개선하고, 노동의 규율을 지도해 가야만 한다.

　즉, 스기우라가 말하는 민족정책에서 '고유문화'는 '게으름'의 개선이라는 실천 속에 끊임없이 갱신되는 것으로 설정되어 있다. 이러한 민족학자인 스기우라의 '고유문화'의 설정이 히라노가 말하는 '향토문화'와 정확하게 부합하는 것은 말할 필요도 없을 것이다. 히라노와 마찬가지로 스기우라가 말하는 '고유문화'는 '토민'을 노동력으로 운용해 가는 가운데 거듭해서 정의되어 가는 존재이다. 그것은 또한 '대동아'의 영토이기도 하다. 그렇기 때문에 히라노에 대해 행한 것과 같은 주석을 스기우라에게도 해두지 않으면 안 될 것이다. 즉, '고유문

---

33) 杉浦健一, 「民族学と南洋群島統治」, 太平洋協会, 『大南洋』, 河出書房, 1941, p. 38.
34) 같은 글, p. 46.

화'와 노동력화는 예정조화적이고 안정적인 하나의 영토로 결과하지 않는다.

스기우라의 문장에서 중요한 것은 노동력이라는 공통항에 의해 위협에 노정되는 '고유문화'를 끊임없이 정의해 가는 과정에서 '토민'의 '게으름'은 개선을 필요로 하는 대상으로 설정되어 있다는 점이다. '토민'을 노동력으로 만들려 하는 가운데 '게으름'은 '고유문화'의 한계영역으로서 끊임없이 개선해야만 하는 대상으로 조정(措定)되고, 그렇기 때문에 그 개선이라는 실천에서 '고유문화'의 범역은 확인되어 간다. '고유문화'와 '대동아'의 한계영역으로서의 '토민'의 '게으름'이야말로 그 범역을 정의하는 실천의 장이다. 환언하면, '토민'의 '게으름'이, 있어서는 안 되는, 즉 개선해야만 하는 영역으로 설정됨으로써, 노동력이라는 것과 '고유문화'는 하나의 영토로서의 조화를 가장할 수 있게 된다. 그리고 다음의 문제는 '게으름'의 저편에 무엇이 있는가 하는 점이다.

노무감독관인 스즈키 슌이치(鈴木舜一)는 『남방노동력의 연구』(南方勞働力の硏究, 1942)에서 남양군도의 주민에 대해 "그들 토착민에게는 노동의 의지가 없다. 또한 노동할 의욕, 노동하지 않으면 안 되는 필요성도 매우 엷다"고 하면서, 노동과학에 입각한 직업교육의 필요성을 주장하고 있다.[35] 그러나 한편으로 '토착민'의 광산노동에의 도입에 관해서는 다음과 같이 지적하고 있다.

---

35) 鈴木舜一, 『南方勞働力の硏究』, 東洋書館, 1942, p. 285.

이러한 자들을 인광 개발에 종사시키기 위해서는 여기에 하나의 조직 체제를 형성시켜 취로를 규제해야 하는 것은 당연할 것이다.[36]

스즈키는 강제적인 취로를 주장하고 있다. 남양군도 주민의 노동력으로서의 포섭이 그야말로 대동아공영권에서의 남방 노동력 문제로 논의되는 가운데 '도민'의 '게으름'은 먼저 교육되고 개선되어야 하는 대상으로 설정되었으나, 그와 동시에 개선의 전망이 없는 경우에는 강제적인 취로가 예정되어 있었던 것이다. '교화'를 주장하는 것은 동시에 그 교화의 한계에 언제나 폭력을 대기시키는 것이기도 하였다.

또한 그것은 히라노의 논의에 맞춰 말하자면, '향토문화' 혹은 '대동아'의 한계영역으로서 존재한 '게으름'의 저편에는 강제노동이라는 폭력이 있다는 것을 의미한다. 공동체가 그곳에 속하는 주민의 노동력으로서의 포섭 가운데 끊임없이 정의된다는 점은 공동체의 임계영역이 부단한 폭력에 계속해서 노정된다는 점을 의미하고 있었다. 교화의 배후에는 폭력이 언제나 존재한다. '도민'을 관찰하는 증후학은 교도를 촉진하고, 그 교도의 한편에는 폭력이 언제나 대기하고 있다. 따라서 공동체를 표현하는 말에서는 바로 곁에 대기하고 있는 폭력이 예감되지 않으면 안 된다.

이러한 폭력이 점령의 폭력임은 확실하다. 그러나 동시에 중요한 것은 스즈키의 논의에서도 알 수 있는 바와 같이, 그것이 노동력의 포섭에 관한 폭력이기도 하다는 점이다. 예컨대, 식민정책학자 야나이하

---

36) 같은 책, p. 277.

라 다다오(矢内原忠雄)는 '남방노동정책의 기조' 로서 다음과 같이 지적하고 있다.

> 필리핀의 모로(Moro)족, 뉴기니의 파푸아(Papua)족, 보르네오 오지의 미개종족, 남양군도 도민 등은 아직 근대적 의미의 노동력으로 적당한 정도까지 발달해 있지 않다. 이들 미개종족을 근대적 기업의 노동자로 이용하기 위해서는 원칙적으로 어느 정도의 강제가 필요하다.[37]

야나이하라가 말하는 '근대적 의미의 노동자' 라는 보편적인 인간상의 임계에 강제라는 폭력이 등장하고 있다. 이 폭력은 '필리핀의 모로족, 뉴기니의 파푸아족, 보르네오 오지의 미개종족, 남양군도 도민' 이라고 하는 인종적 범주를 지향하고 있다기보다는 '게으른' 노동력을 자본주의에 포섭하는 것과 관련된다. 따라서 '토착민' 의 강제노동을 주장하는 스즈키에 있어서도 '게으름' 은 '토착민' 만의 문제는 아니었다.

> 산업개발, 자원개발의 문제에 이르게 되면, 아무래도 토착민의 게으름의 벽이 최대의 장벽이 된다. …… 이 심리상태는 일반인과 우승열패를 조리로 하는 사회에 사는 자에게는 거의 이해하기 어려운 것이라고 생각된다. 나는 일찍이 도쿄시에서 위탁을 받아 도쿄 시내에 거

---

37) 矢内原忠雄, 「南方勞働政策の基調」, 『社会政策時報』 260号, 1942, p.38.

주하는 이른바 룸펜의 무기력성이라고도 할 만한 정신상태를 조사한
적이 있다. …… 지금의 토착민의 그것도 거의 같은 심리라고 생각해
도 틀림없을 것이라고 생각한다.[38]

'대동아'의 영토에 둘러싸인 사람들이 노동력으로서 일의적(一義
的)으로 정의될 때에 스즈키가 발견한 도민의 '게으름'은 동시에 도처
에서 모여든 노동자의 '게으름'이기도 했다. 그리고 더욱 중요한 것은
점령의 폭력인 '도민'에 대한 강제노동은 노무보국회에서 볼 수 있는,
해당 시기에 도처에서 모여든 노동자에 대한 폭력적 조직화와 무관하
지 않다는 점이다.[39] 노동력의 포섭과 관련한 폭력은 단지 식민자와 피
식민자의 이항대립적인 관계성에서 구현하는 것이 아니라 노동력이라
는 공통항에 의해 사람들을 정의해 가는 가운데 생겨나는 한계영역에

---

38) 鈴木舜一, 『南方勞働力の研究』, p. 29.
39) 일상적인 노동력으로서의 일의적 성격에 주시한 스즈키는 '남방공영권'의 전시노동정
    책에 대해서 그것을 '임시변통'이나 '땜질'로 행해서는 안 된다고 하여 합리적인 동원정
    책의 필요성을 주장하고 있다(鈴木舜一, 『南方勞働力の研究』의 「자서」 및 「결어」를 참조).
    거기에서는 한탕주의나 착취와 동시에 '일본주의'도 비판하고 있다. 이러한 스즈키의
    일관된 합리성에 '건전한 인간노동력'의 확보에 전시사회정책의 기축을 둔 오코우치 가
    즈오(大河內一男)와의 공통성을 지적할 수 있을 것이다(大河內一男, 『戰時社会政策論』,
    1940, 『大河內一男著作集 第4卷』, 青林書院新社, 1969, p. 217 참조). 그렇지만, 그것은 국
    내사회정책과 총력전체제의 식민지로의 확대라는 문제가 아니다. 종장에서 검토하는 구
    제의 법에도 관련되는데, 노동력과 공동체의 예정조화적 일치가 전제로 여겨지고 있다
    는 점이야말로 비판적으로 검토되지 않으면 안 된다. 이러한 문제는 국내체제로서의 총
    력전체제와 관련한 사상을 전제로 한 식민지로의 확대를 검토하는 논자나, 전후의 오코
    우치의 사회정책론을 식민지로의 확대에 대한 전후의 망각으로 비판하는 논자에게도 공
    통된다. 오코우치와 스즈키의 문제를 국내에서 식민지로라는 따로따로 나누어진 구분의
    문제로 설정하는 순간에 탈영토화와 재영토화를 반복하는 자본의 운동이 그 비판의 사
    정에서 벗어나 버린다.

서 작동하도록 언제나 대기하고 있는 것이다.

그렇지만, 그 폭력은 보편적인 대상에 대해 행사되는 것이 아니라는 점에 주의하자. 노동력으로서의 포섭과 공동체의 갱신이 무리하게 예정조화적인 영토로 묘사될 때, 노동력으로서의 포섭과 관련한 폭력은 '노동력'이라는 '전체적'(사르트르-서장 참조)인 범주에 의해 정의된, '게으름'이라는 '전체적'인 영역에 대해 작동하는 것이 아니라, 갱신되어야 하는 구체적인 공동체의 한계영역에 대한 폭력으로 등장한다. '향토사회'나 '고유문화'는 공동체와 노동력의 조화의 불가능성을 무리하게 소거함으로써 갱신되고, 이 갱신 가운데 폭력은 개별 사회나 문화에서 귀찮은 존재나 국외자에 대한 폭력으로 구현된다.

증후학에서 폭력은 언제나 환유적, 혹은 남유적으로 표현되고 있다. 지금 지적한 바와 같은 폭력은 당장은 현재화하지 않는다. 따라서 사회나 문화에 관한 증후학적 기술에서는 이와 같은 폭력이야말로 발견되지 않으면 안 된다.

3_노동력의 낭비

1. 광산노동

남양군도에서의 주민노동력 포섭의 중심은 광산노동이었다. 그것은 패전까지 기본적으로 변하지 않았다고 할 수 있을 것이다. 남양청 팔라우지청 관할하의 페레리우(Peleliu), 로터(Rotor), 페이스, 토고바이, 가페르트(Gaferut), 앙가우르(Angaur) 등의 섬에는 인 채광소가 점재해 있었는데, 일본 통치시대에 일관해서 활동을 계속한 곳은 앙가우르 뿐이다. 앙가우르의 인 채광소는 처음에는 남양청에 의한 관영이었으나, 1936년에 반관반민의 남양척식이 설립된다. 노동력으로는 '도민' 외에 '일본인', '중국인'이 도입되었는데, 현장 작업에서는 '도민'이 기간(基幹)적 위치를 점하고 있었다.

이러한 노동력의 분류는 그대로 노동과정의 계층구조에 반영되어 있다. '일본인'이 사무직·기술직을 점하고, 직공장으로는 '중국인'이 사용되었다. '도민'은 '차모로'와 '카나카'의 둘로 분류되었고, '차모로'는 '도민' 중에서도 숙련노동을 할 수 있는 것으로 여겨져 부직공장이 되는 경우도 있었지만, '카나카'는 현장 노동에만 투입되었다. 또한 이러한 노동과정의 계층은 그대로 임금수준에도 파급되고 있다. 1937년에 '일본인'의 일급 평균이 2엔 30전인 데 대해 '차모로'는 1엔 10전, '카나카'는 71전이었다. 더욱이 '카나카'에 대해서는 임금의 일부는 통조림 등의 식료로 지급되었다고 한다.[40]

기간노동인 '카나카'의 도입방법은 1인당 80전 정도를 촌장에게 지불하고 촌장은 이른바 공급책으로서 마을의 남자들을 반강제적으로 광산으로 보내는 것이었다.[41] '차모로'의 경우에는 가족이 이주하는 것이 허용되어 장기로 고용되었으나, '카나카'의 경우는 단신(單身)인 사람밖에 허용되지 않았고, 고용은 1년 계약이었다.[42] 따라서 만약 노동을 거부하면 곧바로 임금은 중단되고, 더욱이 고향에서 떨어진 고도(孤島)에 채광소가 있기 때문에 자력으로 귀환할 수도 없었다. 결과적으로 가혹한 노동을 받아들일 수밖에 없는 상황하에 있었던 것이다. 대체로 '카나카'는 광산노동에 강제적으로 도입되어 끊임없이 기아의 동갈(恫喝)을 받으면서 고용되어 있었다.

광산노동의 기간노동력인 '카나카'의 이러한 노동과정은 노동력의 낭비로 직결되어 간다. 먼저 지적할 수 있는 것은 노동재해가 많다는 점이다. 1930년부터 1935년까지의 사이에 연평균 337명이 고용되어, 그중 연평균 연인원으로 중상자 31명, 경상자 1,343명을 내고 있

---

40) 鈴木舜一, 『南方勞働力の硏究』, pp. 120~3. 한편, 임금의 수치는 "1937년도 일본위임 통치보고에 의함"이라고 되어 있다.
41) 矢内原忠雄, 『南洋群島の硏究』, 岩波書店, 1935, p. 113.
42) 鈴木舜一, 『南方勞働力の硏究』, pp. 119~22.

다.[43] 더욱이 낭비는 그뿐만이 아니다. 앙가우르의 광산노동에 도입된 '카나카'는 앞에서 지적한 도입형태를 띠면서 주로 야프(Yap)에서 공급되었는데, 이 야프의 인구는 1920년부터 1937년 사이에 30% 감소하고 있다.[44] 이 놀랄 만한 인구 감소는 높은 사망률에 의한 것이지만, 주민의 보호, 강제노동을 금지한 위임통치 조항에 반하는 이러한 인구 감소에 대해 국제연맹 위임통치상임위원회는 1930년 및 1933년의 2회에 걸쳐 항의를 표명하여 노동의 중지를 촉구하고 있다.[45] 야프에서의 주민 인구 감소는 전부는 아니더라도 광산노동에서의 노동력의 낭비와 관련되어 있다고 해도 좋을 것이다.

그렇다면, 이러한 노동력의 낭비는 어떻게 기술되었을까. 혹은 그보다 어떠한 기술로 이 노동과정의 폭력은 발견되어야 하는 것인가. 앞에서의 스즈키나 야나이하라처럼, '게으른' '도민'에 대한 강제노동을 주장하는 기술도 확실히 존재한다. 그러나 이 부단한 자본축적을 뒷받침한 노동과정에서의 폭력은 강제노동과 숙련노동의 노동유형으로 문서화된 것은 아니다. 즉, 작동 중인 폭력 속에서 수행된 증후학적 관찰과 그 기술이 먼저 이 폭력의 문서화를 떠맡는 것으로서 당장은 별도의 것으로 표현된 기술에서 폭력을 발견하는 작업이야말로 필요하게 된다.

---

43) 같은 책, p. 124.
44) 같은 책, p. 129.
45) 같은 책, pp. 130~1.

2. 변태(變態)

남양군도를 무대로 가장 조직적이고 대량의 기술을 행한 것은 남양청 의원에 소속한 의사들이었다고 할 수 있다. 남양청 의원은 사이판, 야프, 팔라우, 앙가우르, 트랙, 포나페, 쿠사이(Kusaie), 자루이트(Jaluit) 의 각 섬에 존재했다. 이러한 의원에 소속한 의사들은 정력적으로 '도민'에 관한 의학적 조사·연구를 실시했다. 그 성과는 전4권으로 이루어진 『남양군도 지방병조사 의학논문집』(南洋群島 地方病調査 醫學論文集, 1933~37)에 수록되어 있다.

이러한 연구를 개관하면, '도민'이 갖는 피부병, 성병, 기생충에 연구 대상이 집중되어 있음을 알 수 있다. 특히, 성병 가운데서도 '프람비시아'(frambesia)라 불리는 매독과 닮은 성병의 연구가 많다. 이러한 열대지역에서의 풍토병·지방병의 연구가 지리적·풍토적인 문제가 아니라 '도민'의 신체에 내재하는 질환으로 연구된 점은 식민자인 '일본인'과 피식민자인 '도민'의 접촉의 확대를 반영하고 있음은 틀림없다. 식민지 사회에서 피부병, 전염병, 성병, 기생충을 갖는 '도민'은 부단히 감시되고 파악되고 있지 않으면 안 되었다.[46] 거기에는 신체적 접촉에 대한 욕망과 공포가 있을 것이다.

그러나 의사들의 연구 테마는 그것뿐만이 아니었다. 전술한 야프의 인구 감소는 그들의 좋은 연구 테마가 되었다. 야프의 인구 감소가 연구된 배경에는 위임통치하에 있던 남양군도에서의 이러한 인구 감

---

46) Warwick Anderson, op.cit., pp. 26~7.

소에 대해 전술한 바와 같이, 국제연맹 위임통치위원회의 항의가 있었다.[47] 이러한 항의에 대해 일본 정부는 다음과 같이 회답하고 있다.

> 제국 정부는 이제까지 의학적 방면의 불량한 상태만이 인구 감소 원인의 전부라 여겨서 사회적 사정에 의한 원인의 조사를 경시하고 있었던 것은 아니다. 위생사상의 전무, 미신 및 기타의 사회적 사정 등도 역시 그 원인일 수 있다고 생각하여, 이후 한편에서는 의학적 방면의 조사를 함과 동시에 다른 면에서는 야프 지청으로 하여금 이들 사정을 조사토록 하고 있다.[48]

노동력의 낭비로서의 인구 감소에 대해 '사회적 사정', '위생사상의 전무', '미신' 등에서 원인을 찾으려 하는 것이다. 따라서 남양청 소속의 의사들에 의한 야프 연구는 항의에 대한 과학적 변명이라는 의미가 있다. 낭비되는 '카나카'는 연구의 대상물이 되어 의학적 용어에 의해 기술되어 갔다. 그리고 이러한 의사들의 기술은 제국의 영토로 점령된 이 지역에서 전개된 노동과정의 폭력의 흔적이었다. 폭력은 어떠한 기술에 의해 문서화되었는가. 그리고 또한 지금 그것을 어떠한 말로 표현해야 하는가.

인구 감소 문제에 관한 기술은 앞에서 든 논문집 전체에서 볼 수 있는데, 특히 1934년에 간행된 제3집은 '야프 인구 감소 문제의 의학

---

47) 鈴木舜一, 『南方勞働力の硏究』, p. 129.
48) 矢內原忠雄, 『南洋群島の硏究』, p. 19.

적 연구'라는 부제가 나타내는 바와 같이, 인구 감소를 정면으로 다룬 것이다. 거기서는 후지이 다모쓰(藤井保)를 중심으로 한 남양청 소속 의사들이 인구 감소 문제를 고찰하고 있다. 또한 서문에는 남양청 장관명으로 "세계의학회의 문제인 '야프 인구 감소 문제의 의학적 연구'를 제3집으로 간행한다"고 되어 있다.

이 보고서에서는 인구 감소 문제를 야프 '도민'의 사망률과 출생률을 바탕으로 논하려 하는데, 사망률이 높은 데 대해서는 광산노동 문제는 일체 등장하지 않은 채, '도민'이 근대 의료를 받으려 하지 않고, 또한 그들의 생활이 비위생적이라는 데서 그 원인을 찾고 있다. 예컨대, 결핵에 의한 사망이 높다는 사실을 들어 "도민 상호위생사상의 결함과 질병에 대한 간호법의 무지가 서로 관련하여, 그 만연을 한층 강하게 만들어 버린 것에 의한 것"[49]이라고 하고 있다. 또한 다른 한편으로는 인구 감소의 원인을 사망률이 아니라 출생률의 문제로 중심적으로 다루고 있다. 이 경우 저출생률의 원인으로 언급되고 있는 것은 ① 성병, ② 혈족 결혼, ③ '성에 관한 습관'이다. ①의 성병에 대해서는 출생률의 문제뿐만 아니라 피부병이나 기생충과 맞먹는 '도민'에 내재하는 질환으로서 널리 연구되고 있다. 또한 출생률과 관련하여 특히 중요시된 것은 ③의 '성에 관한 습관'이었다.

먼저 성병에 대해서는 2,354명의 '도민'에 대해 경찰의 입회하에 성병검사를 하여, 거기서 임병(淋病)의 이병률(罹病率)로 3.30%라는 값을 산출하고 있다. 그리고 이 값을 경시청 위생과가 행한 도쿄의 '공

---

49) 『南洋群島地方病調査 医学論文集 3』, 南洋庁警務課, 1934, p. 19.

창 (公娼)에서의 이병률과 비교하여 다음과 같이 결론짓고 있다.

참으로 놀랍게도 공창의 이병률에 필적하니, 이 병이 얼마나 생식의 수태능력에 장애를 미쳤을지는 말하지 않아도 알 수 있다.[50]

'도민'의 성병은 '생식의 수태능력'에 영향을 미쳐 출생률을 저하시킨 것으로서 인구 감소의 원인으로 여겨졌다. 그러나 그것만이 아니다. '도민'에게서 발견된 이 질환은 도쿄의 '공창'과 비교되어 '수태능력'이라는 점에서 동일시되어 갔다.

다음에 '성에 관한 습관'에서는 '성교술', '성의 남행(濫行)', '정조관념' 등이 다루어져, 이것들이 출생률의 문제로 기술되었다.[51] 예컨대, '도민'이 '성교 시에 여러 종류의 잡다한 성교술을 행하는' 것이 '음경근부혈관파멸', '음경근육손상'을 일으켜, 그것이 출생률과 관련 있다고 하였다.[52] 전체적으로 이러한 '성의 남행'은 출생률을 저하시키는 것으로 여겨졌다. 그밖에도 '도민 청년 처녀 등의 성에 대한 남행'을 들어, 8세부터 17세 여자의 처녀막 검사를 하여 '성교적 유희'의 폐지가 주장되고 있다.[53] 마스터베이션도 출생률의 문제로 다루어졌다. '수음'(手淫)에 대해서는 다음과 같이 기술되고 있다.

---

50) 같은 책, p. 77.
51) 야나이하라 다다오도 같은 지적을 하고 있다. 矢内原忠雄, 『南洋群島の研究』, p. 454.
52) 『南洋群島地方病調査 医学論文集 3』, p. 102.
53) 같은 책, p. 101.

수음의 습관은 중대한 결과를 가져오는데 정상적인 성교에 대한 반발심(여자에게 많다)과 성적 도착(남자에게 많다)을 야기한다. ……수음과 성적 도착이 밀접하게 관계가 있다는 점은 명확하다. 수음이 빈번하게 거듭되면 될수록 점점 보통의 감각이 마비되어 성감을 일으키기 위해서는 변태성의 특수한 자극을 필요로 하기에 이른다.[54]

'수음'은 '변태'로 '도착'적인 쾌감을 낳고 이것이 정상적인 성생활을 불가능하게 하며, 그 결과 출생률이 저하한다는 것이다. 또한 「부인 유방과 새끼돼지와의 관계」라는 제목으로 여성의 마스터베이션을 다루어, "부인의 유방은 부인의 생식기와 밀접한 관계가 있다. 그 유방을 새끼돼지에게 빨려 쾌감을 얻는 것을 유일의 즐거움"으로 하는 습관이 수태율의 문제로 기술되고 있다.[55]

결과적으로 경찰의 감시하에 '도민'의 성이 이른바 해부학적으로 빠짐없이 조사되어 거기서 발견된 '변태적'이고 '도착적'이며 '이상'한 쾌감이야말로 출생률 저하를 이끌고 있다고 간주되었다. 성과 출생률의 결함은 당연히 그러해야 할 섹슈얼리티와 역시 당연히 그러해야 할 쾌락을 정의하여 출생률의 저하는 '변태', '도착'의 결과로 간주되었다. 이러한 의학적 기술에서 노동력의 낭비를 계속하는 폭력의 흔적은 '도민' 내부의 '변태'와 '도착'으로 치환되어 봉쇄되고, 그것은 동시에 당연히 그러해야 할 쾌락, 당연히 그러해야 할 섹슈얼리티를 정

---

54) 『南洋群島地方病調査 医学論文集 3』, pp. 105~6.
55) 같은 책, p. 100.

의해 갔다. 바꾸어 말하면, 건전한 섹슈얼리티와 쾌락 속에서 폭력의
흔적은 '변태'로 기술되어 갔다. 그렇지만, '변태'는 폭력의 흔적을 봉
쇄한 것만은 아니다. 그것은 발동되지 않으면 안 되는 폭력도 정의해
갔다.

3. 사교(邪敎)

팔라우제도 일대에 모덱게이(Modekngei)라 불리는 종교운동이 일어
난 것은 일본이 팔라우를 점령한 지 얼마 지나지 않아서였다.[56] 전술한
히지카타 히사카쓰의 침묵도 이 모덱게이에 대한 것이다. 이 종교운동
에서는 팔라우의 마을마다에 존재하고 있었던 종교가 조합되고, 더욱
이 거기에 가톨릭의 요소가 도입되고 있다. 그렇지만, 이 종교운동을
특징짓는 것은 교의나 신학이 아니라 실천 활동에 있다. 모덱게이의
중심인물이었던 타마닷, 오게시, 루굴이 한 것은 일본이 들여온 근대
의료에 대항하여 약초를 사용한 주술적 의료와 예언이며, 그것들을 전

---

56) 모덱게이에 관해서는, 스기우라(杉浦)가 「民族学と南洋群島統治」에서 '고유문화'가 외
래문화의 영향을 받아, 더욱이 그것이 정치적으로 이용된 예로서 언급되고 있다. 거기에
서는 스기우라가 모덱게이를 본래의 '고유문화'로는 인정하지 않는다는 점을 알 수 있
을 것이다. 기타 전쟁 직후의 비디치의 연구나 1970년대를 중심으로 행한 두터운 필드
워크를 토대로 한 아오야기 마치코의 연구가 있다. 비디치는 모덱게이를 반일운동으로
규정하고 있다. 『남양』을 저술한 피티도 기본적으로는 비디치의 이해를 전제로 하고 있
다. 이러한 이해에 대해 아오야기(青柳)는 급격한 사회변동에 따른 박탈과 아노미에서
모덱게이의 기반을 찾으려 한다. 또한 아오야기는 모덱게이와 관련된 몇 가지의 사건은
팔라우 내부의 항쟁사건으로 고찰하고 있다. A. Vidich, "Political Factionalism in
Palau", Coordinated Investigation of Micronesian Anthropology, No. 23, 1949;
Mark Peattie, Nanyo, University of Hawaii Press, 1988; 青柳真智子, 『モデクゲイ』,
新泉社, 1985.

개함으로써 신자를 획득해 갔다. 이러한 활동은 병이나 재난을 조령 (祖靈)이나 귀신 등으로 해석하는 주민의 세계관과도 관련되어 있다. 또한 그 가르침은 교의를 저술한 성전에 의해 부여되는 것이 아니라, 케세케스(kesekes)라 불리는 노래로 표현되어 전해졌다. 케세케스는 즉흥적으로 만들어진 것도 있고, 아오야기 마치코(靑柳真智子)가 1970 년대를 중심으로 행한 필드 조사에서 채취한 것만도 128수 있다. 이러 한 노래는 교회에서 때로는 몇 시간이고 노래되고, 또 노래되어 전해 져 갔다.

남양청은 이 모덱게이를 당초부터 단속의 대상으로 하고 있었다. 타마닷과 오게시는 1918년 11월 2일에 처음으로 검거되어 '사기와 치 안방해죄 및 그 방조죄'로 타마닷은 징역 4년, 오게시는 징역 3년 6개 월의 형을 받고 있다.[57] 그 후에도 몇 번인가 타마닷과 오게시는 검거 되었으며 특히 타마닷은 옥중에서 사망하기도 했다. 신자들에 대해서 도 마찬가지여서, 모덱게이의 신자라는 이유만으로 연행되어 구류, 강 제노동에 처해졌다고 한다.[58] 이러한 남양청 경찰의 탄압에도 불구하 고, 모덱게이는 신자 수를 늘려 그 수는 남양청 경찰의 기록에 의하면, 1930년대 말에 팔라우 도민의 약 반수가 모덱게이의 신자였다고 한 다. 그러나 1938년에 오게시 외 중심 멤버 26명이 검거된 이래 그 활 동은 압살되어 갔다.

모덱게이의 케세케스는 명쾌한 문의(文意)를 갖지 않고 애매한 표

---

57) 『思想月報』62号, 1939年 8月.
58) 青柳真智子, 『モデクゲイ』, p. 206.

현이 많으며, 또 대부분이 모덱게이의 신(기라옴클 예수그리스도 등)을 노래한 것이다.[59] 그러나 그 가운데는 다음과 같은 노래도 있다.

콘솔 수도(水道)에 함대가 보여 대포 소리 널리 퍼지고 일본인 외에는 춥고 카나카는 여기서 구제되지 않으며 일본인은 코롤에 모두 납치되어 그림자도 없고 마라칼(Malakal)항에서 군대가 들어오면 기르호메클 예수그리스도 일본인은 돌아가야 해 일본인은 이곳을 정결히 하여 팔라우에 남는 사람들은 모두 도민의 친구.[60]

모덱게이의 활동은 의료나 예언을 하면서 비밀리에 식민자인 '일본인'과 피식민자인 '도민'이라는 분절화를 들여오고 있었다. 모덱게이의 활동에 있어서의 이러한 일본의 점령을 표현하는 측면은 이 밖에도 '유언비어' 속에서도 발견할 수가 있다. 남양청 경찰이 '유언비어'로 보고한 사례로 다음과 같은 것이 있다.

카랄드 공립학교에서 국민정신 총동원의 뜻에 대해 근검저축의 양습을 도민 아동에게 익히게 할 목적으로 월 10전의 우편저금을 장려하였는데, 매달 실행하는 것은 가톨릭이나 프로테스탄트 신자의 자녀들뿐으로 115명 중 불과 수 명에 지나지 않는다. 그 밖에는 모두 그럴 여유가 없다고 하여 한 번도 저축하지 않기에 조교원 간이치가 이상

---

59) 같은 책, 제6장.
60) 이 케세케스는 앞서 언급한 『思想月報』에 수록되어 있다. 팔라우어를 현지순경관 오이카와상이 번역한 것이다.

히 여겨 알아보니 오게시 신자의 가정에서는 이번의 만주사변으로 일본은 망해 일본인은 모두 팔라우에서 물러갈 것이므로 일본의 우편국에 저금을 해도 돌려받을 수 없을 것이므로 그런 일은 절대로 싫다, 그보다는 오게시의 살아있는 신에게 헌금하여 이익을 얻는 것이 얼마나 행복한지 모른다는 것이었다.[61]

팔라우 주민의 반수를 떠안은 모덱게이가 의료 활동 가운데 비밀리에 표현한 것은 점령상태이다. 점령상태 가운데서 누가 지배자이고 피지배자인가를 가리킨다. 그렇지만, 이러한 활동은 탄압을 하는 경찰에게서는 의료 활동이나 저항운동과는 다른 존재로 기술되고 있다.

성적 향락과 사교의 프로파간다를 행하는 것은 물론, 비밀리에 신도를 모아서는 우리 관헌에 대한 반항심을 양성하는 등 그 종국의 목적이 팔라우 전(全)도민을 원시시대의 게으른 사람(惰民)으로 복귀시켜 자기 일족의 안일과 행락을 탐하려고 하는 데서 나온 심사(心事)는 아무리 증오해도 모자라는 바가 있다.[62]

모덱게이에 대한 경찰의 탄압에 즈음해서 그 대상으로서 '게으른 사람'이나 '성적 향락'이 발견되고 있다. 특히, '음사'(淫事), '파륜불의'(破倫不義), '자성우우음분'(資性迂愚淫奔) 등의 섹슈얼리티와 관련

---

61) 『思想月報』 62号, 1939年 8月.
62) 같은 책.

한 기술이 상당히 많았다. 다소 난폭하게 말하자면, 모덱게이는 음탕한 성으로 단속되고 탄압되었다. 이는 그 죄상으로 '간통죄'가 종종 등장하는 것과도 관련되어 있다. 거기에는 확실히 앞에서 검토한 열대의학의 존재가 있을 것이다. 또한 이러한 증후학과 함께 모덱게이가 의료 활동을 하였다는 것의 의미를 생각할 필요가 있을 것이다.

폭력의 흔적은 열대의학이라는 증후학 속에서 음탕한 성으로 치환되어 갔다. 그렇지만 그것만이 아니다. 폭력은 '사교'에 대한 폭력으로 현재화해 갔다. 섹슈얼리티를 둘러싼 쾌락이 기술되는 가운데 폭력은 깨끗이 지워지고, 그와 동시에 이 쾌락 속에서의 폭력은 재차 정의되어 갔다. 쾌락을 둘러싸고 전개된 이 폭력의 부인과 재정의야말로 점령의 사회적 리얼리티를 구성해 갔다.

증후학적 관찰에 의한 기술이란 폭력이 다른 것으로 치환되어 표현되고 있는 언어영역이다. 또한 그렇기 때문에 이러한 언어영역에서의 말은 어떤 자에게는 단순한 '향토사회'나 '고유문화'의 기술이지만, 어떤 자에게는 부단히 폭력을 감지시킬 것이다.

4_히노마루 깃발 아래서

그런데 열대과학 가운데 의학, 노동과학, 식민학에서는 남양군도에서의 '일본인'의 자질을 문제 삼는 논의가 등장하였다. 많은 경우, 남양군도에서의 '일본인'의 자질이 낮다는 점이 문제가 되었다. 예컨대, 태평양협회의 위촉을 받아 남양군도를 조사한 의학자이며 인류학자이기도 한 기요노 겐지는 자질이 낮은 것을 '체력', '출산율', '일의 능률', '지능', '지도정신' 등의 제 측면에서 언급하였다.[63] 또한 기요노는 이러한 '소질이 불량한 일본인'에 대해 의료·위생, 교육, 생활개선에 의한 자질의 치료를 주장하고 있다.

이러한 '불량한 일본인'에게서는 '일본인'과 '도민'의 인종 분류가 혼란스러워진다. 예컨대, 기요노에게서 '자질이 불량한 일본인'은 '도민과 서로 닮은 심리상태'로 논해지고 있는 바와 같이[64], 치료받는

---

63) 清野謙次, 「南方民族の資質と習性·日本人の熱帯馴化能力」, 『社会政策時報』 26号, 1942. 혹은 마찬가지로 태평양협회의 위촉으로 남양군도를 조사한 의학자 나카야마 에이시는 자질이 낮은 '열등자'를 "지능이 낮은 자, 교양이 없는 자, 인격이 없는 자, 품성이 하열(下劣)한 자, 민족의식(국가관념)이 없는 자"라 하고 있다. 中山英司, 「熱帯に於ける勞働能率」, p. 677.

'일본인'은 열대환경 속에서 '일본인'이 '도민'과 동일화되어 버린다는 문제로 언급되었다.[65] 즉, 낮은 노동능력이나 출생률 등 치료해야만 하는 자질이 '도민'과 공통된 징후로 관찰되었다.

앞서 말한 바와 같이, 남양군도에서의 '일본인'의 5할에서 6할이 오키나와 출신자였다. 즉, 여기서 말하는 불량한 일본인은 오키나와 출신자들과 관련된 것이다. 여기서 남양군도에서의 오키나와 출신자에 대해 존재한 '저팬 카나카'라는 멸칭(蔑稱)에 주목하지 않으면 안 된다. 이 말은 남양군도를 둘러싼 증후학에 때때로 등장하지만, 이 말에서는 불량한 일본인과 '도민'이 겹치고 있다. 예컨대, 야나이하라 다다오는 '저팬 카나카'라 불리는 것에 대해 이렇게 지적하고 있다.

그만큼 오키나와인의 생활의 정도가 낮고, 생활양식은 도민의 존경을 받지 못한다. 따라서 남방에서의 일본인의 식민사회 개선을 위해서는 오키나와인의 교육 및 생활 정도의 개선이 급무이다. "일본인의 해외이민 문제는 오키나와 문제"라는 것은 내가 남양군도 시찰을 통해 얻은 실감인데 …….[66]

야나이하라에게서는 남양군도에서의 '일본인'의 자질문제는 '저팬 카나카'인 '오키나와인'의 문제로 여겨지고 있다. '저팬 카나카.'

---

64) 淸野謙次, 「南方民族の資質と習性・日本人の熱帯馴化能力」, p. 125.
65) 남양군도에서의 '일본인'의 노동능력이 낮은 것은 때때로 '머리가 파파야가 된다'고 표상되었다. 거기에서는 열대의 환경에 의해 '도민'과 동일시되어 버릴 우려가 존재하고 있다.
66) 矢內原忠雄, 「南方勞働政策の基調」, pp. 156~7.

그것은 단지 문화적 구분이나 인종 분류의 문제가 아니다. 이 말이 남양군도를 둘러싼 증후학적 기술에서 등장할 때, 이 말이 나타내는 분류의 혼란 혹은 분류불가능성은 노동과정과 관련한 폭력을 암시하는 것이다. 예컨대, 야나이하라는 '저팬 카나카'의 개선을 말하는 한편으로, 오키나와 출신자를 '도민'의 '반강제적인 출가(出稼)노동'으로 대체해 갈 것도 주장하고 있다.[67] 근대화를 희구하고, '자유노동자'를 향해 개선을 주장하는 야나이하라는 동시에 그 개선의 임계에서 강제노동을 주장한다. 그리고 '저팬 카나카'란 강제노동, 노동력 낭비의 경계선상에 위치하고 있는 말이다.

그렇지만 이미 검토한 바와 같이, 이 폭력은 자유/ 강제라는 구분에서 배치되는 것은 아니다. '향토사회'나 '고유문화'와 노동력은 조화되지 않으면 안 된다. 거기에서는 노동력 낭비와 관련한 폭력은 '향토사회'나 '고유문화'와 관련된 게으름, 음탕함, 변태 등과 같은 영역으로 치환되어 간다. 그렇지만, '향토사회'와 노동력은 조화되지 않는다. 자질문제에서 언급되는 '저팬 카나카'에서의 '카나카'는 '향토사회'나 '고유문화'인 동시에 게으름이나 음탕한 성이기도 하다. 바로 그렇기 때문에 분류 불가능한 존재인 것이며, '저팬 카나카'인 것이다. 거기서는 '도민'이 아닌 집단으로 분류되든, 문화적으로 구별되든 게으름과 음탕한 성으로 환언된 폭력이 '도민'을 넘어 다른 장소로도 부단히 침입한다.

따라서 이 분류 불가능한 것들은 인종주의(racism)의 해소나 평

---

67) 矢内原忠雄, 『南洋群島の研究』, p. 495.

화롭고 평등한 통일성을 향하는 것은 아니다. 환언하면 그것은 보다 안정적인 존재에의 융해를 의미하는 것이 아니라, 곁에 존재하는 폭력이 부상하는 임계점을 이룬다. 바로 그렇기 때문에 다음의 우메사오 다다오(梅棹忠夫)의 문장은 어떤 사람에게는 평화로운 노동자의 세계로 읽혀질지도 모르지만, 어떤 사람에게는 부단히 닥쳐오는 낭비를 환기하게 된다.

1941년 이마니시 긴시(今西錦司)를 대장으로 한 교토탐험지리학회 조사대는 남양군도 포나페 섬을 방문하였다. 이 조사대는 탐험지리학회의 당시의 간사장인 기바라 히토시(木原均)에 의하면, '장래 남양 방면에 파견할 조사대의 예비훈련'이기도 하였다.[68] 이 학술조사대에 참가한 젊은 우메사오 다다오는 그 보고서에서 다음과 같이 지적하고 있다.

> 도민은 왜 일본인이 될 수 없는 것일까. 도민을 왜 빨리 일본인으로 만들지 않는 것일까, 내지인의 도민도 오키나와현인도 반도인도 히노마루 깃발 아래서 일하는 사람들은 모두 일본인이라고 해야 하는 것이 아닌가.[69]

'도민'과 같다고 들었을 때 두려움에 떠는 '일본인'이 있다. 이 '일본인'은 '일본인'으로 분류된 '류큐인'이었다. 그들/그녀들이 감지

---

68) 木原均, 「序文」, 今西錦司 編, 『ポナペ島 : 生態学的研究』, 彰考書院, 1944, p. 1.
69) 梅棹忠夫, 「紀行」, 今西錦司 編, 『ポナペ島 : 生態学的研究』, p. 488.

한 것은 '도민'에게만 향한 폭력이 아니다. 그것은 점령지의 주민이 노동력으로 포섭되는 가운데 작동한 폭력이며, 노동력의 낭비이다. 따라서 비록 그 인간이 강제노동을 당하지 않았더라도 그 낭비로부터 벗어날 수 있는 보증이 없는 이상 부단히 감지할 수밖에 없는 폭력이기도 하다. 우메사오가 정확하게 지적한 바와 같이, '일하는 자라면 아무나 상관없는' 것이고, 인종 분류나 '고유문화'에 기초하여 스스로를 폭력으로부터 구분하는 것은 이미 불가능하다. 따라서 우메사오는 노동력으로서의 포섭이라는 인종 분류에서는 표현할 수 없는 사태를 어떤 의미에서는 정확하게 파악하고 있다고 할 수 있다. 거기에서는 저 하수도의 확대와 함께 무절조(無節操)하게 팽창해 가는 '일본인'과 '히노마루 깃발'이 부상할 것이다. 이미 아무라도 상관없다. 일하는 한에는.

그런데 우메사오는 이 일본인 가운데 낭비라는 폭력을 부단히 감지하는 자가 방어태세를 취하면서(sur la défensive) 존재하는 것을 알아채지 못한 것 같다. 일하는 자라면 아무나 상관없다는 것은 누군가가 낭비의 옆에 있다는 것이기도 하다. 그리고 이 하수도의 흐름에 이끌린 '일본인'의 확대가 소철지옥을 계기로 형성된 과잉인구를 노동력으로서 포섭한 것이었다는 점을 재차 상기해 두자. 그리고 다음에 물어야만 한다. 이하 후유는 이 히노마루의 깃발 아래 부상하는 '대국민'에게서 미래를 발견하는 일은 없었을까.

출향자의 꿈

1_노동력으로서의 경험

1. 생산관계의 문서화

자본주의의 전개는 끊임없이 사람들을 토지로부터 끌어낸다. 자본주의를 본원적 축적의 끊임없는 확대로 파악한 로자 룩셈부르크는 1908년부터 1년 동안 폴란드 리투아니아 사회민주당 기관지 『사회민주주의평론』에 민족문제에 관한 논문을 연재했다. 여기에서 로자 룩셈부르크는 근대 국민국가에 관해 다음과 같이 주장하고 있다.

> 모든 국민에게 자결(自決)의 가능성을 보증하려는 생각은 적어도 거대한 자본주의적 발전에서 최소한 중세적 소국가, 더 나아가서는 저 15, 16세기 이전의 과거로 되돌아가기를 바라는 것과 같다.[1]

[1) ローザ・ルクセンブルク, 『民族問題と自治』, 加藤一夫・川名隆 訳, 論創社, 1984, p. 33.

또한 로자는 이러한 국민국가 지향을 '유토피아라고 단정'한다.[2] 물론 로자의 이 글은 이른바 '폴란드 문제'를 둘러싼 카우츠키나 레닌과의 대립 속에서 읽어야 할 것이다. 그러나 이러한 주석에 유의하는 한편, 로자의 이러한 언명을 당시의 시대경험으로서 한 번 더 상기할 필요가 있다. 즉 윌슨주의로 대표되는 국민국가에의 희구(希求)가 등장하는 시기는 동시에 이미 국민국가가 유토피아로밖에 상상되지 못하는 시기이기도 하다는 것을 로자 룩셈부르크는 주장하고 있는 것이다. 민족자결의 시대에는 이미 그 불가능성이 각인되었던 것이며, 그것은 또 이하가 '대국민'(大国民)에서 '개성'을 거론하는 것을 정지시켜 간 시기이기도 했다.

그러나 지금 여기에서 로자의 견해에 동의하며 유토피아를 유토피아라고 비판하는 것만으로는 불충분하다. 로자의 주장은 불가능성에 각인된 유토피아를 희구해 버리는 사람들, 바꿔 말해서 유토피아라는 꿈을 꿀 수밖에 없는 그들/그녀들이 자본주의에서 겪은 경험이 논점이 되어야 한다. 이것이 이 장에서 고찰하고 싶은 기본 테마이다.

이제 이러한 로자 룩셈부르크의 시대 경험을 염두에 두면서 대동아공영권에 다다른 일본이 제국으로 어떻게 전개되는지 생각해 보고자 한다. 문제 삼고 싶은 것은 이러한 전개를 당대 사람들은 어떤 경험으로 표현하고 기술했는가 하는 점이다.

대부분이 공란으로 처리되거나 삭제된 채 1935년 『문학평론』(文学評論)에 게재된 유아사 가쓰에(湯淺克衛)의 소설 「간난이」(カンナ

---

2) ローザ・ルクセンブルク, 『民族問題と自治』, p. 34.

二)에는 일본인 소년 류지(龍二)와 조선인 소녀 간난이의, 사랑이라고는 표현하기 어려운 두 소년 소녀의 담백한 관계가 묘사되어 있다. 이케다 고지(池田浩士)는 여기에서 일본인이 조선인을 보는 시선뿐만 아니라 조선인의 시선을 의식하는 주인공을 발견한다. 다시 말해 유아사는 식민지 상황 속에서 그들/그녀들의 시선을 끊임없이 감지했던 것이다. "현지 사람들을 보는 일본인의 눈을 현지 사람들의 눈으로 되돌아보는 시선"이라는 이케다의 표현처럼 식민주의를 둘러싼 유아사의 문학 표현은 교차하는 시선 속에서 전개된 것이다.[3] 식민지 상황에서 식민자는 상대측 시선에 어떻게 대응할 것인가가 늘 실천적인 물음으로 존재한다.

그러나 이러한 교차하는 시선은 사라져 가게 된다. 1940년에 간행된 만주개척이민을 묘사한 유아사의 『머나먼 지평』(遥かなる地平)에 묘사된 '만주인'들은 일본인에게는 '객체'나 '소재'에 불과하다고 이케다는 지적한다.[4] 이케다는 타자로부터의 질문을 놓치고 제멋대로 타자를 묘사하는 문학적 표현의 변천을 훌륭하게 파헤친다. 이케다가 발견한 유아사의 이러한 변천은 식민주의와 관련하여 식민자가 일방적으로 피식민자를 표현하는 것의 문제성을 여실히 보여 준다고 할 수 있다. 또 이러한 문학적 표현에 '오리엔탈리즘'을 겹쳐 놓는 것도 가능할지 모른다. 그러나 이 장에서 주목하고자 하는 것은 이러한 자기/타자라는 구도가 아니다. 문제는 이케다가 '소재로서' 묘사한다고 지적

---

3) 池田浩士, 『「海外進出文学」論・序説』, インパクト出版会, 1997, p. 89.
4) 위의 책, p. 87.

했던 것에 포함되는 또 다른 가능성이다.

이케다가 당시의 문학 표현에서 발견한 것은 타자에 대한 제멋대로의 묘사에 국한되지 않는다. 거기에는 동시에 건설이나 생산이라는 거대한 테마의 등장과 이러한 테마가 나타내는 일반적인 목적에 문학 표현이 종속되어 간 새로운 전개가 존재한다. 이케다의 표현을 빌리자면 소재로 묘사되는 것에서 암시되는 것은 객체로서의 피식민자에 그치지 않고 생산이나 건설이라는 목적하에 기계부품(=소재)으로 자리 매김되는 인간의 모습이며, 생산이나 건설이 인간을 대신하여 유일하게 문학의 주인공으로 등장하기 시작한 사태였다. 굳이 말하자면 교차하는 시선을 소거해 간 것은 타자에 대한 식민자의 오만이라기보다 이러한 소재의 등장이다. 문학에서 이러한 소재가 등장한 것은 모든 인간이 생산의 소재가 된다는 사태를 암시한다.

생산을 표현하는 이러한 문학을 이케다는 발터 벤야민이 말했던 '생산 관계 자체의 문서화'라고 언급한다. 1934년 4월에 파리의 '파시즘 연구소'에서 벤야민이 발표했던 내용은 「생산자로서의 작가」라는 제목의 유고(遺稿)로 남겨져 있다. 이 유고에서 벤야민은 문학이라는 행위가 생산관계 내부에서 수행된다는 사실을 다음과 같이 지적하고 있다.

어떤 작품이 시대의 생산관계에 대해 어떤 입장에 서 있는가──그 생산관계를 승인하고 있는가, 즉 반동(反動)인가, 아니면 또 그 변혁을 바라고 있는가, 즉 혁명적인가──라는 물음 대신에 또 그렇게 묻기 전에 다른 질문을 던지고 싶다. 즉 어떤 문학이 시대의 생산관계에

대해 어떤 입장에 서 있는가를 묻기 전에 생산관계 속에서 어떻게 되어 있는가를 묻고 싶다.[5]

벤야민의 이러한 지적은 문학 장르의 문제에 국한되지 않는다. 자본주의적 생산관계에 포섭된 그 누구라도 그 관계의 내부에 문서를 남긴다. 이를테면 생산관계의 내부에서 "노동을 말로 표현하는 것"처럼 말이다.[6] 벤야민이 "생산관계의 문서화(文書化)"라고 지칭한 것은 선취되었거나 선취가 지연된 노동력을 둘러싼 상담(商談) 과정에 인간이 포섭되는 사태와 관련된 이러한 내부관측이라고도 할 수 있는 기술(記述)을 의미한다. 이러한 기술에는 "노동을 말로 표현하는 것"이라는 벤야민의 표현처럼 스스로를 노동력으로서 제시하는 경험적 영역과 그 언어화가 상정되어 있다.

이러한 생산관계의 문서화는 서장에서 언급한 바와 같이, 사르트르의 말처럼 '전적 인간'이라고 일괄할 수도 없으며 그렇다고 계약과 강제라는 두 유형으로 분류하여 정리할 수도 없다. 노동력으로서 스스로를 제시하는 행위에 새겨진 경험, 즉 노동력으로서의 경험이 어떤 말로나 어떤 문체로 기술되며, 어떤 대리(代理)를 통해 정치화하고 또 그 정치화하는 정치공간이란 무엇인가 하는 것이 우선 요점이 될 것이다. 그리고 점령과 동시에 시작되는 이러한 자본축적의 확대와 더불어 소재로서의 인간이라는 범주는 사람들을 집어삼키기 시작한다. 그리

---

5) ヴァルター・ベンヤミン, 「生産者としての作家」, 石黒英男 訳, 『ベンヤミン著作集 9』, 晶文社, 1971, pp. 167~8. 강조는 원문.
6) 같은 글, p. 171.

고 점령을 남의 일처럼 먼 일로 여겼던 사람들까지도 휩쓸리게 될 것이다.

사람들을 노동력으로 집어삼키는 이런 운동 속에서 자기나 타자 혹은 출신이나 인종, 민족과 관련한 표현으로 묘사되는 식민주의 세계는 이런 노동력으로서의 경험과 그 문서화로서 다시 기술되어야 한다. 그것은 또 일거에 과잉인구를 떠안고 오사카나 남양군도로 출향(出鄕)해야 했던 오키나와와 관련된 기술이기도 하다. 3장에서 검토한 바와 같이 열대과학이라는 증후학도 이러한 문서화 속에서 등장했다.

2. 유토피아

다음 인용문을 반복해 보자.

> 값싼 임금으로 일하려는 자가 있다면 제주도 사람이든 류큐인이든 전혀 상관없다.(『오사카마이니치 신문』 1928년 9월 23일자)

여기에 다음 발언을 덧붙이자.

> 우리나라에는 젊은 노동력이 부족하여 이대로 간다면 3년이나 5년 후에 큰일이 날 것이다. 이를 보충하기 위해서는 오키나와, 한국, 타이완 등 이웃 나라의 우호 국가들에서 모집하는 방법을 취해야 할 것이다.(『요미우리신문』 1965년 1월 19일자)

첫번째 인용문은 앞서 설명한 대로 오키나와 사람들을 집중적으로 포섭했던 기시와다(岸和田) 방적 사장이 했던 발언이다. 다음의 인용문은 1965년 간사이경영자협회가 오키나와경제노동사정조사단을 오키나와에 파견했을 때 그 조사단의 단장이었던 이사노 마사시(砂野仁) 가와사키(川崎) 중공업 사장의 발언이다. 이 두 발언에는 오키나와는 자본주의 입장에서 보면 무엇보다도 먼저 값싼 노동력의 공급지라는 사실이 매우 직접적으로 표현되어 있다. 소철지옥으로 시작되어 오늘날까지 지속되고 있는 사태란 문화나 출신이 문제되기 이전에 먼저 노동력으로 취급된다는 것이었다. 그러나 1920년대부터 시작되어 1930년대에 본격화되는 오사카를 중심으로 한 본토 노동시장에서의 오키나와 출신자들의 프롤레타리아화는 조금 다른 문맥에서도 이야기되었다.

1930년대에 제창되어 오키나와에 거주하는 사람들이나 오키나와 출신자 사이에서 유통되던 말 중에 생활개선이라는 것이 있다. 여기서 개선의 대상으로 열거된 것들은 오키나와어, 맨발, 돼지변소, 묘, 세골, 이름, 점(占), 유타〔오키나와에서 공수하는 무당을 일컬음〕, 복장, 음주, 모아소비, 자비센(蛇皮線) 반주 노래, 경사스러운 일, 위생문제, 시간 엄수 등 세부적인 일상생활에까지 미치고 있다. 또, 개선의 목적으로 '훌륭한 일본인' 되기를 들고 있다. 생활로 정의된 영역을 일본인으로 국민화하는 것이 생활개선의 목적이었다.[7]

그런데 오키나와어나 '특이' 하다고 여겨졌던 풍속 및 관습은 풍

---

7) 冨山一郎, 『近代日本社会と「沖縄人」』, 日本経済評論社, 1990, pp. 195~250.

속개량 운동을 통해 메이지 후기부터 일관되게 개선 대상이 되어 왔다. 이러한 전개는 황민화의 문제로 지금까지 종종 지적되어 왔으며, 이러한 강제적 동질화를 진척시킨 장치로 교육제도가 중점적으로 논의되어 왔다고 할 수 있다. 그러나 소철지옥을 계기로 확대된 생활개선은 국가장치에 의한 동질화라기보다도, 그 배후에는 근본적으로 노동력으로만 취급되는 프롤레타리아화 문제가 존재한다. 노동력으로서의 경험은 생활개선이라는 이름하에서는 '일본인'이라는 국민적 공동체로 참가하게 된다.

한편 생활개선의 대상은 오키나와 출신자만의 문제는 아니었다. 그것은 사람들이 토지에서 쫓겨나고 생활이 단편화되는 가운데 일상생활을 '시화'(詩化, poeticize)하는 작업이라고 해리 하루투니안(Harry D. Harutoonian)이 기술했던 것이기도 하다.[8] 즉 사람들을 근본적으로 노동력으로만 취급함으로써 애매해져 가는 일상성을 보다 확고한 것으로 재코드화하는 과정에서 회구되는 이상적 생활을 묘사한 것이다. 이러한 생활개선이 나타내는 것은 당시 기술론(技術論)의 주요한 테마였던 노동과정에서의 주체의 문제가 이상적 생활을 둘러싸고 등장하기 시작한 것과도 관련이 있다. 예컨대 오코우치 가즈오(大河內一男)는 『'생활쇄신'의 사회적 의의』에서 '생활의 쇄신'을 "'건전한' 인간 노동력"의 재생산 문제로 다루었다.

---

8) Harry D. Harootunian, Overcome by Modernity –History, Culture, and Community in Interwar Japan, Princeton University Press, 2000, p. 7.

노동자의 소비생활은 단순한 '소비'가 아니라 이른바 '생산적 소비'라고 할 수 있을 것이다. 생각건대 노동자는 소비생활을 영위함으로써 그의 생명과 가족을 유지하겠지만 이것에 의해 끊임없이 그 '건전한' 인간 노동력, 즉 맨파워를 확보·재생산할 수 있다.[9]

여기에서 오코우치가 말하는 '생활쇄신'이란, 생활이라 불리는 영역을 노동과정의 일부로 재정의하는 것이며, 바꿔 말해서 노동력으로서의 경험을 이상적 생활로 언어화하는 작업이다. 소철지옥을 계기로 진행된 오키나와 출신자의 프롤레타리아화도 이러한 생활개선의 틀 속에서 논의되었다. 그것은 분명, 단편화 속에서의 일상성의 재코드화라는 문제일 것이다. 그래서 그 다음으로 물어야 할 것은 이러한 재코드화 속에서 토지에서 쫓겨난 출향자가 자신의 출신을 묻는다는 것이 출향자에게 어떤 행위인가 하는 것이다.

출향자에게 자신의 출신은 생활개선 속에서 재코드화된다고 일단은 말할 수 있다. 그것은 가미시마 지로(神島二郎)가 '제2의 고향'이라고 불렀던 것이기도 하다.[10] 그런데 가미시마의 고찰처럼 근대화의 지연이라고 하기보다는, 하루투니안이 말한 것처럼 자본주의적 생산관계에서의 일상생활의 시화로 이해해야 한다. 그러나 지금 주목하고 싶은 것은 이러한 출향자의 출신을 둘러싼 가미시마의 다음과 같은 지적이다.

---

9) 大河内一男,「戰時社会政策論」(1940),『大河内一男著作集 第4卷』, 青林書院新社, 1969, p. 217. 이 글에 대해서는 3장 각주 39를 참고할 것.
10) 神島二郎,『近代日本の精神構造』, 岩波書店, 1961.

경쟁에서 진 사람은 지금 말한 것처럼 과거를 말하지 않게 된다. 성공한 사람은 어떤가? 성공한 사람은 틀림없이 과거를 말한다. 그것도 요설로 말이다. 성공한 사람은 대부분 전기(傳記)를 만드는데, 그 사람은 본래 훌륭한 사람이어서 좋은 일만 해서 성공하고 또 출세한 사람이 된다. 그러나 아무리 생각해 봐도 그들이 좋은 일만 해서 출세하고 성공했다고는 생각되지 않는다. 왜냐하면 그들의 성공을 이면에서 보고 그 비밀을 밝힌 사람들이 과거를 말하지 않은 채 사라져 없어졌다는 사실, 바로 거기에 문제가 있다고 생각되기 때문이다.[11]

이 문장을 여기에서 인용하기 위해서는 많은 주석이 필요할 것이다. 요컨대 여기에서는 가미시마가 상정하고 있는 것과 같은 객관적 성공 패턴 또는 그 반대의 실패 패턴을 설정하지 않는다. 또한 노동시장에 포섭되어 간 사람들을 두 종류로 분류하여 고찰하려는 것도 아니다. 그럼에도 불구하고 가미시마가 일컫는 말할 수 없는 과거, 즉 말할 수 없는 출신이라는 지적은 매우 중요하다. 출신이라는 영역에는 희구되는 이상적인 생활로는 다 수렴되지 않는 무언가가 침전되어 가는 것이다. 또, 가미시마의 성공이라는 말에 그 성공이 일본인이 되는 것으로 언어화되었던 사람들을 설정하자. 거기에서 일본인이 되는 것으로 언어화되지 않는 출신은 희구되어야 할 이상적인 생활로는 다 수렴되지 않는 영역을 형성한다. 그리고 그 출신은 '성공한 사람'의 입장에서 보면 이상적인 생활에서 낙오된 자들일 것이다.

---

11) 神島二郎, 『政治を見る眼』, 日本放送出版会, 1975, p. 41.

"현명한 사람의 눈으로 보면, 오키나와인은 빚투성이의 빈농으로, 저임금 노동력으로, '매춘부'로, 서비스업자로, 토지를 잃고 떠도는 유민으로, 일체의 자기해방의 전망이나 살아갈 전망과 자부심을 잃고, 권리와 단결을 잃고, 빚과 눈물에 뒤덮여 살다가 그렇게 죽을 수밖에 없을 것이다."[12] 오키나와 출신자들이 스스로를 노동력으로 제시하면 할수록 그 출신은 말할 수 없는 과거로 침전되어 갔을 것이다. 바꿔 말하면 노동력으로서의 경험은 국민화로 언어화되는 동시에 그 언어화의 임계 영역에서 말할 수 없는 과거, 말할 수 없는 출신을 퇴적시켜 간다.

그리고 그 퇴적의 장소에는 방어태세를 취하는(sur la défensive) 시칸지마의 술집 주인이 있다. 노동력으로 스스로를 제시해 가는 경험이 국민화로 문서화되는 그 기술에서 말할 수 없는 과거, 말할 수 없는 출신, 그리고 그 방어태세를 취하는 자를 발견해 내어야 한다. 그리고 과거와 출신, 방어태세를 취하는 자가 감지해 가는 세계를 예감과 함께 그려 내야 한다. 다음에서 검토할 사람들은 모두 이러한 새로운 문서화를 시도한 사람들뿐이다.

2장에서 예로 들었던 야마노구치 바쿠의 시 「회화」를 다시 한 번 상기하자. 왜냐하면 이 '회화'는 문자 그대로 고향을 떠나 본토 사회로 들어가 노동력으로 포섭되어 간 사람에게 그 출신을 묻는 형태를 띠기 때문이다. 민예협회 회원에게 입을 열지 않았던 시칸지마의 술집 주인처럼 말이다, "고향은?"이라는 질문에 대한 '나'의 입도 무겁다. 그러

---

12) 沖縄青年同盟 編, 『沖縄解放への道』, ニライ社, 1972, p. 90.

나 그는 마지막에 자신의 출신을 '아열대'라고 선언하고, "눈앞에 보이는 아열대가 보이지 않는단 말인가!"라고 반문한다.

'아열대'라는 선언은 노동력으로서 자신을 제시하는 과정에서 말이 되지 못한 채 퇴적되어 간 출신이 일시에 말을 획득한 순간이다. 그것은 또 새로운 문서화로의 비약이며 거기에는 노동력으로서의 경험이 국민화와는 다른 미래로 표현된다. 소철지옥 속에서 이하가 '개성'에 대해 말하는 것을 중지하고, 로자가 국민국가를 유토피아로 단정한 이후에 '아열대'는 선언되었다. 이 장에서 고찰해야 할 것은 방어태세를 취한 술집 주인이 선언한 다른 미래이며, 유토피아이며, 그것을 꿈꾼 자들이 무엇을 감지했는가 하는 문제이다.

기억해야 할 것은 '아열대'에 대해 그의 출신을 묻던 사람이 '아넷타이'라는 감탄의 소리를 낸 것이다. '아열대'의 바다, 그리고 '아넷타이'의 바다. 전자에 후자가 겹쳐 있다. 또 되풀이하지만 이 선언이 남성적 울림을 지닌다는 사실에 유의해야 한다. 그리고 무엇보다도 중요한 것은 유토피아로서의 '아열대'는 다른 방향에서도 문서화되었다는 사실이다. 『중앙공론』(1941년 10월호)에 게재된 이시카와 다쓰조(石川達三)의 남양군도에의 여행을 소재로 한 작품 「항해일지」에는 "군도(群島)의 노동력은 모두 오키나와예요"라는 대사가 등장한다.[13] 생산관계의 새로운 문서화는 '군도의 노동력'과 함께, 즉 선언된 미래에의 꿈은 새로운 점령과 지속적으로 확대되는 자본축적과 더불어 검토되어야 한다.

---

13) 石川達三, 「航海日誌」, 1941, 『石川達三作品集 23』, 新潮社, 1973, p. 407.

3장에서 검토했듯이 '군도의 노동력'을 둘러싼 새로운 증후학의 전개는 점령지 주민을 고유문화나 향토사회, 혹은 인종 분류로 표현하는 것이 이미 불가능한 사태와 연동되어 있었다. 또한 거기에는 거꾸로 하수도의 증설과 더불어 무절제하게 팽창해 간 '일본인'과 '히노마루의 깃발'이 등장했다. 국민화의 임계에서 표명되었던 '아열대'는 이러한 증후학에 의해 빛이 바랬다.

국민화의 임계를 언어화한 '아열대'는 팽창해 간 '히노마루의 깃발'을 유인하는 것은 아닐까. 그리고 출향자의 꿈은 우메사오가 꿈꾸던 제국의 꿈에 빼앗겨 버리는 것은 아닐까?

2_류큐의 바다/대동아의 바다

1. 되살아나는 고류큐

바다라는 말은 국민국가의 틀로 분류되지 못하는 자연적 속성을 표현하는 것 같다. 예컨대 문명사에서 국민국가를 대신하는 '세계단위'라는 카테고리를 정의할 때, 이 바다라는 자연적 속성이 종종 사용되고 있다.[14] 그런데 천광싱(陳光興)은 '구로시오'(黑潮)라는 말에서 자본주의 운동의 냄새를 맡았다. 천광싱은 1994년 타이완 잡지 『중국시보 인간복간』(中国時報 人間復刊)에서 기획한 「남방 구로시오로부터 ── 남향(南向) 특집」에서 '타이완은 원래부터 구로시오 문화권의 일원'이라는 표현을 타이완 자본의 동남아시아 진출과 관련짓고, 이러한 자본의 전개를 명백한 것으로 표상해 가는 '구로시오'를 '자연화한 지식/권력'으로 간주한다.[15] 바꿔 말하면 바다라는 자연적 속성이 만들어 내

---

14) 예컨대 川勝平太, 『文明の海洋史観』, 中央公論社, 1997; 高谷好一, 『新世界秩序を求めて』, 中央公論社, 1993 등.

는 그 어디에도 속하지 않는 영역이란 자본의 축적운동이며, 국경을 넘는 배에 탄 사람들은 바로 노동력이다. 3장에서 언급했던 태평양협회가 발행하는 잡지 『태평양』에는 이렇게 기록하고 있다.

그러나 태평양 선주민족의 하나인 일본 민족은 앞으로 도래할 태평양 문명에 중대한 역할을 담당해야 할 운명이다. 그리고 태평양이 일본민족의 바다여야 함은 3천 년 이래 우리의 숙명이다.[16]

1994년의 『중국시보 인간복간』과 놀랄 만큼 일치하는 이러한 표현은 당시 활발히 유통되었다. 또 태평양협회를 중심으로 '태평양제민족', '문화원류', '태평양에서의 일본 민족의 원류' 등을 테마로 하는 조사연구가 수행되었다. 우선 문제 삼고 싶은 아사토 노부(安里延)의 『오키나와해양발전사』도 이러한 경향을 배경으로 집필되었다.

1941년 3월, 당시 오키나와현 사범학교 교사였던 아사토 노부는 『오키나와해양발전사 ― 일본남방발전사』를 간행했다. 초판 500부는 하와이 오키나와 현인회가 전부 사들였고, 1942년에는 보급판이 출판되었는데 그때의 제목은 주제와 부제가 뒤바뀌어 『일본남방발전사 ― 오키나와해양발전사』로 변경되었다. 이러한 변경은 이 책의 수용 방식을 반영하고 있는 것으로 보인다. 오키나와의 바다는 일본의 바다라는

---

15) 陳光興, 「帝国之眼: 「次」帝国与国族―国家的文化想像」, 『台湾社会研究 季刊』第17期, 1994年 7月, 坂元ひろ子 訳 「帝国の眼差し―「準」帝国とネイションーステイトの文化的想像」, 『思想』859号, 1996年 1月, p. 175.
16) 『太平洋』, 1942年 6月号.

당초의 주장은 일본의 바다 안에 오키나와의 바다가 있다고 바뀌어져 있다. 그것은 마치 이하가 도리이의 증후학을 반복했던 것을 뒤집어 놓은 것과 동일하다.

이 책에서는 '대양을 휩쓴' '해양민족으로서' 동남아시아의 교역을 담당한 무로마치(室町)시대(중세), 시마즈(島津)의 지배로 '해양발전도 점차 쇠퇴'한 근세, 그리고 류큐가 오키나와현이 됨으로 인해 "오키나와인은 해방되어 무로마치 시대의 황금시대를 다시금 재현시키고 전통적 해양발전의 웅대한 계획을 실현하는 계기"를 맞이했다고 언급하는데, 이는 근세를 중세로의 회귀로 자리매김하려는 역사 인식이라고 할 수 있다.[17] 그리고 이러한 역사 인식을 바탕으로 다음과 같은 현상 인식을 드러내고 있다.

> 네덜란드령 인도차이나(蘭印)·프랑스령 인도차이나(佛印) 등의 남해 제국을 포함한 동아(東亞) 신질서의 건설을 향해 가려고 하는 약진 일본의 동향은 오키나와인의 남해 발전의 기운을 더욱더 촉진하여 남진국책(南進国策)의 제일선에 세우려고 한다.[18]

'오키나와인'의 '남해발전'의 역사적 필연성과 일본의 남진을 중첩시키고 있는 이 주장에서는 다음의 두 가지가 지적되어야 한다. 우선 하나는 류큐의 역사를 발견함으로써 상정되고 있는 이러한 일본의

---

17) 安里延,『沖縄海洋発展史―日本南方発展史』, 三省堂, 1941, pp. 4~5.
18) 같은 책, p. 5.

모습은 '네덜란드령 인도차이나·프랑스령 인도차이나 등 남해 제국'으로의 진출을 필연시하는 제국으로서의 자화상이라는 점이다. 여기에는 진출하는 일본(=자아)과 진출당하는 아시아(=타자)라는 자아/타자 관계가 부상한다.

그러나 아사토의 주장을 단지 자아/타자의 이분법 안에서만 이해한다면 그의 글이 지니고 있는 역사적 콘텍스트를 놓치게 된다. 감히 말하자면, 이러한 정리는 아무리 비판 의식을 바탕으로 하고 있다고 해도 그의 글의 주장과 부제가 뒤바뀌었다는 사실을 무조건적으로 승인하는 셈이 된다. 중요한 것은 무엇보다도 자신을 '오키나와인'으로 간주하는 사람들이 아사토의 글을 읽었다는 사실이며, 또 아사토 자신이 그러한 사람들 가운데 하나였다는 사실이다. 따라서 다음으로 지적해야 할 것은 일본제국으로의 편입을 강력하게 원했고, 스스로를 일본제국 속의 '일본인'으로 주체화하고자 했던 행위 속에서 이 글이 탄생했고, 읽혀졌다는 점이다. 거기에다 이러한 주체화해 가는 행위 속에서 희망했던 '일본인'은 지금까지 '해양발전'을 해온 '오키나와인'이라는 역사 주체를 포함하며 일종의 다원성을 지닌다. 예컨대 그것은 아사토가 종종 사용하는 '남도일본인'이라는 표현에서도 엿볼 수 있다.

결과적으로 아사토는 대동아의 바다 내부에서 류큐의 바다를 발견함으로써 '오키나와인'의 역사를 그리는 동시에 '일본인'을 다시 그려 낸 것이다. 그의 글에서 주제와 부제가 겹쳐져 있는 것은 이러한 사실을 잘 보여 준다. 아사토는 또 "아시아인의 아시아 건설을 위한 오늘의 사태는 오백 년 전 선조의 사업을 부활시키기 위한 성스러운 과업"

이라고 서술하고 있는데,[19] 이처럼 중세로 회귀하려는 움직임은 '오키나와인'의 역사를 되찾으려는 과정이면서 동시에 '남도일본인'의 '선조'를 새롭게 획득하려는 행위이기도 했다.

한편, 아사토 노부의 『오키나와해양발전사』를 읽고 바로 떠오르는 것은 중세로의 회귀와 제국에 대한 희구 속에서 '오키나와인'의 역사를 발견하고 제국을 재정의한 이 책의 구성이 이보다 30년 앞서 출판된 이하 후유의 『고류큐』와 흡사하다는 사실이다. 따라서 아사토는 이하 후유가 이름 붙였던 '개성'이라는 말을 다시 소생시켰다고 말할 수 있을 것이다. 물론 자료나 구체성의 면에서는 아사토가 훨씬 심층적이고 '남해발전'에 거는 비중의 차이 등은 있지만, 아사토의 기본적인 역사인식이 이하가 일찍이 표명했던 것을 답습한 것이라는 점은 분명하다.

그러나 그것은 단순히 텍스트의 내용과 관련된 동일성은 아니며, 또한 이하가 이름 붙였던 '개성'이 반복되고 있다는 문제만은 아니다. 양자 사이에는 유의해야 할 세 가지 논점이 있다. 먼저 이하는 1920년대에는 '개성'이라 부르기를 멈추었으며, 따라서 이하가 '개성'을 멈추어 갔던 역사성과 더불어 아사토가 주장한 '개성'을 검토해야 할 것이다. 즉 이하가 희구했던 '개성'이라는 주체화를 불가능하게 만든 상황이 무엇이었는가 하는 점이다. 이러한 물음은 양자 사이에 존재하는 30년이라는 시간의 문제이기도 하고, 바꿔 말하면 아사토의 텍스트를 단순한 시대 구분과는 다른 역사성 위에서 검토해야 할 문제이기도 하

---

19) 安里延, 『沖縄海洋発展史―日本南方発展史』, pp. 5~6.

다. 다시 이하와 연결시켜 말하자면, 그것은 침묵 후에 이하가 새롭게 전개했던 '남도'라는 텍스트의 문제이기도 하다.

두번째로 아사토가 '오키나와인의 남해발전'이라고 말할 때 거기에서는 '고류큐'의 부활뿐만 아니라 앞서 말한 바와 같은 '군도의 노동력은 모두 오키나와'라는 사태가 이미 전개되고 있다는 점이다. 그리고 이 두 가지의 논점은 소철지옥을 계기로 한 노동력의 실질적 포섭이라는 문제와 중첩된다. 아사토에 의한 이하의 '고류큐'의 부활이라는 문제는 오키나와의 과잉인구가 자신을 노동력으로 제시해 가는 과정 안에서 검토되어야 한다.

그리고 마지막으로 아사토의 기술에 보이는 '고류큐'의 부활은 앞으로 검토하겠지만 아사토의 문제만은 아니다. 특히 그것은 대동아공영권과 서로 맞물리면서 유통되었다. 그러나 이하는 그러한 움직임과 지속적으로 거리를 두었다.[20] 이하에 의해 닫혔던 텍스트는 그 후 다양하게 유용되었지만, 이하 자신이 그것을 다시 여는 일은 없었다. 일찍이 자신이 주장했던 것이 30년이 지난 시점에서 소생했을 때, 저자는 자신의 글과 거리를 두려고 했다. 이 거리는 지금까지 전쟁이라는 "상황이 진전되는 것에 대한 암묵적 거부"[21]가 아니다. '개성'을 멈추는 일이 단순한 비참함이 아닌 것처럼 이 거리의 설정도 곧바로 시국에 대한 저항으로 치부해서는 안 된다. 덧붙이자면 "역사에 짓눌려

---

20) 물론 여기서 말하는 거리라는 것이 문제가 될 것이다. 그 거리라는 표현은 개연성을 동반하는데, 가노 마사나오의 지적처럼 시국에 대한 언급이 없는 점이라든가 표현이 급격히 줄어든 점 등에서 거리를 두었다고 말할 수 있을 것이다. 鹿野政直, 『沖縄の淵—伊波普猷とその時代』, 岩波書店, 1993, pp. 281~2.

21) 같은 책, p. 281.

있다"고 말한 이하가 소철지옥 이후 전개된 노동력으로서의 경험에 어떤 역사성도 발견하지 못했을 리가 없다. 이하는 여기에서 새로운 역사를 발견한다. 그것도 대동아공영권에 매우 가까운 장소에서 말이다.

2. 노동력의 바다

소철지옥으로 야기된 이러한 경험으로 인해 이하 후유는 '남도인' 이외의 새로운 표현을 찾아야 했다. 1928년부터 1929년에 걸쳐 캘리포니아와 하와이를 여행한 이하는 「하와이 이야기」(『범죄과학』 별권 제2권 8호, 1931년 게재되었으나 발간 금지 처분됨), 「하와이 산업사의 이면」(『범죄공론』 2권 1호, 1931)을 남겼다. 하와이에는 적지 않은 오키나와 출신자가 살고 있었으나, 이 두 글에서 이하가 오키나와 출신자를 직접 언급한 부분은 거의 없으며, 이하는 단지 농업노동에 종사하는 일본계 이민을 '노동자', '노동력'으로 논하고 있다. 예컨대, 「하와이 산업사의 이면」에서 이하는 일본계 이민이 '임금노예'로 착취당하고 있음을 지적하고 있으나, 이러한 이하의 기술은 '개성'으로 '류큐인'을 주체화하고자 했던 『고류큐』에서의 주장과는 명백하게 다른 새로운 표현이었으나 일단은 여기에서 맑스주의의 영향을 읽어 낼 수 있다.[22] 그러나 이러한 이하의 기술은 이른바 유물사관과의 사상사적 연관성이 아니라, 소철지옥을 계기로 진전하는 노동력으로서의 경험과 그 문서화로 이해해야 한다. 따라서 '개성'을 정지시키고 '임금노예'

---

22) 比屋根照夫, 『近代日本と伊波普猷』, 三一書房, 1981, p. 140.

라는 말을 등장시킨 이하는 남양군도로 노동력을 포섭하는 가운데 '고류큐'를 부활시킨 아사토와, 생산관계의 문서화라는 점에서는 결정적으로 문제의식을 공유하고 있다. 이런 점에서 「하와이 산업사의 이면」의 마지막 문장은 매우 중요해진다.

> 위에서 서술한 것처럼 해외에 무산시민을 송출하는 일을 '해외발전'이라고 하는 것이 온당치 않음을 알 수 있을 것이다. 하와이에서의 반세기 동안의 경험은 이미 이런 종류의 이민이 영원한 임금노예라는 사실을 증명했다. …… 생각건대, 이런 종류의 이민 송출 방식은 '해외 토출(吐出)'이라고도 할 만한 것으로 인구조절책 그 이상의 어떤 것도 아니다. 진정한 '해외발전'이란 곧 일정한 자본과 함께 이민을 송출하는 것이어야 한다.[23]

자본진출을 추구한 이하는 자본에 포섭되는 노동력에 "진정한 '해외발전'"이라는 꿈을 겹쳐 놓았다. 이러한 꿈은 '개성'도 아니고, 단순히 '유물사관'의 영향이라고 결론 낼 일도 아니다. 여기에는 명백히 소철지옥을 계기로 확대되고 침투된 노동력으로서의 경험이 존재한다. 이하는 '개성'을 정지시키면서 이러한 경험에 "진정한 '해외발전'"이라는 꿈을 겹쳐 놓았다. 그러나 이러한 꿈은 이 두 논문에서만 펼쳐졌다. 이하의 기술은 마치 다른 말인 것처럼 3장에서 서술한 '남도인'에 수렴된다.

---

23) 伊波普猷, 「布哇産業史の裏面」, 『犯罪公論』, 2巻 1号, 1931, 『全集 11』, p. 370.

분명 노동력을 다룬 이 두 논문은 '남도인'을 테마로 한 다른 글들과는 다를지 모른다. 그러나 '개성'과는 다른 불안정한 기표로서의 '남도인'과 '임금노예'라는 말은 똑같이 소철지옥 이후의 노동력으로서의 경험의 문서화로 이해되어야 할 것이다.

그런데 노동력으로서의 경험과 관련하여 오키나와의 미래를 논한 것은 이하만이 아니었다. 당시의 척무성〔拓務省, 식민지 및 이민 관계 사무를 관장한 구 일본 내각의 부서〕촉탁이었던 나가오카 도모타로(永丘智太郞)도 그 중 한 사람이었다. 나하(那覇)에서 태어난 나가오카는 상하이의 동아동문서원(東亞同文書院)을 중퇴한 후 제1차 공산당 중앙위원과 잡지 『개조』의 기자직 등을 역임했으며 1937년 7월에는 고노에(近衛) 내각하의 척무성 촉탁직에 있었다. 그 사이 1928년에는 자신이 경영하고 있던 '세계사'(世界社)에서 캘리포니아·하와이 여행을 위해 이하가 준비한 소책자 『오키나와여 어디로』를 간행한다. 또 전쟁 직후에는 이하 후유를 회장으로 한 오키나와인동맹의 주요 멤버로 참가했다.

나가오카가 오키나와인동맹에서 주장한 내용에 대해서는 마지막에 언급하기로 하고, 지금 주목하고 싶은 것은 맑스주의의 세례를 받고 가타야마 센(片山潛)과도 교류한 적이 있었던 나가오카가 척무성 촉탁의 위치에서 쓴 이른바 남방에서의 식민문제와 노동문제에 대한 몇 편의 글이다. 예컨대, 나가오카는 자신이 쓴 『필리핀에서의 정책 변천』(1941)이라는 책의 부록으로 재수록된 「남방에서의 일본민족의 진로」에서 다음과 같이 말하고 있다.

특히 일본인은 자본과 기술, 노동력을 겸비하고 있는 민족이므로 이들 태평양지역의 개발자로는 안성맞춤이다. 일본인이야말로 이 지역의 개발자로 가장 적합할 것이다.[24]

이러한 '자본', '기술', '노동력'에서 태평양의 '개발자'를 찾고자 한 나가오카는 자본수출에서 진정한 '해외발전'을 찾고자 했던 이하의 주장과 중첩될 것이다. 그리고 나가오카는 이러한 '해외발전'에 오키나와의 미래를 그야말로 투기(投企)하려고 했다. 나가오카는 『월간문화오키나와』(1권 3호, 1940)에 수록된 「오키나와현인의 식민지적 성격」에서 다음과 같이 말하고 있다.

남지나 및 남양 발전은 오키나와현인을 우선적으로 충당해야 한다. 이를 위해서는 오키나와현 및 남양군도에서의 노동인구자원의 함양도 고려해야 할 문제이다.[25]

이러한 나가오카의 주장에는 '대동아'의 바다 내부에서 류큐의 바다를 봄으로써 '오키나와인'의 역사를 묘사하고 '오백 년 전 선조의 사업을 부활'하고자 했던 아사토와는 달리 역사의 복권을 주장하는 측면은 찾아볼 수 없다. 나가오카에게 '오키나와현인'은 어디까지나 '노동인구자원'이며, 오키나와는 '남방발전의 인적자원지'[26]이다. 바꿔

---

24) 永丘智太郞, 『比律賓に於ける政策の変遷』, 日本拓殖協会, 1941, pp. 69~70.
25) 永丘智太郞, 「沖縄県人の植民地的性格」, 『月刊文化沖縄』 1巻 3号, 1940, p. 8.
26) 같은 글, p. 8.

말해서 그것은 소철지옥을 계기로 침투한 노동력으로서의 경험에서 나가오카가 간취해 낸 꿈이다.

남쪽 바다를 향해 뻗어나간 아사토 노부의 꿈과 나가오카 도모타로의 꿈. 그것은 또 이하가 『고류큐』에서 묘사했던 '개성'이라는 꿈이기도 하며, 소철지옥 후의 노동력으로서의 경험에서 엿보았던 꿈이기도 했다. 그러나 이하의 경우 이 두 가지가 공존하는 것은 아니다. 따라서 그 다음에 질문해야 할 것은 이러한 노동력이라는 것에 투기된 나가오카의 꿈을 전제하면서 역사의 복권을 주장하는 아사토의 꿈이란 도대체 무엇인가 하는 점이다.

오키나와에서는 1941년 8월에 오키나와문화동맹이 결성되어 이른바 익찬문화운동이 시작되었다. 이 시기에 발간된 '눈부신 문화운동의 종합잡지'로 1940년 발간된 당시 '유일한 월간잡지'였던 『월간 문화오키나와』는 앞서 말한 나가오카의 글이 실렸던 잡지이기도 하다. 익찬문화운동의 일익을 담당한 이 잡지에는 오키나와라는 출신을 둘러싼 두 가지의 주장이 뒤얽혀 있다. 하나는 오키나와 방언논쟁에서 전형적으로 드러나는 생활개선의 주장이다. 이 생활개선은 익찬문화운동은 물론 오키나와에서 있었던 국민정신총동원운동에서도 운동의 주축이었다. 반복해서 말하지만 생활개선운동을 축으로 한 오키나와적 징후는 개선 대상으로 감시된 것이다.

그러나 다른 한편으로는 오키나와라는 자신의 출신을 중세의 '류큐인'에서 찾으려고 하는 시도로 전개되었다. "우리는 해양민족이다. 우리야말로 세계 7대양을 제압해야 할 민족이다. 그리고 그것은 지역적 운명이자 역사가 요구하는 사명이기도 하다."[27] 노동력으로서의 경험 속에서 압살된 출신이라는 영역은 제국 속의 '해양민족'이라는 주체로 되살아나려고 한다. 여기에 아사토 노부의 『오키나와해양발전사』가 등장하게 된다. 이하의 침묵 뒤에 등장한 아사토의 유토피아는 대동아의 바다임과 동시에 잃어버린 출신을 희구하는 출향자의 미래이며, 바로 그렇기 때문에 '아열대'이자 '아넷타이'인 것이다. '아열대'라는 선언은 노동력으로 자신을 제시해 가는 가운데 말로 표현되지 못한 채 퇴적해 간 출신이 말을 획득한 순간이었다. 그것은 또 새로운 문서화에의 비약이며 그 안에는 노동력으로서의 경험이 국민화와는 다른 미래로 명확히 표현된다. 그러나 그 미래는 '세계 7대양을 제압해야 할 민족'의 미래로 등장한다. 아사토가 담당한 것은 이 지점이다. 출향자는 노동력으로서의 경험 속에서 국민을 희구하지만, 그곳에서 설 자리를 찾지 못한 출신은 국민을 뛰어넘어 바다로 흘러가 제국의 꿈으로 다시 등장하는 것이다. 새로운 문서화의 기점으로서의 '아열대'는 동시에 '아넷타이'라는 제국의 꿈과 중첩되어 버린다.

이렇게 해서 "일하는 자라면 누구든 좋다"라는 노동력으로서의 경험은 국민과 제국을 동시에 생산하게 된다. 그러나 이러한 국민과 제국의 중첩은 이하가 일찍이 '개성'을 둘러싸고 전개한 소분류와 대분류 같은 분류상의 중첩은 아니다. 자본축적의 확대라는 사태 속에서 어느 쪽이든 노동력으로서의 경험이 문서화되어 가는 운동에서의 이를테면 스톱모션이다. 하수도는 어느 순간에는 국민화로서 언어화되

---

27) 『月刊文化沖縄』(2巻 5号, 1941)에 게재된 무라타 다쓰지(村田達二) 감독의 시나리오 「海洋民族」의 마지막 부분이다.

며 그것은 동시에 제국으로의 팽창이기도 하다. 그 팽창은 새롭게 점령된 영토에 흘러들어 가지만 거기에서도 역시 수렴되지 못한다. 따라서 아사토의 꿈과 나가오카의 꿈은 탈영토화와 재영토화의 운동과 관련되는 문서화의 일익을 각각 담당하고 있다고도 할 수 있을 것이다.

그러나 국민화의 임계를 경험한 자는 과연 제국에 회수될 수 있을까? 언어화되지 않는 경험을 감지하는 자가 바로 옆에 낭비되어만 가는 노동력이 끊임없이 존재하고 있는 것과 상관없이 우메사오의 밝은 미래를 믿는 것은 가능할까? 계속해서 방어태세를 취했던 시칸지마의 술집 주인은 유토피아로 날아오르는 것일까? 노동력으로서의 경험을 문서화하는 것은 곧 그 문서화를 담당하는 기술자가 실은 모든 문서에서 방치되는 침묵하는 누군가를 끊임없이 감지한다는 증거가 아닐까? 그리고 그 기술자는 방치되어 침묵하는 자들에 대한 보다 강도 높은 증후학에 매진하지는 않을까?

이하가 '대동아' 속에서 자신의 '고류큐'가 되살아나기 시작한 것에 거리를 두며 '남도인'이라는 불안정한 시니피앙을 고집한 사실을 상기해 두자. "개성을 표현할 수 있는 자신의 언어를 갖고 있지 않다"라고 말하면서 '개성'의 역사를 닫았던 이하에게서는 소철지옥을 마주한 나르시시즘적 절망이 아니라, 그것을 계기로 흐르기 시작한 하수도에 스스로를 침잠시키면서 거기에서 방어태세를 취했던 자를 예감하는 것과 함께 기술하는 공작자로서의 전환이 발견되어야 할 것이다.

3_자치

아사토 노부는 1944년 7월에 지방시학관 및 오키나와현 교학과장직을 맡았으며, 전후에는 미군정하에서 민간 정부의 문교부 시학과장을 역임한다. 한편 나가오카 도모타로는 척무성 촉탁으로 각 지역 조사를 담당했으며, 오키나와에서 규슈로 소개(疏開)하여 다른 곳으로 옮겨가는 소개민들을 조사하다가 전쟁 직후에는 이하 후유를 회장으로 도쿄에서 결성된 오키나와인연맹의 중심 멤버가 되었다.[28] 그리고 이 오키나와인연맹의 기관지인 『자유 오키나와』에 속속 논고를 발표하였다.[29]

　이러한 논고에서 나가오카는 미국 치하에서는 오키나와인의 의지가 틀림없이 존중될 것이라는 전망을 바탕으로 신탁통치를 주장하고,

---

28) 오키나와인 연맹에 관해서는 冨山一郞, 『近代日本社會と「沖繩人」』의 제4장과 神崎盛熹, 「沖繩人連盟」(『新沖繩文學』 53号, 1982)을 참조.
29) 永丘智太郞, 「沖繩の帰属問題」, 『自由沖繩』 2号, 1946年 1月 2日;「民主戦戰と沖繩人」, 『自由沖繩』 3号, 1946年 1月 25日;「米軍政下の沖繩」, 『自由沖繩』 号外, 1946年 2月 10日;「沖繩人連盟の性格に就いて」, 『自由沖繩』 6号, 1946年 5月 5日;「帰還者に望む」, 『自由沖繩』 10号, 1946年 11月 15日;「沖繩の政治的動向」, 『自由沖繩』 10号, 1946年 11月 15日.

이러한 통치하에서의 오키나와의 자치와 독립을 주장했다. 가령 『자유 오키나와』(10호, 1946년 11월 15일)의 「오키나와의 정치적 동향」에서 나가오카는 다음과 같이 말한다.

> 오늘날의 오키나와인은 미군정하에 놓이게 되었으니, 내일의 신탁통 치에서는 지금보다 더 수준 높은 자치를 획득할 것을 당면 목표로 삼 아야 한다.

주지하는 바와 같이 1945년부터 1950년대 초에 걸쳐 오키나와 귀 속을 둘러싼 논의가 전개되었다. 특히 오키나와 군도 의회선거에 맞춰 귀속 논의가 활성화되었다. 예컨대 사대당(社大黨), 인민당(人民黨)은 복귀를 주장했으며 오키나와민주동맹은 독립을, 또 오기미 조토쿠(大 宜味朝德) 등이 결성한 사회당은 신탁통치를 주장했다.

일단 자치나 독립에 대해서는 이러한 정치 조감도를 그릴 수 있을 것이다. 또 이러한 귀속론을 둘러싼 복귀 혹은 독립이라는 말은 당시 일본 공산당에서의 오키나와, 아마미를 둘러싼 논쟁 및 공작과 함께 검토되어야 한다. 오키나와인연맹이나 인민당에 관해서는 특히 그럴 것이다. 또한, 1950년 초에 스탈린의 이른바 코민포름 비판이 오키나 와를 둘러싼 민족이나 독립이라는 표현에 깊은 그림자를 드리우고 있 다는 사실은 두말할 나위도 없을 것이다. 게다가 일찍이 위임통치를 이어받은 국제연맹의 신탁통치에 대한 국제정치학적인 검토도 필요할 것이다. 결국은 실현되지 않았던 이 통치형태가 왜 부상했고, 또 왜 실 현되지 않는가 하는 것은 당시 미국의 점령 정책을 생각할 때 매우 중요하며, 여기에서는 잠재주권이라는 기묘한 논리가 문제시될 것이다. 그리고 이러한 다양한 역학이 냉전이라 불리는 국제관계를 만들었다. 또 이러한 구도를 전제로 하는 한 당시의 독립론이나 신탁통치론은 대부분의 경우 반공 이데올로기로 정리된다.

그러나 지금 여기에서 이 시기의 나가오카의 주장을 검토하는 것은 당시 정치사나 공산주의운동사 속에서 나가오카나 신탁통치론을 자리매김하고 싶어서가 아니라,[30] 노동력으로서의 경험에 오키나와의 미래를 가탁하고자 했던 사람들이나 혹은 '대동아'의 바다에 다가가면서 류큐의 바다를 소생시키려 했던 사람들에게 전후의 시작이란 무엇이었는가 하는 문제를 고찰하고 싶었기 때문이다. 예컨대, 1947년에 결성되어 미국에 의한 신탁통치를 주장하는 사회당, 혹은 1958년 류큐 독립을 주장하며 결성된 류큐국민당의 중심인물인 오기미 조토쿠는 일찍이 남양군도로의 이민을 추진하고 이러한 출향자에게서 오키나와의 미래를 보려고 했던 인물이기도 했다.[31] 전후 오키나와 정치사 속에서는 오기미는 분명 반공주의자이다. 그러나 당시 자치나 독립을 둘러싼 그의 논의에는 소철지옥을 계기로 시작된 노동력으로서의 경험이 유입되어 있다. 이러한 경험이 어떤 말로 문서화되고, 대리(代理)되고, 정치화하는가 하는 문제는 여전히 계속되고 있는 것이다. 또 여기에는 미군 점령과 관련된 지역연구라는 증후학이 등장할 것이다.

---

30) 나가오카는 1951년에는 신탁통치가 아닌 일본 복귀를 주장한다. 이러한 이른바 '귀속문제'를 둘러싸고 신탁통치론에서 복귀론으로 전환하는 문제는 나가오카를 포함해 앞으로 검토되어야 할 것이다.

31) 오기미 조토쿠에 대해서는 島袋邦, 「琉球国民党」, 『新沖縄文学』 53号, 1982, pp. 55~7 참조.

오키나와인동맹의 기관지 『자유 오키나와』에서 신탁통치 주장을 편 나가오카는 같은 시기 1946년에 『오키나와민족독본』을 간행했다. 부제는 '오키나와 민족성의 형성과정'으로 되어 있고, 영문 제목은 '오키나와인의 민족적 특성'(RACIAL CHARACTERS OF OKINA-WAN)이라고 표기되어 있다.

이 책은 「서」(序), 서론 「오키나와 민족형성의 풍토적 기반」, 본론 「오키나와 민족성의 형성과정」, 부록 「일본으로부터의 이탈과 오키나와의 장래」로 나뉘어 있다. 「서」에는 이런 기술이 있다.

중년에 접어들면서부터 내 머릿속에 품어 온 또 하나의 염원은 민족문제 연구이다. 인도 독립, 지나 혁명, 조선 및 필리핀의 독립문제, 소련의 동양민족 정책 등은 내가 무엇보다도 정열을 바친 연구 테마였다. / 내가 이 테마에 마음이 끌리는 것도 결국은 내가 류큐에서 태어나 약소민족의 슬픔을 뼈저리게 느꼈기 때문이다. 나는 류큐를 사랑하기에 편협한 친일주의자는 될 수 없었다.[32]

척무성 촉탁으로서 활동한 나가오카는 '민족문제'를 연구한다. 그리고 그가 촉탁으로서 수행한 필리핀을 비롯한 조사연구의 배후에는 분명 전후의 자치 및 독립론이 존재한다. 또 이하 후유가 처음부터 갖고 있던 오키나와를 민족해방이라는 세계성 속에서 사고하는 입장이 나가오카에게도 계승되었으며, 그것이 보다 구체적으로 정면에서

---

32) 永丘智太郞, 『沖繩民族読本』, 自由沖繩社, 1946, p. 2.

논의되고 있다고 말할 수 있다.

　이러한 '민족문제'로서의 오키나와 민족을 둘러싼 나가오카의 논의에서 주목해야 할 것은 그것이 이하의 다양한 논의를 종합한 내용이라는 점이다. 물론 나가오카의 경우 이하의 논의를 한층 더 넓은 식견으로 보강하고 있지만 내용적으로는 이하의 주장을 재현한 것이라고 할 수 있다. 예컨대 이하의 『류큐인종론』을 인용하면서 나가오카는 '류큐인'과 '일본인'이 동조(同祖)라고 하면서도, "일본과 류큐 사이에 인종적·언어학적으로 동조 관계가 있다 하더라도 오키나와 민족과 야마토 민족이 반드시 동일하다고는 할 수 없다"고 주장한다.[33] 그리고 이러한 민족 차이가 생겨난 것은 시마즈에 침략당하기 이전으로, 이 시대에 "민족 고유의 길을 걷게" 되어 "해양민족의 특성이 발휘" 되었다고 말한다. 그것은 아사토가 『오키나와 해양발전사』에서 주장한 것이기도 하며, 또 『고류큐』에서 이하가 언급했던 '개성'이기도 할 것이다. '고류큐'와 '개성'은 '오키나와 민족성의 형성'으로서 나가오카에 의해 되살아난 것이다. 그러나 다른 한편으로 나가오카는 일본 점령 이후의 전개를 이렇게 개관한다.

---

33) 같은 책, p. 30. 이 글에서 나가오카는 인종과 민족의 개념을 나누어 사용하고 있는 듯하다. 또 나가오카는 인종적으로 "오키나와인은 일본인에 비해 피부가 확실히 검은(갈색) 대신, 열대에 거주하기에는 [일본인]보다 적합하다. 이것은 결코 인종 간의 상이(相異)를 의미하는 것이 아니라, 검은 편이 생존하는 데 유리하기 때문에 자연적으로 도태된 결과다"(p. 17)라고 기술하고 흑인과 오키나와인을 구별하는 한편, 흑인에 대해서는 지능지수로 유명한 알프레드 비네(Alfred Binet)를 언급하면서 이렇게 말한다. "흑인을 아무리 교육한다고 해도 독창력이나 발명력, 변통의 재주, 통솔력 등은 백인에 미치지 못한다"(p. 21). 즉 오키나와인은 이러한 흑인과는 다른 인종이며 일본인과 동일하다. 다른 한편으로 나가오카는 미국의 흑인에 대한 차별을 비판한다. 이러한 나가오카의 흑인관은 신탁통치론과 함께 검토되어야 할 것이다.

오키나와인이 일본인과 같은 인종이고 더구나 오키나와어가 일본어와 가장 가까운 친연관계에 있는 이상, 자본주의 시대가 되고 나서 오키나와인이 쉽게 일본 민족에의 동화과정에 들어선 것은 당연하다. 즉, 오키나와인의 민족성이 일본민족국가의 요청에 따라 질적 변화를 이루어 가는 사태가 눈앞에 전개되고 있다. / 저 1920년대까지는 간사이 지방의 공장 등에서 '오키나와인과 조선인 출입금지'라는 표지판을 볼 수 있었지만 지금에 와서는 그러한 차별이 없어졌다는 것은 같은 지역의 오키나와인이 일본인으로 동화되었음을 의미하며, 1930년대까지도 남양군도에서 일본인이 '오키나와인은 일본의 카나카다'라고 하거나 다바오에서는 '오키나와인은 일본의 바고보'라고 일컬어졌던 것은 그곳에서는 오키나와인의 민족적 색채가 여전히 짙었다는 사실을 말해 주고 있다.[34]

이 역사관에는 분명 소철지옥 이후 노동력으로서의 경험이 존재한다. 자본축적이 확대됨에 따라 동반되는 노동력으로서의 경험을 나가오카는 민족성이 소멸되어 가는 사태로 생각한 것이다. 그것은 또 '대동아' 속에서 나가오카가 '남방발전의 인적 자원지'로 오키나와를 자리매김하고 '노동인구자원의 함양'을 주장했던 것과도 겹쳐질 것이다. 일하는 자라면 누구든 상관없는 것이며, 그러한 사태에서 차별의 해소와 동화를 보는 나가오카는 우메사오 다다오가 말했던 '히노마루

---

34) 永丘智太郎, 『沖縄民族読本』, p. 95. '바고보'란 필리핀 민다나오 섬 다바오 근교에 사는 민족집단의 명칭.

의 깃발 아래' 바로 그 옆에 있다고 할 수 있다.

이처럼 한편에서는 과거의 역사에서 '개성'을 소생시키고 다른 한편에서는 자본주의의 전개에서 그 소멸을 찾아내는 나가오카의 주장은 분명 모순된다고 할 수 있다. 그리고 이 모순에 관해서는 후자의 사태 진전에서 전자의 '개성'을 정지시켰던 이하를 언급하지 않을 수 없을 것이다. 더욱이 이러한 나가오카의 주장에 대해서는 역사가 잉태한 향토사회와 노동력으로서의 신체를 예정조화적으로 정의한 히라노 요시타로의 협동체론을 상기해야 할 것이다. 그러나 지금 문제되는 것은 나가오카의 민족론이 지니고 있는 모순을 폭로하는 게 아니다. 이러한 모순을 잉태하면서 나가오카가 오키나와의 미래를 미국 통치에 위임했다는 것이 논점이다. 나가오카는 "미국인의 유색인종에 대한 인종편견은 집요한 데가 있다"는 것을 인정하면서[35], "오키나와인을 일본인과 구별하고 독자적 민족성을 인식해 가는 미국의 방책"에 승부를 걸고 있다.[36]

이 '미국의 방책'으로 논의를 옮기기 전에, 다음의 사실을 확인해야 한다. 즉 노동력으로서의 경험을 오키나와의 미래로 문서화하려고 했던 나가오카에게는 대동아나 신탁통치나 모두 자본주의라는 일관성 속에서 전개된 일련의 사태였다는 사실이다. 이러한 일련의 사태 속에서 자치나 독립을 주장하는 자는 출향자의 언어화되지 않는 출신을 출향자의 꿈으로 그려 낸다. 그리고 그런 이상 이하 자신이 아무리 정지

---

35) 같은 책, p. 121.
36) 같은 책, p. 115.

시켰다고 해도 '개성'은 꿈으로 몇 번이고 되살아나게 된다.

그 꿈은 끊임없이 제국을 불러들일 것이다. 그러나 출향자의 출신이 노동력으로서의 경험이 언어화되지 않고 침전하는 장소인 이상, 출향자의 꿈은 제국 내부의 '개성'에 의해서는 결코 실현되지 않는다. 나가오카의 민족론의 모순은 이러한 실현되지 않는 상태를 나타내며, 거꾸로 말하면 나가오카는 출향자의 꿈과 '개성'을 무리하게 통일시킴으로써 제국 안에서 살아남으려고 한다. 그것은 논리적 모순이 아니라 노동력으로서밖에 살아남을 수 없는 자가 꿈꾸는 실현되지 않는 꿈이라고 말해야 할 것이다. 그리고 그 출향자의 꿈을 다시 기술하려고 한다면, 그것을 제국 안의 꿈으로서만 이야기할 것이 아니라 거기에서 역시 방어태세를 취하고 있는 자들을 발견해야 할 것이다.

중요한 것은 많은 출향자가 매혹되어 갔던 제국의 꿈을 판타지라고 비판하는 것도 아니며 거기에서 국민국가와 제국이 중첩되어 있음을 논증하는 것도 아니다. 이미 이하의 '개성'은 '대동아'의 바다임과 동시에 노동력으로서의 경험 속에서 잃어버린 출신을 회구하는 출향자의 미래이며, 이러한 미래는 모든 제국의 꿈에서 탈환되어야 하고, 또 노동력으로 채 수렴되지 못한 채 방어태세를 취하는 자들에게서는 또 다른 가능성이 발견되어야 하는 것이다.

그래서 나가오카는 미국 점령에 기대를 걸었다. 나가오카는 같은 책에서 미국 통치하 오키나와의 가까운 미래를 다음과 같이 그린다.

즉 오키나와 본도(本島)에는 약 6만 명의 미군이 주둔하고 있었으나, 점차 소집 해제가 개시되어 항구적으로는 1만 수천 명 정도를 남겨

둔다고 한다. 만약 이 숫자가 맞는다면 그 군인 가족을 포함해서 약 2만 명의 미국인이 상주하게 될 것이므로 오키나와에도 자동차가 범람하고 재즈가 유행하며, 주둔군을 겨냥한 토산품이며 공예품——전통을 자랑하는 칠기, 도기, 빙가타〔류큐 전통의 직물 염색〕 등이 부흥하게 될 것이고, 그리하여 도내에서 소비되는 달러는 상당한 액수를 차지하게 될 것이다.[37]

'달러'의 액수만이 문제이다. '전통'이나 주둔하는 군사적 폭력은 모두 '달러' 액수의 문제이다. 그리고 문화나 폭력이 '달러'로 계산되는 이러한 나가오카의 가까운 미래는 곧 작금에 이르는 현실이자 지금 우리들의 세계 바로 그것이다. 이러한 '우리들'의 현실과 함께 '미국의 방책'은 검토되어야 한다. 노동력으로 살아가기 위해 묘사된 출향자의 꿈은 이 세계에서 탈환되어야 한다.

37) 永丘智太郎, 『沖縄民族読本』, p. 119.

신청하는 자

1_법과 폭력

의식의 고향이든 실재 고향이든 오늘날 이 나라의 기민(棄民)정책이란 각인이 찍힌 채 잠재적으로 파편화되지 않은 도시나 농어촌이 있을까? 이러한 부정적인 인식을 갖고 바다를 건너 심정(心情)의 출향을 해야만 했던 사람들에게 고향이란 이미 출분(出奔)한 애달픈 미래다. / 지방을 떠나가는 자와 남으면서도 출향해야 하는 자 사이의 거리에 가깝게 다가설 수 있다면, 우리는 고향을 다시 매개로 해서 민중의 심정과 함께 아련한 추상세계인 미래를 공유할 수 있을 것 같기도 하다.—이시무레 미치코[1]

1. 지역 연구

미국의 점령 상태에서 '개성'을 주장한다는 것은 어떠한 것이었을까? 일본에 의한 점령 폭력을 끊임없이 감지하면서 이하 후유는 '개성'을

---

1) 石牟礼道子, 『苦海浄土』, 講談社, 1972, pp. 302~3.

강조했다. 그리고 나가오카 도모타로는 미군 점령 속에서 다시금 '개성'을 주장한다. 나가오카에게 '개성'이란 한편으로 노동력으로서의 경험을 언어화한 것이며, 이런 의미에서 미군 점령하에 주장된 오키나와의 민족성과 대동아공영권의 '노동인구자원의 함양'으로서의 오키나와가 일련의 흐름에 있다는 사실은 4장에서도 지적한 대로다. 이 장에서는 이러한 일련의 흐름을 전제로 하면서 나가오카가 미군 점령하에서 '개성'을 주장한 점을 검토한다.

4장에서도 지적한 바와 같이 이 경우의 '개성'은 살아남는 자들이 볼 수 없는, 결코 충족되지 않는 출향자의 꿈이며, 이러한 꿈으로서의 '개성'은 대동아보다는 소철지옥 이후에 시작되었다고 할 수 있다. 그러나 이러한 일련의 흐름을 염두에 두면서도, 왜 미군 점령과 '개성'이 중첩되는가 하는 문제 역시 검토되어야 한다. 또한 이러한 검토를 바탕으로 소철지옥 이후 무엇이 시작되었는지를 다시 소급해서 논의해야 한다.

미군 점령에 대한 이러한 검토에서의 요점은 '개성'을 강조하는 자가 무엇을 감지했는가 하는 데에 있다. 이하가 슈리 성 제압 후에 시작된 점령을 감지하면서 '개성'을 강조했다면, 미군 점령에서 강조된 '개성'은 어떤 폭력을 감지했을까? 결론부터 말하면 이때 감지된 폭력은 결코 미군 점령만으로 개시된 것은 아니다. 이 점은 후술하도록 하겠다.

그런데 미군 점령하에서 이하의 '개성'을 되살린 것은 나가오카만이 아니다. '개성'을 소생시키는 데는 오키나와전쟁 이전부터 준비되고 점령과 동시에 전개된 미국연구자들의 지역연구와 그것과 관련되어 전개된 전후의 일본의 민족학, 인류학, 민속학의 오키나와연구라는 두 가지의 증후학의 등장이 있다.

아시아태평양전쟁이 한창이던 때에 미 육군성은 오키나와전쟁에 즈음해 오키나와 점령을 위한 『민사 핸드북』(Civil Affairs Handbook)을 작성하도록 인류학자 머독(G. Murdock), 화이팅(J. Whiting), 포드(C. Ford)에게 의뢰했다. 이 핸드북의 작성에는 그들이 예일 대학에서 작성하던 중이었던 통문화 파일(Cross-Cultural File)이 사용되었으며, 이 파일을 바탕으로 핸드북 항목들을 정했다. 이 통문화 파일은 전세계의 문화들을 정의하고 비교하기 위해 작성된 지역연구 정보 정리 파일인 HRAF(Human Relations Area Files)로 발전한다.[2] 이러한 통문화 파일과 그 구체적 성과인 『민사 핸드북』은 바로 나가오카가 말하는 "오키나와인을 일본인과 구별하여 독자적인 민족성을 인식하기 시작한 미국의 방책"과 결부되어 있다.

머독은 1943년 봄 화이팅과 포드 등과 함께 미군의 점령계획 작성 프로젝트에 참여한다. 그때 머독이 첫 조사지로 생각한 지역은 일본 통치하에 있었던 이른바 남양군도였다. 머독 등의 이런 지역연구는 문자 그대로 오키나와에 국한하지 않고 태평양 제도(諸島), 특히 미크로네시아에 대한 점령통치 속에 전개되었다. 바꿔 말해 미군의 점령계획과 통치계획을 작성하는 가운데 지역연구의 틀이 마련된 것이다.[3]

---

2) マレツキー(Thomas W. Maretzki), 「第2次大戰後の米国人類学者による琉球研究」, 高橋統一, 宮良高弘 訳, 『民族学研究』 27巻 1号, 1962, p. 97.
3) Ira Bashkow, "The Dynamics of Rapport In a Colonial Situation", George W. Stocking, Jr.(ed.), Colonial Situation, The University of Wisconsin Press, 1991, p. 179.

미군의 미크로네시아 점령 후, 1946년 1월에 머독은 합중국조사평의회(the National Research Council)를 조직하고, 1948년에는 하버드 대학의 동물학자 쿨리지와 함께 이 평의회 안에 태평양학술부회(Pacific Science Board)를 발족시켰다. 이 태평양학술부회야말로 남양군도와 오키나와 조사연구를 실질적으로 조직해 가는 기관이었다. 발족하자마자 해군성은 10만 달러의 조사비를 태평양부회에 제공하여 남양군도에 관한 조사를 의뢰했다. 이 의뢰를 받아 미크로네시아에서는 CIMA(Coordinated Investigation of Micronesian Anthropology)가 조직되었다.[4]

태평양학술부회의 오키나와 연구는 미크로네시아보다 조금 늦은 1951년에 시작되었다. 같은 해 육군성의 요청을 받은 태평양학술부회는 미국에 의한 점령지역의 구제와 부흥을 위한 기금인 이른바 가리오아기금(GARIOA: Government and Relief in Occupied Areas Fund)으로 SIRI(Scientific Investigation of the Ryukyu Islands)를 발족시켰다.[5] 이 SIRI에 잇따라 연구 프로젝트가 만들어지고 이른바 SIRI보고가 발표되었다.[6]

커(George H. Kerr)의 『류큐의 역사』(1956)도 원래 이 SIRI보고로 정리된 것이다.[7] 이 보고는 머독과 쿨리지의 제언을 받아 당시 류큐열도 민정장관이었던 루이스의 제안으로 커가 작성한 것이다. 그 목적은 주민을 군 노동에 고용하는 데 있어 역사적 시점이 필요하다는 점

---

4) Ibid., pp. 180~5.
5) George H. Kerr, Okinawa, The History of an Island People, Charles Tuttle & Co., 1958, p. xiii.

이 서술되어 있다.[8]

이러한 조사연구가 전개되는 가운데 태평양학술부회가 조직한 연구 역시 차츰 확대되었다. 또한 동서센터(East-West Center)의 협력을 얻어 하와이 대학에 류큐연구센터(Ryukyus Studies Center)가 설립되었다. 스스로도 구니가미(国頭)촌에서의 통문화연구에서 퍼스널리티 연구를 하고 있던 마레츠키의 말을 빌리면, 이렇게 해서 "류큐는 천연의 실험실"이 되었다.[9]

그런데 커가 보고서를 작성하는 데 있어 이하 후유와 함께 오키나와를 연구하고, 전후 오키나와인연맹에서 활동하여 긴조 조에이(金城朝永) 등과 함께 오키나와문화협회를 설립한 히가 슌초 등이 자료 수집을 담당하고 있었는데, 이 자료는 1960년에 류큐 대학에서 『류큐문헌목록』으로 간행되었다.[10] 이것은 긴조와 히가의 전후에 있어서의

6) SIRI보고에는 다음과 같은 것들이 있다. William W. Burd, Karimata—A Village in the Southern Ryukyu Islands, 1952; Clarence J. Glacken, Studies of Okinawan Village Life, 1953; Douglas G. Haring, The Island of Amami Oshima in The Northern Ryukyus, 1952; George H. Kerr, Ryukyu Kingdom and Province Before 1945, 1953; Forrest R. Pitts, William P. Levra, and Wayne Suttles, Post-War Okinawa, 1955; Allan H. Smith, Anthropological Investigations in Yaeyama, 1952; James L. Tighner, The Okinawans in Latin America, 1954; Robert R. Trotter, Survey of Ocular Disease in Okinawa, 1954.

7) George H. Kerr, Ryukyu Kingdom and Province Before 1945, SIRI, 1953. 이 보고서는 『류큐의 역사』(琉球列島米国民政府, 1956)라는 제목으로 일본에서 번역되었다. 그리고 이 보고서를 가필하여 Okinawa, The History of an Island People이라는 제목으로 출판했다.

8) George H. Kerr, Okinawa, The History of an Island People, About the author.

9) マレツキー, 「第2次世界大戦後の米国人類学者による琉球研究」, p. 99.

10) 琉球大学, 『琉球文献目録』, 1962, p. xv; 比嘉春潮, 『沖縄の歳月』, 中央公論社, 1969, p. 225.

오키나와연구와 지역연구의 중층성을 암시한다.

전쟁 직후의 일본에서 민족학과 민속학의 오키나와 연구의 방향을 알기 위해 지금까지도 때때로 다루어 온 『민족학연구』의 「오키나와 연구 특집」을 살펴보고자 한다.[11] 당시 일본민족학협회 이사였던 이시다 에이이치로(石田英一郎)는 이 특집의 「권두사」에서 기존의 오키나와 연구에 대해 야나기다 구니오(柳田国男), 오리구치 시노부(折口信夫) 등의 민속학자를 든 후에 다음과 같이 지적하고 있다.

그렇지만 양자의 동조동계(同祖同系)를 너무 강조한 나머지 오키나와인 자신의 고유한 습속을 전체적으로 파악하거나 비(非)일본인적인 요소들을 규명하는 데 대해 여전히 누락된 점이나 그릇된 해석이 남아 있는 것은 아닐까?[12]

그리고 이 "비일본인적인 요소들"을 고찰하기 위해 이시다는 "세계에서의 오키나와의 위치"를 규정해야 한다고 한다. 이 "세계에서의 오키나와의 위치"란 이 특집의 바로 전에 나온 『민족학연구』에서의 이시다가 쓴 논문 「달과 불사(不死) ─ 오키나와 연구의 세계적 연관성을 중심으로」와도 관련되어 있다. 이 논문에서 이시다는 오키나와 연구의 방법론에 대해 언급하면서 "섬나라 근성"을 버리고 "광범위하게 비교

---

11) 1950년의 특집을 검토한 것으로 다음 글들을 참조. 若林千代, 「沖縄学と民俗学および民族学」, 『沖縄関係学研究会論集』 創刊号, 1995 ; 原知章, 「伝承の正典化」, 『民族学研究』 62巻 2号, 1997 ; 野口武徳, 「沖縄を舞台とした民俗学と民族学」, 『社会人類学年報』 第2巻, 1976.
12) 石田英一郎, 「沖縄研究の成果と問題」, 『民族学研究』 15巻 2号, 1950.

연구"를 해야 한다고 주장한다.[13] 더욱 주목해야 할 점은, 이 「오키나와 연구 특집」을 실질적으로 기획했던 히가 순초 등과 함께 오키나와 문화협회를 설립한 언어학자이자 민속학자인 긴조 조에이가 「편집후기」에서 이시다의 주장과 중복되게 서술한 다음과 같은 부분이다.

> 오키나와 문화를 일본 문화 내의 변종이라 여기고 주로 그 안에서 일본 문화와 유사한 점만을 끄집어내 비교하는 기존의 태도에서 벗어나, 우선 류큐 문화라는 것을 하나의 독립된 단위로 다루어 이른바 야마토 문화의 종속적 지위에서 해방시키면서 그것에 포함되어 있는 여러 모습을 다시금 정밀하게 분석함으로써 우리나라뿐만 아니라 널리 먼 이웃 주변 나라들과의 비교도 시도해 볼 것.[14]

이시다의 '비일본인적인 요소'가 긴조에게서는 한걸음 더 나아가 '하나의 독립된 단위'로서의 '류큐 문화'로 재설정되어 있다. 그리고 그 '독립된 단위'로서의 '류큐 문화'는 긴조의 경우도 이시다와 마찬가지로 비교 연구에 의해 정의되고 있다. 여기에 이하 후유의 '개성'이 새롭게 되살아날 것이다. 이하야말로 '하나의 독립된 단위'로서의 '류큐 문화'를 연구한 '최초의 공헌자'이기 때문이다. 이하가 도리이의 아날로지 방법을 반복하면서 도출한 일본인과 '일치하지 않은 점'으로서의 '류큐민족'의 '개성'은 전후의 오키나와 연구에서는 '하나의

---

13) 石田英一郎, 「月と不死―沖縄研究の世界的連関性によせて」, 『民族学研究』 15巻 1号, 1950.
14) 金城朝永, 「編集後記」, 『民族学研究』 15巻 2号, 1950, p. 148.

독립된 단위'가 되었다. 더욱이 거기에는 '독자적인 민족성을 인식'하는 '미국의 방책'과 머독의 통문화 파일이 가로놓여 있을 것이다. 또한 이 긴조의 문장에는 지금까지 오키나와 문화를 '변종'으로 다루어 온 것에 대한 비판이 함의되어 있다. 바꿔 말해서 그것은 지금까지 '변종'으로 여겨졌던 고유한 문화에 대한 생각이 토로된 것이다. 여기에 미국의 지역연구와 고유한 문화에 대한 생각이 서로 공명한다.

이하는 '개성'을 설정하기 위해 '대국민'이라는 장(場)을 희구했다. 전후 그것은 '독립된 단위'로서의 오키나와 문화로 '세계' 속에 자리매김 되어 지역연구의 대상으로 파일화되었다. 1961년 8월, 호놀룰루에서 열린 제10차 태평양학술회의(Pacific Science Conference)에서 처음으로 일본과 미국의 오키나와 연구자가 한 곳에 모였다. 일본 민족학회는 이러한 움직임에 호응하는 형태로 1962년 5월에 제1차 '오키나와 심포지엄'을 개최했다.

2. 미국이라는 제국

그런데 전후 미국의 아시아지역에의 전개에서 특징적인 것은 막대한 자금원조와 그 자금운영에 관한 다양한 법적 제도이다. 예컨대 그것은 마셜 플랜으로 대표되는 대외원조를 의미하는데, 아시아에서는 가리오아기금, 혹은 에로아(EROA : Economic Recovery in Occupied Areas)에 특징적으로 나타나는 구원, 부흥, 개발과 관련된 아시아지역들에의 개입이다. 또한 이러한 개입은 미합중국군의 거대한 군사적 네트워크 건설과도 대응하고 있으며, 나아가 그것은 개입해 가는 지역들에 대한 계속적인 감시나 그 지역에 관한 정보, 지식의 집적으로서도 전개되었다. 말할 것도 없이 이 지역들에 관한 정보와 지식의 집적을 담당한 것이 바로 지금 말한 지역연구이다. 재분배와 관련된 법적 제도, 군사적 네트워크, 지역에 관한 지식의 집적이라는 세 가지 측면이 서로 얽히면서 전후 미국의 아시아지역으로 확대되어 간다.

그것은 또한 앞서 언급한 긴조 조에이의 고유한 오키나와 문화에 대한 생각에서도 알 수 있는 바와 같이, 지금까지 승인되지 않았던 자화상의 주장과도 겹친다. 따라서 지역연구는 고유한 문화를 담은 통문화 파일을 그릇으로 하면서 오키나와학과 결부되어 간다. 그리고 이러한 결합은 '온건한 민족주의'[15]를 자신의 수중에 넣으려고 하는 미국의 점령통치이기도 하다. 1950년 1월, 오키나와민정부는 파란색, 흰색, 붉은색으로 상하 삼등분되어 왼쪽 위에 별이 빛나는 국기를 만들었다. 시키야 고신(志喜屋孝信) 지사가 선언했지만 채용되지 않았던 이 깃발은 그럼에도 불구하고 미국이라는 새로운 제국의 상징이기도 했다. 오키나와는 단순히 지역연구의 '천연의 실험실'이었던 것은 아니다. 구원, 부흥, 개발에 관한 재분배의 법적 제도, 군사적 네트워크, 지역에 관련된 지식의 집적이라는 세 가지 측면이 얽히는 상황이 마치 새로운 제국의 실험장처럼 전개되었던 장소이다. 군사력은 아메바처럼 확대되면서 시냅스(synapse)를 형성하고, 그 점령지에는 고유한 문화와 새로운 법을 준비한다.

---

15) Michael Schaller, The American Occupation of Japan: The Origins of the Cold War in Asia, Oxford University Press, 1985, 五味俊樹監 訳, 立川京一・原口幸司・山崎由紀 訳, 『アジアにおける冷戦の起源』, 木鐸社, 1996, p. 332.

물론 이러한 미국에 의해 전개된 점령은 이른바 국제관계론에서 말하는 냉전구조 속에서 이해되어야 할 것이다. 하지만 여기서 유의할 것은 이러한 미국의 전개가 지금까지의 식민지배라든가 총력전과 같은 전면전쟁을 낳는 것이 아니라는 점이다. 지금 언급한 것에서 상상할 수 있듯이 미국의 구원, 부흥, 개발은 대부분의 경우 탈식민화의 움직임과도 연동되어 있고, 따라서 거기에서는 국가주권을 박탈하거나 부정하는 것을 되도록 피하면서 식민주의에서의 해방이 강조된다. 거꾸로 말하면 독립에 수반되는 주권의 주장이 곧바로 제국을 부정하는 것으로 이어지지는 않는다. 미국이 오키나와에서 인정한 잠재주권은 이러한 문맥에서도 검토되어야 할 것이다.

또한 각 지역에서 전개된 미군기지는 소련과의 전쟁 준비라기보다 언제든지 공격할 수 있다는 것을 해당 지역들에 대해 끊임없이 보여 주는 기관으로 존재하며, 거기에서는 실제적인 군사행동보다 항상적인 감시 시스템과 국가 테러가 기축이 된다. 그 결과, 미군은 세계적으로 군사 네트워크를 구축한 '세계의 경찰'로 발돋움해 갔으며, 각 지역의 미군기지는 그 네트워크 시냅스, 즉 축적된 정보와 물리적 군사력을 아메바처럼 운영하는 결절점(結節点)으로서 선전포고도 종결선언도 존재하지 않는 항상적인 점령 상태를 유지해 간다. 그것은 국경선을 확장하여 영토를 획득해 간 국가와는 확실히 다른 모습을 보여 준다.

표면적으로는 식민주의와의 절단을 표방하고 원조, 부흥, 개발과 같은 법과 항상적 점령을 축으로 전개해 간 이러한 제국을 어떻게 문제화하면 좋을까? 여기서 이 제국을 프랭클린 루스벨트의 뉴딜 정책

연장선에서 고찰한 마이클 하트(Michel Hardt)와 안토니오 네그리(Antonio Negri)의 지적은 매우 중요하다.[16] 왜냐하면 그것은 미국을 제국과 관련된 문제의 중심에 놓으면서 냉전이라는 개념을 국제관계론에서 해방시켜, 제국과 관련한 문제를 자본주의의 위기와 위기 속의 국가라는 논점으로 재설정했기 때문이다.

그 요점은 뉴딜이 단지 경제적 불황에 대응한 국내 경제정책이 아니라 1917년 10월 혁명에 의한 소비에트 수립에 구현된 혁명에 대한 예감과 그 회피라는 데 있다. 즉 1920년대 자본주의의 위기, 다시 말해 혁명에 대한 예감 속에서 등장하기 시작한 위기관리 정책은 바로 전후를 도맡아 관리하는 새로운 제국 형성의 출발점이다. 냉전은 기본적으로 전후 두 국가 간의 적대적 대립이 아니라 혁명의 예감을 둘러싼 위기관리 문제로 설정해야 한다. 또한 뉴딜이라는 위기 속에서의 국가의 변모를 미리 국내와 국외로 구분해서 논의해서는 안 된다. 지리적으로 구분된 국경선을 넘어 국내법과 제국의 법이 중복되어 가는 법의 새로운 전개야말로 문제로 삼아야 한다. 당연한 것이지만, 이러한 문제는 뉴딜만이 아니다.

1945년 10월, 접수를 위해 미쓰이(三井) 재단을 찾은 미국 외교관

---

16) Michel Hardt and Antonio Negri, Empire, Harvard University Press, 2000, pp. 176~9, 242~4. 이 역작에 대해서는 이 책의 새로움을 승인하는 동시에 기존의 제국주의론과 어떻게 조율해 갈 것인지의 문제가 과제로 남아 있다. 여기서 특히 자유시장 혹은 자유무역이라는 용어가 논점이 될 것이다. 이에 대해서는 長原豊, 「交通する帝国—多数性」(『現代思想』 29巻 8号, 2001)을 참조. 또한 제국을 말로 표현할 때 필요로 하는 문체에 대한 배려는 이 책에서는 결여되어 있다. 이 결여는 이 책에서 말하는 제국이 세계체제론과 마찬가지로 유일무이한 단일한 설명원리로 남용될 위험성이기도 하다.

에머슨에게 미쓰이의 간부는 벽에 걸린 대동아공영권의 지도를 웃으면서 가리키며 이렇게 말했다고 한다.

저것입니다, 우리가 이루려고 한 것은. 이로써 당신들이 무엇을 해야 할지 알게 되겠지요.[17]

이 에피소드가 보여 주는 것은 미합중국에서 볼 수 있는 새로운 제국의 동시대성, 바꿔 말하면 뉴딜이 자본주의의 위기 문제인 한 그 것을 미국 역사로 국한할 수 없다는 점이다. 또한 자본주의의 위기라는 문맥에서 일본제국과 미국이라는 새로운 제국의 중첩은 오키나와에서의 전후라는 시간을 어떻게 상정하는가 하는 점에서도 매우 중요하다. 이때 전후는 뉴딜과 일본 사회정책의 동시대성에서도 논의되어야만 한다.

그런데 뉴딜, 원조, 부흥, 개발과 같은 시장을 매개로 하지 않는 재화의 투하로 특징지을 수 있는 이러한 법을 구제의 법이라고 한다면, 이 구제의 법은 사회민주주의, 수정자본주의, 복지국가, 코포라티즘(협동조합주의), 개발주의 등 다양한 얼굴을 가지면서 무엇이 되었든 간에 널리 사회에 침투하여 사회를 구성해 갔다고 할 수 있다. 현재까지 계속 중인 이 구제의 법이란 도대체 무엇인가. 이 법의 등장은 어떠한 정치를 초래했는가. 그리고 이 법의 대상이 된다는 것은 어떠한 사태인가.

---

17) シャーラー, 『アジアにおける冷戦の起源』, p. 46.

3. 구제의 법

법적인 구제를 받는다는 것은 어떠한 사태일까.[18] 구제의 법이 어느 집단을 대상으로 하는 한 그 집단을 가리키는 이름이 존재한다. 법적인 구제 대상으로서 명명한다는 것, 혹은 거꾸로 대상이 아니라고 명명한다는 것. 또한 명명된 자들이 구제 신청에 즈음해서 스스로를 법의 대상이라고 내세우는 것, 혹은 그렇게 내세우는 것을 거부하는 것. 이러한 법과 관련된 이름의 명명 내지 내세우는 것을 어떠한 사태로 받아들이면 좋을까. 또한 법적 구제의 대상을 나타내는 이름을 가령 내세우지 않아도 된다고 하더라도 이러한 문제계열과 무관한 장소는 이미 존재하지 않는다.

앞서 언급한 바와 같이, 오키나와에는 미군 점령 때부터 가리오아기금을 비롯해서 다양한 종류의 돈이 쏟아졌다. 그것은 또한 행정권이 일본으로 이행된 후에도 변하지 않았다. 오키나와 개발청이 설정되어 다양한 형태의 진흥개발 사업이 전개되어 왔다. 오키나와는 구제, 부흥, 진흥, 개발이라는 법적 제도의 대상으로서 계속해서 설정되었다고

---

18) 계속 마음에 걸리는 사건이 있다. 1987년이니까 지금부터 15년 전의 일인데, 한겨울 삿포로(札幌)에서 한 여자가 아사했다. 이 사건은 당시 신문, 주간지, TV 등 언론에서 반복해서 다뤄졌으며, 이른바 '모자(母子) 가정'의 복지정책과 관련된 사회문제로 화제가 되었다. 그녀가 왜 아동수당과 아동부양수당을 받지 않았는지에 문제의 초점이 맞춰졌는데, 나중에 밝혀진 바로는 그녀가 신청하지 않았다는 것이다. 그녀는 아사 직전 "구청이 두렵다"라는 마지막 말을 남겼다. 이 사건을 들춰 낸 이유는 이 사례로 복지사무소나 당시의 언론 보도를 문제 삼기 위해서가 아니다. 이 사건과 관련해서 계속 떠오르는 생각은 법적 구제를 받는 문제를, 아사한 그녀가 남긴 "구청이 두렵다"라는 말 속에서 최대한의 상상력을 동원시켜 어떻게 문제화하면 좋을지 하는 문제이다. 関千枝子, 『この国は恐ろしい国』, 農山漁村文化協会, 1988, p. 104.

할 수 있다. 따라서 오키나와를 내세우는 것, 혹은 '개성'을 내세우는 것은 무엇보다 이러한 구제의 법에서의 신청이라는 행위와 관련지어 검토되어야만 한다. 거듭 말하지만 설령 내세우는 것을 행하는 자가 이러한 법과는 무관하다고 표방하더라도 이 구제의 법과 무관한 장소는 일단은 존재하지 않는다. 그리고 이러한 법의 대상이 된다는 일이 동시에 군사적 네트워크의 시냅스로서의 기지를 받아들이는 것으로서 강요되어 왔다. 이러한 기지와 개발의 불가사의한 거래야말로, 거칠게 말하자면 현재에 이르기까지 오키나와의 전후를 일관하게 형성한 법적인 틀의 근간을 이룬다고 할 수 있다. 이 거래를 어떠한 프로세스로 생각할 것인가 하는 것은 현재도 계속되는 오키나와의 역사성을 어떠한 것으로 그려 내는가 하는 것과 관련된 중요한 문제이다.

여기서 기지와 개발을 둘러싼 교섭의 프로세스를 이른바 '사탕과 채찍'처럼 정리해 버리고 싶지는 않다. 왜냐하면 이러한 설명은 이 법 가운데 신청자로서 사는 자의 역사를 단순화하고, 나아가 이 법의 밖으로 비약하는 잠재력을, 채찍에 대한 반항이라는 평범한 구도를 상정함으로써 상실하기 때문이다. 예컨대, 거기에는 다음과 같은 아사토 데쓰지의 발언이 끼어들 여지가 없다.

기지가 이전될지도 모른다는 생각이 들었던 수년 전의 정치과정은 지금도 확실히 우리의 어떤 욕망을 자극하고 있다. 현내(縣內)에서 분출한 기지유치운동은 경제발전을 하고 싶다는 지역의 요구가 만들어 낸 것이지만, 거기에는 일찍이 있었던 기지를 터부시하는 심정 자체를 과거화한다. 우리는 기지를 욕망의 눈으로 보는 현대적 시각을

획득한 것이다. 기지든 무엇이든 일방적으로 제멋대로 강요해서 만들 수 있는 것이 아니다.[19)]

여기서 아사토가 말하는 '수년 전의 정치과정'이란 1995년 9월에 일어난 강간사건 이후의 일련의 움직임인데, 여기서 생각하고 싶은 것은 아사토가 말하는 '기지를 욕망의 눈으로 보는' 시각이다. 그것은 1995년 갑자기 등장한 것은 아닐 것이다.

우선 아사토의 문장에 몇 가지 주석을 덧붙이고자 한다. 욕망을 성립시키고 있는 것은 기지라는 짐을 짊어진 사람들을 구제해야 한다고 인정하고, 그 짐에 상응하는 재화의 투하를 제도적으로 해간다는 구제의 법이다. 그리고 '기지를 욕망의 눈으로 보는' 것이란 이러한 짐의 사정액수를 둘러싸고 기지가 계산 가능한 욕망의 대상이 된다는 것이다. 이때 기지는 기회비용적인 계산 아래 의사 상품으로 다루어진다. 또한 기지의 가치는 시장이 아닌 짐의 사정을 둘러싼 상담(商談)으로 정해진다. 바꿔 말하면, 구제의 법은 원래 시장에서 유통할 수 없는 것들을 의사 상품으로 상담의 장에 설정해 간다.

물론 이러한 상담은 많은 문제를 포함한다. 하지만 여기에서는 이러한 상담의 외부, 다시 말해서 구제, 부흥, 진흥, 개발이라는 구제의 법 외부에 서서 기지에 대한 저항의 근거를 주장하는 것이 아니라 이러한 상담에 참여하거나 참여할 수밖에 없다는 데서 이야기를 시작하고자 한다. 반복해서 말하지만 전후사 가운데 '오키나와문제'라고 불

---

19) 安里哲志,「基地とオキナワ」, 『琉球新報』, 1999年 5月 12日.

리는 영역에서 다양한 발화와 명칭을 고찰하기 위해서는 이러한 발화와 명칭이 무엇보다 먼저 구제의 법 안에서의 발화이자 명칭이라는 점을 비판적으로 문제화할 필요가 있다. 오키나와라고 명명하거나 내세우는 일은 이러한 법 안에서 논의되어야 하며, 거꾸로 이러한 법의 외부를 미리 설정하는 것은 저항이라는 말 자체를 지극히 단순화해 버리는 것임과 동시에 특권화하는 것이 될 것이다.

아사토의 문장으로 되돌아가자. 여기서 알 수 있는 것은 기지를 의사 상품으로 여기고 상담에 바라는 것이, 어쩔 수 없는 운명적인 기지의 존재를 조작 가능한 대상으로 치환하는 것이기도 했다는 사실이다. 바꿔 말하면, 운명을 계산 가능한 경제의 문맥으로 치환함으로써 상담하는 행위자로서 주체화하는 것이다.

30여 년간 기지 안에 오키나와가 있었다. 지금은 다르다. 오키나와 안에 기지가 있다.[20]

아사토의 이 표현은 이러한 주체화를 정확히 말하고 있다고 할 수 있다. 아사토가 '기지 안' 의 '오키나와' 가 아니라 '오키나와 안에 기지가 있다' 고 할 때 '오키나와' 는 법의 외부에 있는 저항자도 아니며 단순한 법적 주체도 아닌, 그야말로 이러한 행위자로 상정되고 있는 것이다.

4장의 마지막에서 논의한 바와 같이, 신탁통치를 주장한 나가오

---

20) 安里哲志, 「基地とオキナワ」, 『琉球新報』, 1999年 5月 12日.

카가 그리는 오키나와의 가까운 미래에는 '달러'로 계산 가능한 세계가 설정되어 있었다. 거기에서는 미국의 주둔은 군사적 폭력으로서가 아니라 '달러'의 액수로 계산된다. 나가오카가 그리는 오키나와의 가까운 미래에는 모든 것이 의사(擬似)적으로 계산 가능해진다는 이 구제의 법의 등장이 이미 예상되고 있다고 할 수 있다. 나가오카는 상담에 자진해서 나서려 하였다. 또한 나중에 다시 검토하겠지만 출향자의 꿈인 '개성'은 지역연구과 이 구제의 법에 의해 문자 그대로 실태로서 지역화됨과 동시에 계산 가능한 법의 대상으로 설정된다. 그렇지만 계산 가능한 법의 대상을 신청하는 자와 혼동해서는 안 된다. 확실히 법의 대상은 신청자이다. 그렇지만 '개성'을 내세우는 자는 단순한 법적 주체가 아니다. 아사토가 '오키나와'라는 말로 표현한 상담에 참가하는 행위자로서 주체화하는 것이야말로 이 장에서 주제로 삼아 생각하고 싶은 테마이다. 또한 논의를 선취한다면 나가오카만이 상담에 참여한 것은 아니다. '개성'을 정지시킨 이하 또한 이 상담에 '개성'을 내세우면서 참가한다.

그런데 구제의 법이란 도대체 어떠한 법인가. 구제 신청과 그 승인으로 전개되는 상담은 본래적인 의미에서의 상거래가 아니다. 이 상담, 말하자면 시장의 실패 내지 불완전성에 기초하는 이 상담은 근대법의 문맥에서는 사회정책과 관련된 노동법제나 산업정책에 관한 단체주의적 입법의 문제로 논의되어 왔다. 그렇지만 여기서는 구제의 법을 사회정책인가 산업정책인가 하는 구분에 한정하지 않고자 한다. 또한 시장이 아닌 신청과 승인이라는 상담으로 재화가 유통되는 과정에 주목하는 한, 식민정책으로 논의되어 온 영역과 개발정책이라고 불리는 영역에서도 마찬가지로 이 상담을 발견할 수 있다.[21] 따라서 여기서 상담이라는 점에서 문제화되고 있는 구제의 법은 이른바 국내법과 식민정책이라는 지정학적인 구분, 노동법제나 산업정책이라는 법 분류에 가두어 둘 수는 없다.

이러한 구제의 법의 설정은 개념을 확장하려는 것이 아니라 여기서 내가 아사토가 말하는 '오키나와'를 논의하려고 하는 것과 관련된다. 즉 신청과 승인으로 구성되는 이 상담에 참가하는 것이 미리 법에 앞서 존재하는 주체의 예정된 행동이 아니라 법에 참여한다는 것 자체가 주체화라는 점이야말로 논의의 요점이며, 법이 작동하는 대상이나 의미를 미리 결정해 버린 국내법, 식민정책, 사회정책, 산업정책, 개발정책과 같은 법 분류는 이러한 주체화를 예정조화적인 주체로서 묘사해 버릴 위험성이 있다. 더욱이 이 예정조화는 신청과 승인으로 작동하는 법의 기능에서 추인될 것이다. 법적 구제라는 결과에서 소급해서 정의되는 법의 대상으로서의 신청자가 신청 이전의 존재로서 미리 설정되는 것이다.

더욱이, 이러한 법과 신청자의 예정조화적인 설정은 그 법에 저항하는 자를 신청자가 아니라는 점에서 특징짓는 것이기도 하다. 법의 대상으로 미리 설정된 신청자와 역시 미리 설정된 저항자. 신청 직전

---

21) 스에히로 아키라(末廣昭)는 개발주의(developmentarism)를 식민정책, 탈식민화 과정에서 등장하는 개발계획 혹은 일본 근대사에서 산업정책도 포함한 키워드로 사용한다. 여기서 요점이 되는 것은 시장의 실패, 불완전성이라는 점과 개발에 관련된 목표를 수행하는 주체라는 점이다. 스에히로는 이 주체를 기본적으로는 국가와 민족에서 찾고 있는데, 이는 내 요점이기도 하다. 末廣昭, 「開発主義とは何か」, 東京大学社会科学研究所 編, 『開発主義』, 東京大学出版会, 1998.

에 이미 적과 우리 편은 정의되어 있고, 거기에서는 아사토가 말하는 '오키나와'가 끼어들 여지가 없다.

하지만 결과적으로 혹은 소급해서 정의되는 신청자가 아니고, 또한 이 신청자가 아니라는 점에서 정의되는 저항자도 아닌, 신청한다는 행위 속에서 생겨나는 주체화 문제가 먼저 다루어져야 한다. 문제는 내세운다는 행위다. 거꾸로 말하자면, 내세운 후에 발견되는, 사후적으로 정의된 신청자로부터 내세운다는 행위의 궤적을 부각시켜 신청자의 배후에 감돌고 있는 내세우기 직전의 모습, 환언하면 정의된 신청자와는 다른 모습을 부각시키는 것. 이 법에 참여하기 직전의, 문자 그대로 법의 임계에 서성거리고 있는 누군가야말로 법의 결과로 발견되는 법의 역사에 끊임없이 다른 역사의 가능성을 잠재력으로서 숨어들게 하는 자이다. 이 역사는 신청 전에 미리 정의된 신청자의 역사도 저항자의 역사도 아니다.

그렇지만, 아니 바로 그렇기 때문에, 법은 역사를 요구한다. 드루실라 코넬(Drucilla Cornell)은 니클라스 루만(Niklas Luhmann)의 오토포이에시스(autopoiesis)를 비판적으로 검토하면서 법의 '규범적 올바름'(the normative rightness)과 '시간 양식'(the modality of time)의 관계에 대해 논의를 전개한다. 즉 법을 시스템의 작동이라고 생각한다면 법의 규범적 올바름은 과거 판례를 바탕으로 반복된 진정함이며 그때의 법은 그 기원에서 규범적 올바름을 지닌 것으로 등장하게 된다. 그렇지만 법의 판단은 언제나 결정할 수 없는 아포리아를 포함하는 것으로, 이러한 의미에서 판단은 언제나 '새로운 판단'(fresh judgement)이며 코넬은 데리다를 언급하면서 거기에 정의와 책임을 설정한다. 또한 과거 판례의 반복으로서의 규범적 올바름은 바로 이 아포리아를 은폐하여 자립적 계산 시스템으로서의 법과 과거의 판례 집이라는 계산서의 묶음으로서의 무책임한 역사를 동시에 설정한다.[22] 이러한 코넬의 법 비판을 구제의 법이라는 맥락에서 말하자면, 그것은 구제의 법을 성립케 하는, 구제 인정이라는 법적 판단의 규범적 올바름과 관련된다.

구제의 법에서 승인이라는 것을 생각할 때, 승인에 앞선 것으로 여겨지는 신청을 우선 다루어야 한다. 구제의 법에서의 상담은 신청이 먼저 이루어지고 그 신청에 대해 승인을 하는 것으로 되어 있다. 따라서 신청자는 아직 법의 대상자로서는 인정되지 않고, 이러한 의미에서 일단 법 밖에 존재한다고 간주된다. 그렇지만 한편에서 신청자의 존재는 법의 대상영역을 명시화하여, 구제가 필요한 증거로 법의 근거를 부여한다. 법은 이러한 신청을 접수해 규범적 올바름으로 그 구제가 필요한지를 계산하고 심의하여 법의 대상으로 승인해 가는 것이다.

그렇지만 누구를 신청자로 간주할 것인가. 구제의 법을 존립시키는 데 필요 불가결한 신청자의 영역을 정의하는 것은 대체 무엇인가. 거기에는 구제의 법과 불가분의 형태로 존재하는, 누구를 신청자로 간주해야 하는가와 관련된 또 하나의 숨겨진 법이 존재한다. 거칠게 말하자면, 법 밖에 신청자가 존재하는 것이 아니라 구제와 인정 모두 구제의 법과 이 숨겨진 법에 의한 자작극이다. 그럼에도 불구하고, 신청

---

22) Drucilla Cornell, "Time, Deconstruction, and the Challenge to Legal Positivism: The Call for Judicial Responsibility", Jerry Leonard(ed.), Legal Studies as Cultural Studies, State University of New York Press, 1995.

자는 법 밖에 존재해야만 한다. 왜냐하면 외부에 신청자가 존재함으로써 법의 대상에 내실을 부여해 법 존립의 근거가 되기 때문이다. 이 신청자에 관한 숨겨진 법이야말로 전술한 아포리아를 미리 제거하여 구제 인정에 있어서의 규범적 올바름을 보호하고 계산서와 범례집의 묶음으로서의 역사를 내세운다.

누가 신청하는 자인가. 결과적으로 남겨진 계산서와 범례집에 대해서는 이런 물음을 다시 설정해야만 할 것이다. 법의 자작극에도 불구하고, 법 밖에 존재하는 것처럼 연출된 장소에 있는 신청하는 자란 누구인가. 법 앞에 존재하는 자란 누구인가. 법에 참가하기 직전의, 문자 그대로 법의 임계에서 서성거리고 있는 것은 누구인가. 그곳은 어떠한 장소인가.

이러한 물음들을 염두에 두면서 지금 눈앞에 일단 제출된 것은 구제의 법에 대한 신청과 관련된 텍스트이다. 구제를 요구하는 목소리를 앞에 두고 관찰자는 회피해야 할 두 가지 잘못을 저지를 것이다. 하나는 텍스트 그 자체를 끄집어내 논의할 수 있다는 텍스트주의적 잘못이고, 또 하나는 텍스트 앞에서 발화하는 주체를 전제로 그 텍스트를 이해하는 환원주의적 잘못이다. 또한 그것들은 필드워크의 기술과 관련하여 클리포드 기어츠가 지적한 "대상에 대한 접근이 충분한 객관성을 유지하는가 하는 학문적 배려"와 "대상에 대한 친밀한 관계 만들기가 불충분하지는 않은가 하는 휴머니즘적 우려"에도 결부되어 있다.[23] 학

---

23) Clifford Geertz, Works and Lives : The Anthropologist as Author, Stanford University Press, 1988. 森泉弘次 訳, 『文化の読み方/書き方』, 岩波書店, 1996, p. 22.

문적 배려는 때로는 그 신청을 받는 행정관과 일치할 것이고, 또 신청을 대행하는 변호사와도 일치한다.

　나중에 서술하겠지만 나는 전자를 법적 구제에서의 '사실확인적'(constative)[24]인 발화를 어떤 식으로 재독할 것인가 하는 문제로 생각하고자 한다. 또한 후자에 대해 말하자면, 발화가 환원되는 장소로서의 '기반주의적'(foundationalist)[25]인 신청자 및 저항자를 법적 구제의 바깥쪽에 미리 상정하는 일 없이 법이 요구하는 역사로부터의 이탈을 생각해 보고자 한다.

4. 비합법

법에 참가하기 직전에 있는, 즉 문자 그대로 법의 임계에서 서성거리고 있는 누군가가 바로 문제이다. 그것은 어떠한 장소인가. 이 법의 임계를 좀더 뚜렷하게 설정하기 위해서는 구제의 법과 관련된 상담에 대해 약간의 주석이 필요하다. 먼저 다음에 지적하는 주석은 아사토의 문장과 관련하여 앞서 말한 운명적 기지라는 표현과 연관된다. 이 운명성이라는 것이 도대체 무엇을 의미하는가. 기지를 조작 가능한 대상으로 치환하는 상담도 법에 참가하기 직전의 영역도 이 운명성에 대한 주석을 빼고는 논의할 수 없을 것이다.

---

24) John L. Austin, How to Do Things with Words, Oxford University Press, 1960. 阪本百大 訳, 『言語と行為』, 大修館書店, 1978, p. 7.
25) Judith Butler, Gender Trouble : Feminism and the Subversion of Identity, Routledge, 1990, p. 3. 竹村和子 訳, 『ジェンダー · トラブル』, 青土社, 1999, pp. 21~2.

앞서 언급한 아사토의 "수년 전의 정치과정"이기도 하지만 1997년에 주둔군용지특별조치법(특조법)이 '개정'되었다. 이 특조법은 개인이 소유하는 재화(토지)를 군용지로 강제적으로 계속 사용하는 것을 법제화한 것으로, 유사입법이나 가이드라인 관련 법안에서 초점의 하나가 된 군사행동 때에 사적인 재화를 강권적으로 사용한다는 것을 선취한 것이다. 그리고 이 '개정'의 초점이 오키나와에서의 미군용지를 둘러싼 국가의 불법점거 상태의 합법화에 있다는 점은 의심의 여지도 없다. 이 '개정'과정에서 1996년 8월에 당시 가지야마(梶山静六) 관방장관의 주선으로 '오키나와 미군기지 소재 시정촌에 관한 간담회'가 만들어졌다. 그 멤버인 경제학자 시마다 하루오(島田晴雄)는 오키나와 기지문제를 오키나와에 대한 진흥정책으로 치환하면서 국가가 군용지를 사용하는 것은 안전보장과 관련된 '국가 신용'의 문제이며 불문율이라는 점을 주장하고 있다.[26]

시마다와 같은 오키나와 진흥의 주장에서는 구제의 법이 위치하는 문맥을 여실히 볼 수 있다. 즉 거기서는 기지가 법을 초월한 국익과 관련된 존재로 설정되어, 따라서 불법점거라는 폭력, 곧 점령은 국익이라는 법을 초월한 불문율로 치부되고, 그 한편에서 기지를 둘러싼 교섭은 진흥정책이라는 구제의 법에서의 상담으로 설정되어 있다. 환언하면, 기지의 존재를 둘러싼 관계는 점령이라는 폭력적 관계 그 자체이고, 상담(商談)이란 그 남유적인 표현이다.

그렇기 때문에 이 상담을 어떻게 생각하는가가 중요해진다. 즉 상

---

26) 島田晴雄, 「沖縄 草の根の声を聞け」, 『中央公論』1997年 5月号.

담만을 들어 거기서의 행위자를 고정적인 주체로 간주한다면 이 상담
이 남유적으로 표현하고 있는 폭력의 흔적을 말소해 가는 것이 될지도
모른다. 폭력적인 것을 계산 가능한 경제적인 것으로 치환하고 피하기
어려운 운명을 조작 가능한 것으로 바꿔 읽는 상담은 폭력의 흔적을
부인하는 위험한 과정이기도 하다. 그렇지만 거꾸로 그것은 상담 과정
에서 폭력의 흔적을 부각시킬 수 있는 가능성이기도 할 것이다. 다만
미리 지적해 두자면, 부각되는 폭력의 흔적이란 상담 밖에 다시 물리
적 폭력이 등장한다는 것이 아니라 상담 자체가 끊임없이 폭력에 의해
유지되고 또 폭력에 노출되어 있다는 것을 상담 과정 속에서 예감하는
것이다. 또한 거듭 지적하는 바와 같이, 그것은 구제의 법의 대상으로
명명된 오키나와라는 이름과 그 역사를 어떻게 서술하는가 하는 문제
이기도 하다.

　신청한다는 행위 속에서 생성하는 주체화야말로 문제라고 했다.
그것은 법 안에서 살고 있는 자들을 법의 외부나 법 앞이 아니며, 또한
법에 의해 결정된 주체도 아닌 행위수행적(performative)인 행위자로
서 사고하는 것이기도 했다. 그렇지만 이 상담이 폭력에 노출되어 있
는 과정이라는 사실을 전제로 한다면 이 법 안에서의 행위수행성
(performativity)은 무엇보다 니코스 풀란차스(Nicos Poulantzas)가 말
하는 법의 '연극성'(théâtralité) 문제로 이해해야 한다.[27] 풀란차스가
말하는 연극성은 오스틴(John L. Austin) 등의 언어행위론이나 라캉(J.

---

27) Nicos Poulantzas, L'État, le Pouvoir, le Socialisme, P. U. F., Collection Politiques,
　　1978, 田中正人・柳内隆 訳, 『国家・権力・社会主義』, ユニテ, 1984, p. 88.

Lacan)의 정신분석학을 헤쳐 나간 행위수행성이라는 설정과는 달리 훨씬 기반주의적인 개념이자 물질화된 법과 국가를 반복한 표현이다. 그렇지만 그렇기 때문에 그의 논의는 법이 우선적으로 국가 혹은 제국의 제도라는 사실을 상기시켜 법에 대한 비판적 작업이 어디로 향해야 하는가, 혹은 법 안에서의 상담 과정에서 무엇을 재독하고 다시 기술해야 하는가를 나침반처럼 지시해 준다.

풀란차스에게서 법의 외부는 국가의 '비합법성'의 영역이고, '국가의 비합법성은 항상 국가가 설정한 합법성 안에 새겨져 있다.'[28] 법은 법을 설정한 국가의 합법화되지 않는 폭력에 둘러싸인 감옥이며 "법은 조직된 공적 폭력의 코드이다."[29] 풀란차스에게 법의 '물질성'이란 이러한 국가의 폭력성을 가리킨다. 이러한 외부가 없는, 아니 '국가의 비합법성'이라는 외부밖에 없는 법 안에 연극성이 설정되어 있다. "이 연극성은 근대법 안에, 그리고 이 법률이 물질화되어 있는 미궁 내지 미로 속에 새겨져 있다."[30]

법의 바깥은 '국가의 비합법성'이며 연기자의 자리가 법의 밖에서 보장되는 일은 없다. 폭력에 노출되어 도망할 곳도 없는 극장에서 풀란차스가 설정한 이 연극성을 나는 과감하게 오독해 보고자 한다. 즉 법을 연극으로서 살아가는 일은 우선 그 극장이 폭력에 노출된 감옥이라는 것을 연기하는 것 자체로 발견하는 일이다. 법의 신청자는 여기서 말하는, 연기한다는 행위수행성으로 법 안에 있으면서 법의 바

---

28) 같은 책, p. 90.
29) 같은 책, p. 80.
30) 같은 책, p. 88.

깥을 감지하는 누군가이기도 하다. 그들은 벽으로 다가가면서 법이라는 감옥으로 격리되어 밖에 방치된 사체를, 그 사체 옆에 자신이 있다는 것을 감지한다. 전술한 법의 임계에서 서성거리고 있는 자란 바로이 사체 옆에 있는 자이다. 법의 신청자를 사체 옆에 있는 자로서 폭력의 예감과 더불어 그려 내는 작업이야말로 법의 역사와는 다른 미래를찾아내는 일이라고 할 수 있을 것이다.

이러한 예감과 더불어 그려지는 폭력은 이제 국가가 소유하는 도구로서의 물리적 폭력이나 국가 테러 그 자체가 아니라 감옥의 밖을향한 상상력에서 재발견된 것이다. 이러한 의미에서 연극은 이미 존재하는 '국가의 비합법성' 을 상상력의 장으로 끌어들여 재설정하는 일이다.[31] 법을 연기할 때 획득되는 것은 그야말로 법 밖을 향한 상상력이다. 그리고 이 상상력은 법 바깥에서 '국가의 비합법성' 이 아닌 세계역시 찾아낼 것이다. 사체 옆에 있는 자가 가진 폭력을 감지하는 능력은 계산이나 예측과 같은 용어나 고도의 증후학으로 바꿔 읽어야 하는존재는 아니다. 이 감지에는 폭력을 상상력에서 재설정하는 작업이 있다. 이러한 작업은 단지 '예감하다' 라는 동사로만 표현되어야 한다.

---

31) 이는 벤야민이 경찰권력을 '도깨비' 로 표현한 것과 관련이 있다. 국가는 법을 선언하고 그 폭력은 법의 물질성을 형성하는데, 국가와 국가의 폭력은 법의 테두리 속에서는 유령적 존재로만 파악된다.   ヴァルター・ベンヤミン,「暴力論批判」,『ベンヤミン著作集1』, 晶文社, 1969, p. 21. 이에 대해서는 이마무라의 다음 논문을 참조했다. 今村仁司,「暴力と崇高」, 田中雅一 編著,『暴力の文化人類学』, 京都大学学術出版会, 1998, p. 325.

2_위기와 구제

1. 잔류하면서의 출항

그런데 오키나와라는 이름을 둘러싸고 구제의 법이 등장하는 것은 앞서 언급한 미군의 가리오아기금이 처음은 아니다. 법적 구제의 대상을 가리키는 오키나와라는 이름은 1920년대의 소철지옥에서 제기된 오키나와 구제논의에서 등장했고, 이러한 구제논의를 받아들여 1932년에는 오키나와현 진흥계획이 성립되었다. 도대체 이 법적 구제, 즉 오키나와 구제와 진흥계획은 어떠한 법으로 등장한 것일까.

3장에서 지적한 바와 같이 소철지옥으로 고향을 떠나는 자(출향자)와 잔류하는 자라는 두 얼굴은 전자가 옛 사회에서의 이탈로, 후자가 그 유지로 표현되기 때문에 대립적으로 등장하는 경우가 많다. 마을을 떠난 자와 마을 주민, 노동력과 토지와 같은 구분으로 과잉인구는 분단된다. 오키나와라는 제국의 영토 역시 이러한 두 얼굴로 다시 정의되게 된다. 그렇지만 출향자는 여전히 출신에서 자유롭지 못하고 마을은 이미 옛날의 전통적 공동체가 아니다. 또한 얼핏 양자의 대립은 토지에서의 이탈과 토지로의 회귀로서 서로 간섭하면서 전개될 것이다. 소철지옥에서 한꺼번에 끌어안게 된 과잉인구가 위기로서 등장한다는 것이 기존의 코드들과 등기 양식을 붕괴로 이끌었다고 한다면, 출향자와 잔류자라는 구분 또한 이 위기를 표현한 것이다.

노동력의 실질적 포섭에 수반되어 자신을 노동력으로서 제시해 가는 행위로 각인되는 흔적, 즉 노동력으로서의 경험이 문서화되어 간다. 이 문서는 위기를 표현하면서 미래를 그려 내는 작업이었다. 4장에서 검토한 바와 같이, 출향자는 자신의 출신을 미래를 향한 꿈으로 발견해 간다. 그렇지만 반복건대, 이 꿈은 충족되지 않는다. 이하의 '개성'은 충족되지 않는 마음과 함께 몇 번이나 되살아나게 된다.

그럼에도 불구하고, 다음에 생각해야 할 것은 신탁통치에 도박을 건 나가오카가 '개성'을 되살리면서 그것을 계산 가능한 '달러'로 치환했다는 점이다. '개성'은 되살릴 수 없다. 그러나 구제의 법 안에서 '개성'은 구제되어야 할 법의 신청자로 정의되어 상담 속에서 '달러'로 그 내용이 충전(充塡)되고 있다.

이것은 분명 출향자라기보다 잔류자들의 문제일지 모른다. 그렇지만 이 구제의 법에서 신청자로 여겨져 구제가 필요한 양을 나타내는 계산서가 작성될 때 신청자로서의 잔류자들도 역시 이미 계산서에서만 찾아볼 수 있는 '개성'에 대해 충족되지 않는 마음을 줄곧 간직해 가는 출향자이기도 할 것이다. 이러한 '잔류하면서의' 출향자(이시무레)는 구제의 법의 상담 속에서 계산서와 더불어 스스로 희구해야 할 생활을 그려 내려 하지만, 이 계산서에 표현된 '개성'에는 어떻게 해도 어울릴 수 없는 자들이기도 하다. 환언하면, 신청자가 될 수 없는 자들이 바로 신청하는 행위 속에서 계속적으로 생성하고 있다. 이들은 법의 내부에 있으면서도 법의 외부를 예감할 것이다.

거듭해서 말하지만, 아사토의 '오키나와'는 구제의 법의 계산서에 정의된 오키나와가 아니다. 그것은 구제의 법 안에서 계산서를 제시하면서 법의 외부를 계속 예감하는 '잔류하면서의' 출향자들이다. 소철지옥이라는 위기를 구제의 필요성으로 주장하거나 구제의 법이 등장하는 과정을 보기에 앞서 우선 이 '오키나와'를 찾아내는 일부터 시작하자.

2. 위기라는 문제

위기가 구제로 치환되어 가는 과정을 생각하기 위해, 소철지옥이라는 위기가 원래 어떠한 위기로 존재했는가 하는 점을 검토해야 한다. 1924년 이하가 『오키나와 교육』(136호)에 집필한 「류큐민족의 정신분석—현민성의 새로운 해석」은 기존의 이하 후유 연구에서도 소철지옥과 오키나와 구제론과의 관계 속에서 때때로 언급되어 왔다.[32] 예컨대, 이 논문의 의의를 가장 먼저 지적한 히야네 데루오는 이하가 "인간의 사회의식을 결정하는 물리적·경제적 기반(하부구조)에 착목하여 그 기반 위에 수립된 정치적·경제적 제도의 개혁을 빼놓고는 오키나와의 구제는 있을 수 없다는 인식의 전환"을 이루었다고 언급했으며,[33]

---

32) 예컨대, 比屋根照夫, 『近代日本と伊波普猷』, 三一書房, 1981, 第4章; 鹿野政直, 『沖縄の淵—伊波普猷とその時代』, 岩波書店, 1993, 第5章 등.
33) 比屋根照夫, 『近代日本と伊波普猷』, p. 135.

이러한 히야네의 이해는 가노 마사나오에게도 계승되고 있다.

확실히 "지금은 민족 위생 운동도 미온적이고 계몽운동도 미적지 근하니 경제적 구제만이 우리에게 남은 유일한 수단"[34]이라는 이하의 주장은 소철지옥에 직면하여 "물리적·경제적 기반"에 착목하여 경제적 구제를 요구한 것임에 틀림없다. 또한 많은 논자가 거기에 맑스주의의 영향을 상정하려 한다.

소철지옥에 대한 이하의 이러한 경제사적 이해는 역사연구자 자신들의 소철지옥 이해와 합치하기 때문에 지극히 수용되기 쉬운 생각일 것이다. 그렇지만 경제사적인 소철지옥과 분리되기 어려운 법의 이해, 즉 법의 외부에 법을 필요로 하는 경제적 위기를 미리 설정하는 것이나 법을 선택하는 총자본의 의지를 상정하는 법의 도구적 설명은 참조는 해야 하지만 거부해야 한다. 왜냐하면 이러한 법의 도구적 틀에서는 법을 둘러싸고 역사적 필연성으로 설정된 법의 외부에 존재하는 경제적 위기와 그 위기에 대한 대응을 계획하는 자유의지가 설정되어 버리기 때문이다. 그 결과 위기는 법칙적, 혹은 사실확인적(constative)으로 파악되고 법은 계획적, 혹은 계산적인 것으로 기술되며, 그 배후에 합리적 자유의지가 조정(措定)되어 가게 된다. 이러한 필연성과 자유의지의 관계는 일단 라클라우(Ernesto Laclau)와 무페(Chantal Mouffe)가 말한 바와 같이, '경계관계'(a relation of frontiers)에 있으며,[35] 경계선은 이동하지만 이원론은 극복되지 않는 관계이다. 거기서 위기는 관찰된 후 해결해야 할 대상으로 설정되고 그것을 '지적으로

---

34) 伊波普猷, 「琉球民族の精神分析」, 『沖縄教育』 136号, 1924, p. 11.

가공하는 것'[36]으로 사고가 한정된다. 라클라우와 무페가 지적한 것처럼, 이러한 위기를 둘러싼 이원론이야말로 위기의 징후이다.[37]

　과잉인구의 급격한 확대는 무엇보다 먼저 '등기양식의 붕괴'를 이끌며, 그것은 법 앞에 문제로 설정된 경제적 위기가 아니다. 굳이 말하자면 대리할 수 없는 존재의 팽창과 기존의 정치공간의 붕괴가 강조돼야 한다. 그리고 만약 이러한 사태가 경제적 위기로 간주된다면, 거기에서는 이미 새로운 질서가 시작된 것이다. 즉 경제적 위기를 설정함으로써 위기는 구제되어야 할 결여로 치환된다. 또한 구제의 법이 작동한다는 것은 세계의 붕괴여야 할 위기가 구제되어야 할 부분적 결여로 다시 그려져 가는 사실확인적인 과정이기도 하다. 이 과정에서 위기는 보충할 수 있는 결여로 부분화되고, 사실화되고, 전형화되고, 측정되고, 계산되며, 그 결과 구제되어야 할 부족함으로서의 법의 대상인 이름으로 치환된다.[38] 이 치환과정에서 구제의 법과 실증적 지식은 빈틈없이 중첩된다.

　이것은 또한 사회로부터 그 일관된 기반을 탈취한 '논의무용'(파스칼)의 힘인 위기[39]가 충전되어야 할 결여태(缺如態)로서 어떤 부분

---

35) Ernesto Laclau & Chantal Mouffe, Hegemony & Socialist Strategy: Towards a Radical Democratic Politics, Verso, 1985, 山崎カヲル・石沢武 訳, 『ポストマルクス主義と政治』, 大村書店, 1992, p. 22.
36) 같은 책, p. 24.
37) 같은 책, p. 24.
38) 그것은 라클라우와 무페가 '결여'(lack)와 '충전'(filling in)이라고 특징지은 '봉합'(suture)이라는 헤게모니적 실천이기도 하다. 라클라우와 무페는 "전면적으로 봉합된 사회"는 불가능하다고 생각한다. 여기서 말하는 법적구제란 불가능함에도 불구하고 확보해야 할 전체 사회가 상정되어 있음을 의미한다. 같은 책, pp. 141~2.
39) 「서장」 각주 71을 참조할 것.

의 문제로 한정되어 가는 것이기도 하다. 그 부분은 전체의 일부로 여겨질 뿐만 아니라 전체의 일부가 되기에는 아직 뭔가 부족하다는 결여를 맡은 부분으로 설정될 것이다. 그리고 이러한 부분이 맡을 결여에 대한 충전을 통해 사회는 전체성을 확보하려 할 것이다. 바꿔 말해서 시니피앙 전체를 뒤흔드는 제로(0)가 대수적 계산을 성립시키는 이론적 제로치로 치환되고, 따라서 결여는 대수적 결여로 수치화된 양으로 충전될 수 있는 결여가 되며, 이러한 부분화되어 사실화된 결여가 충전되어 있다는 것을 확인하는 가운데서 사회는 제유적으로 질서를 회복한다.[40]

따라서 구제의 법과 위기의 관계는 재화의 투하 유무와 투하된 재화가 수치화된 경제효과에 있는 것은 아니다. 위기가 구제되어야 할 결여로 설정되었을 때는 이미 구제의 법으로 새로운 질서가 작동하고 있다. 그리고 이러한 위기를 경제적 위기로 치환한 것을 논의한 다음, 즉 구제의 법과 더불어 생성될 새로운 질서의 등장을 전제로 하면서 이하가 말하는 '경제적 구제'를 다시금 검토해야만 한다.

---

40) 보편적인 전체를 전제로 설정하고, 전체에 대해서는 아직 충분하지 않은 상태를 어느 부분에 밀어붙임으로서 사실화하고 부족한 부분을 정의함으로써 제유적으로 전체가 추인된다. 이러한 제유를 주디스 버틀러가 표현한 '여성멸시의 제유'(misogynist gesture of synecdoche)라는 말을 빌려 멸시의 제유라고 해두자. 버틀러가 지적했듯이 보편적 권리의 결여에 의의를 제기하고, 그 결여를 보충하려는 행위가 이러한 전체를 추인하는 제유에 빠지는 것이 문제다. Butler, op. cit., pp. 19~20, バトラー, 『ジェンダー・トラブル』, pp. 50~1.

3. 구제되어야 할 오키나와

1920년대에 후에 '오키나와 구제론'이라고 불리는 오키나와 구제를 둘러싼 논의가 신문이나 잡지에 등장했고, 또 오키나와 구제와 관련한 몇 권의 책들이 출간되었다. 와쿠가미 로진(湧上聾人)이 엮은 『오키나와 구제론집』(沖縄救済論集, 改造之沖縄社, 1929), 신조 조코(新城朝功)의 『빈사의 류큐』(瀕死の琉球, 越山堂, 1925), 다무라 히로시(田村浩)의 『오키나와 경제사정』(沖縄経済事情, 南島社, 1925), 오야도마리 고에이(親泊康永)의 『오키나와여, 일어나라』(沖縄よ立ち上がれ, 新興社, 1933) 등이 그것이다. 이러한 구제논의와 더불어 제국의회와 현의회에서도 오키나와가 논의되었다. 말하자면 오키나와가 해결되어야 할 오키나와문제로 등장한 것이다.

이 가운데 1925년 제50의회에서 '오키나와 재정 경제의 구제 조장에 관한 건의안'과 '오키나와현 구제에 관한 건의안'이 결의되어, 이 건의안을 바탕으로 1926년부터 5년간의 '산업조성금' 지출이 결정되었다. 또한 제52의회에서도 1927년부터 10년간의 '공업조성금' 지출이 결정되었다. 1932년에 총예산액 6,847만 엔 정도로 결정된 오키나와 진흥계획은 이러한 흐름 속에서 입안된 것이다.[41] 보다 상세하게 말하자면, 1931년부터 1932년에 걸쳐 오키나와현은 『오키나와현 진흥계획안』 및 『동 사업설명서』를 작성했고, 이 계획안을 심의하기 위한 오키나와현 진흥계획조사회가 정부 부처 내에 설치되었다. 그것은

---

41) 『沖縄県史 3』, 沖縄県, 1973, pp. 719~34.

또한 구제의 법 대상으로 오키나와가 논의되어, 법 대상으로서의 오키나와라는 이름이 확정되어 가는 과정이기도 했다.

이『오키나와현 진흥사업설명서』(1932)에는「진흥계획이유」로 우선 오키나와현이 류큐왕국 때부터 시마즈(島津)의 침공에 이르기까지 독자적인 역사를 거쳐 왔다고 설명한 다음, 이렇게 기술하고 있다.

메이지 12년 처음으로 현의 명칭을 받아 더욱더 일시동인 황은(皇恩)을 입게 되었으나, 이름은 현이라 하더라도 사실은 요람을 떠난 아기라서 양육, 보호를 받아야 비로소 후일 뜻이 있는 사람이 될 것이다. 조선, 타이완, 홋카이도와 달리 홀로 오키나와현에 관한 한 위정자, 지식인 모두 앞장서지도 않고 그 내용의 충실을 돌아보지도 않고……[42)]

'조선, 타이완, 홋카이도'와 오키나와를 비교해 보호도 구제도 받지 않은 채 방치된 오키나와를 주장하는 일은 이 구제론에서 오키나와 진흥계획으로 전개하는 데에 지극히 특징적인 논의이다.[43)] 특히 타이완은 오키나와 구제의 정통성을 주장하는 데 늘 참조 사항으로 언급되었다. 또 같은 시기 진흥계획과 밀접하게 연동되면서 설탕소비세와 설탕관세에 대한 진정이 오키나와현농회, 오키나와 설탕동업조합, 조손

---

42) 『沖縄県振興事業説明書』(1932), 『沖縄県史 資料編 5』, 琉球政府, 1969, p. 667.

43) 예컨대, 오다 조후(太田朝敷)는 "홋카이도의 경우는 개척 당시부터 국력에 걸맞지 않게 투자하여 간신히 오늘날의 기초가 다져졌다. 가깝게는 타이완의 경우도 영유 이래 당업(糖業)에 쏟아 부은 자금만 해도 결코 적은 것은 아니다. 그런데 이 현(오키나와)은 어떤가"라고 기술하고 있다. 太田朝敷, 『沖縄県政五十年』, 国民教育社, 1932, p. 257.

카이(町村會) 등에서 때때로 제출되었는데, 거기서도 타이완과 같은 적극적인 설탕산업 정책과 보호정책을 요구하는 기술을 많이 볼 수 있다. 예컨대, 오키나와현농회와 오키나와 설탕동업자조합이 제출한 『흑당백하당 소비세면세 및 오키나와현산 분밀당원료생산자 보호탄원서』(1926)에서는 "오키나와 설탕산업은 원래 타이완 설탕산업처럼 확고한 보호정책하에 성장해 온 것이 아니"[44]라고 언급한 후, "본현 설탕산업은 타이완 설탕업의 보호 장려에 비해 은전이 적다는 점"을 비판하고[45] '보호 장려'를 요구한다.

타이완과 비교해서 타이완과 동일한 법을 요구하는 이러한 정통성의 주장은, 오키나와 구제 논의에서 등장한 '식민지행정의 장점'을 더한 '제국 내에서의 특별행정구역'으로 오키나와를 자리매김하는 논의로도 이어지고 있다.[46] 그러나 이러한 구제의 정통성은 동시에 다음과 같은 반론을 초래하기도 했다. 전술한 오키나와현 진흥계획조사회 1차 모임에서 진흥계획을 설명한 오키나와현 지사 이노 지로(井野次郎)에 대해 당시 사이토 미노루(齋藤實) 내각의 법제국 장관이었던 호리키리 젠지로(堀切善次郎)는 다음과 같이 질문했다.

오키나와 쪽에서 타이완에 지지 않도록 경영할 수 있다고 하는데 그 점이 납득이 가질 않습니다. …… 적어도 일본이 앞으로 원활하게 산

44) 沖縄県沖縄史料編集所 編, 『沖縄県史料 近代 2』, 沖縄県, 1979, p. 338.
45) 같은 책, p. 398.
46) 松岡正男, 「赤裸々に視た琉球の現状」, 湧上聾人 編, 『沖縄救済論集』, 改造之沖縄社, 1929, p. 115.

업을 키워 가기 위해서는 타이완과 경쟁하여 지지 않는다는 논거가 없으면…….[47]

이에 대해 이노는 "타이완에 뒤지지 않도록 할 수 있지 않을까 생각"한다고 응답했고,[48] 또 구로다 히데오(黒田英雄) 대장성 차관은 이렇게 발언했다.

달리 적합한 땅이 있고 그곳에서 경제적으로 할 수 있을 거라고 하는 이가 있다면, 그것에 무리하게 구애되는 것은 앞으로도 그것에 대해 고통스러운 경험을 겪게 될 위험이 있지 않을까 합니다.[49]

3장에서도 지적한 바와 같이, 설탕산업 자본은 당시 타이완에서 남양군도로 확대되고 있었다. 특히 제1차 대전 후에 새롭게 획득한 남양군도에 대한 자본투하는 급증하였다. 오키나와가 안 된다면 "달리 적합한 땅"을 구하면 된다는 구로다의 발언에서 중요한 것은 단지 이 발언에서 식민지 경영을 하는 데 있어서의 경제 합리적인 정책결정이나 합리적인 의지를 간취할 수 있다는 것이 아니다. 중요한 것은 구로다의 이 발언이 사람에 따라 오키나와가 폭력적으로 영토화된 토지라는 사실을 상기시키고, 또한 이 폭력이 새롭게 작동함을 예감시키는 것이라는 점이다. 식민지와 비슷하게 명명된 구제 대상으로서의 오키

---

47) 「第1回沖縄県振興計画調査会議事速記録」(1932), 『沖縄県史 資料編 5』, pp. 621~2.
48) 같은 책, p. 622.
49) 같은 책, pp. 622~3.

나와라는 이름은 그 이름이 명명되거나 내세워질 때마다 영토 획득의
폭력을 끊임없이 상기시키고, 예감시키게 된다.

그런데 다시금 『오키나와현 진흥사업설명서』로 돌아가고자 한다.
그 '진흥계획이유'에는 '조선, 타이완, 홋카이도'에 대한 언급만이 아
니라 "현민 생활과 같은 그 정도를 다른 지역과 비교할 수 없다"며 다
른 지역과의 비교도 주장되고 있다. 거기에서는 '위생상태'를 문제삼
아 그 개선을 주장하고 있다.[50] 같은 시기의 설탕소비세와 설탕관세를
둘러싼 진정에서도, 이러한 다른 지역과의 비교로 오키나와 설탕산업
보호의 정당성을 주장하고 있다. 예컨대, 오키나와현농회장, 오키나와
현 각종 산업단체, 오키나와현 농업자 일동의 『설탕관세 및 부가세철
폐반대진정서』(1935)에서는 "다른 지역 농촌에 대해 정부는 쌀값 유지
와 인상, 그리고 잠사업의 보호 구제 등에 거액의 국세를 투입하여 모
든 방책을 강구하고 있으면서도, 오키나와현민은 아무런 은혜도 누리
게 못하고 있을 뿐만 아니라 ……"라고 지적하고 있다.[51] 즉, 국내 농
업의 보호정책으로 오키나와 설탕산업 보호를 요구하며, 이때 식민지
와의 아날로지가 아니라 국내의 한 현으로서의 오키나와를 강조하고
있다.

오키나와 구제논의에서 오키나와 진흥계획에 이르는 과정에서 먼
저 간취할 수 있는 것은 구제의 법 대상으로서의 오키나와는 무엇인가
하는 물음이었다. 거기에서는 식민지 농업으로의 적극적인 재편인가,

---

50) 『沖縄県振興事業説明書』, 『沖縄県史 資料編 5』, p. 668.
51) 沖縄県沖縄史料編集所 編, 『沖縄県史料 近代 2』, p. 412.

아니면 국내 농업으로서의 보호인가라는 방향성이 확실히 존재하지만, 구제의 법을 둘러싼 논의에서 보이는 것은 식민지와 국내의 어느 곳도 아닌 공백으로서의 오키나와가 식민지나 국내에 유사(擬似)적으로 동일화하는 사태라고 할 수 있다. 오키나와는 식민지도 국내도 아니면서 그 둘 모두이기도 하다.

이러한 대상의 공허함은 구제의 법에서 전개되어야 할 상담의 정통성을 둘러싼 위기로 끊임없이 등장할 수밖에 없다. 그렇기 때문에 법은 이 공허함을 허용하지 못하고 거기에 사회와 역사의 내실을 요구하게 된다. 바꿔 말하면 법은 구제해야 할 실질적인 대상이 필요하다. 이 내실을 찾는 작업이 곧 다음에 살펴볼 구제 신청을 둘러싼 사실확인적 발화의 문제이다. 거기에서는 법의 정당성을 붕괴시키는 공허함은 충전되어야 할 결여로 치환된다.

이러한 의미에서 구제되어야 할 오키나와라는 이름은 법의 정당성 위기를 환유적 혹은 남유적으로 표현한 것으로, 이는 끊임없이 충전되어야 할 내실을 요구해 가는 것이라고 일단은 단언할 수 있다. 또 이 위기란 법의 밖에 존재하는 것도, 법으로 해결되는 것도 아니며, 그야말로 법의 대상으로 명명된 오키나와라는 이름에서 계속되어 간다.

마지막으로, '진흥계획이유'에는 이상의 논의에 이어 다음과 같이 기술되어 있다. "본 현민으로 하여금 쇼와시대에 일본신민으로 태어난 영광을 느끼게 하고 성스러운 은택(恩澤)을 누리게 한 것은 실로 지식인과 위정자의 책무이어야 함을 통감한다."[52] 법 대상의 공허함은 오키나와에 '일본신민'이라는 이름을 더 한층 중첩시킴으로써 충전되려 하고 있다.

4. 신청

그런데 이러한 결여가 충전되어야 할 내용을 갖추는 것은 문자 그대로 신청한다는 행위의 시작이기도 하다. 이어서 이러한 신청의 영역에서 오키나와를 생각해 보자. 오키나와 구제논의에서 구제 대상인 오키나와는 단지 국내 혹은 식민지와 의사(擬似)적으로 동일화되면서 설정된 것만은 아니다. 전술한 결여는 어느 쪽도 다 아니라는 의미에서의 비결정성이 아니다. 거기에서 국내인가 식민지인가라는 지정학적 구분과 관련된 논의와는 달리 구제의 법을 둘러싸고 등장한 새로운 언어를 문제 삼아야 한다. 이것은 구제되어야 할 오키나와의 현상을 설명하는 지극히 물질적이고 경제적인 사실확인적 담론이다.

예컨대, 앞서 언급한 『오키나와구제논집』에 수록된 옛 『오사카마이니치신문』의 마쓰오카 마사오(松岡正男)가 쓴 「적나라하게 본 류큐의 현상」에서는 식료생산액, 이출입액, 통화량, 금리, 농지 면적, 국세 미납부액, 현세 미납부액, 생산력, 생활수준, 체격 등으로 구제되어야 할 오키나와를 그리고 있다.[53] 혹은, 오키나와현 진흥계획조사회에서 진흥계획의 필요성을 주장한 이노 지사는 구제되어야 할 생활에 대해 지붕 형태라든가 식생활까지 꺼내면서 지적하고 있다.[54] 이러한 사실확인적인 담론이야말로 전술한 공백을 채우는 맹목적인 숭배(fetish)의 대상을 구성하며, 법의 외부를 가장하여 구제 근거를 명백히 보여

---

52) 『沖縄県振興事業説明書』, 『沖縄県史 資料編 5』, p. 668.
53) 松岡正男, 「赤裸々に視た琉球の現状」.
54) 「第1回沖縄県振興計画調査会議事速記録」, 『沖縄県史資料編 5』, pp. 604~6.

주는 기반주의적 담론이다. 그 결과 구제 인정은 사실에 기초한 법적 판단이라는 정통성을 획득해 간다.

또한 이 과정은 오키나와라는 이름 속의 결여가 충전된다기보다 생산력이나 생활수준이라는 말로 제시되는 각각의 구체성을 띤 사실확인적 담론에 오키나와라는 서명을 적어 넣는 과정이라고 하는 것이 더 적합할 것이다. 따라서 사실들이 하나하나 제기될 때마다 이러한 사실확인적 담론이 오키나와의 제유로 읽히게 된다. 사실은 언제나 제유, 즉 사례로서 표현된다.

그런데 이러한 사실확인적 담론으로 전개되는 신청은 몇 가지 행위수행적 의미를 지닌다. 첫째 이러한 신청으로 위기가 결여와 관련된 사실확인 문제로 치환되어 위기는 지연되고 일어나야 할 항쟁은 무력화되어 간다. 즉, 법 내부의 위기가 법 외부의 대상으로 치환된다. 이러한 위기의 외부화와 관련해서 다음에 지적해야 할 것이, 이 사실확인적 담론이 구제를 요구하는 목소리를 표현하고 있다는 전제가 존재한다는 점이다. 즉, 배후에는 목소리가 있다는 음성중심주의적 사실을 문서에 기술하는 행위야말로 신청에서의 기반주의적 담론이다. 문서화된 신청의 외부 영역에 목소리를 가두며 그 목소리를 신청이 대변한다는, 목소리와 신청의 이러한 분담관계는 문서화된 신청이야말로 진정한 민중의 목소리이며, 현실을 반영한 것이라는 전도를 낳을 것이다. 또한 이러한 전도 가운데 목소리는 어디까지나 구제를 요구하는 평화로운 요구의 목소리들로 미리 왜소해진다. 구제되어야 할 갇힌 세계에 대한 기술은 "목소리가 닿는 범위에 대한 칭찬"(데리다)으로 수행된다.[55]

신청을 둘러싼 문서화와 목소리의 분담관계와 그 전도에는 구제의 법을 둘러싼 신청(대변 혹은 대서)이라는 정치와, 그 배후에 존재하는 민중의 목소리라는 상투적 정치구분이 중첩된다. 상담 외부는 늘 평화로운 요구의 목소리들로 가득 차 있다는 선입견과, 요구를 말할 수 없는 사람들을 목소리가 부재한 영역에 멋대로 묻어 버리는 양심적 선입견이 상담이라는 정치를 감싸게 된다. 그렇지만 목소리는 평화로운 요구로 한정되는 것도 아니고 목소리의 부재는 말하고 싶은데도 말할 수 없는 상태인 것만도 아니다. 또한 풀란차스라면 상담 외부에 국가폭력을 우선 상정할 것임에 틀림없다.

이러한 정치구분은 다음에 거론하는, 요구를 청취하는 자라는 논점과도 관련된다. 요컨대, 그것은 민중의 목소리를 청취하고 상담을 하는 양심적 매개자의 문제이다. 또 신청에서 제시된 사실이야말로 민중의 목소리라는 전도는 역사 기술에 입각해 말하자면, 생산력, 생활, 이출입액이라는 물질성과 거기에 설정된 법칙성이 바로 민중의 역사라고 생각하는 전도이기도 하다. 그때 요구를 청취하는 자라는 매개적 위치에 역사가가 문자 그대로 놓이게 된다.

어쨌든 이러한 요구를 청취하는 자가 어떤 존재로 등장하는가 하는 점이 이 사실확인적인 담론이 지닌 행위수행성을 생각하는 데 중요한 논점이 된다. 오키나와 구제가 논의되고 오키나와현 진흥계획이 제정되어 가는 과정에서 많은 관료, 언론인들이 오키나와를 찾아가 시찰을 했다. 이 시찰에는 오키나와에 거주하는 지식인들과 언론인들, 정

---

55) 이 책 「서장」 2-6의 '공작자' 참조.

치가들도 참여하여 오키나와 구제에 대한 수많은 기술들이 생산되었다. 전술한 『오키나와 구제논집』에 수록된 『도쿄니치니치신문』(東京日々新聞) 기자 니이즈마 간(新妻莞)의 「류큐를 방문하고」도 그 가운데 하나다.[56]

"이건 주택입니까?"

"그래요. 중간 이하의 수준이고 마을 전체에 이런 식의 것이 아무래도 많지요."

"마루가 없는 것 같은데요……."

"이게 마루예요."

가리킨 그곳에 낡은 거적을 깔고 있었는데 바깥 지면보다 약간 높기만 할 뿐 거적을 걷어 올려 보았더니 해안에서 가져온 모래가 깔려 있었다.

"여기서 자는 건가요?"

"그래요. 물론 이불도 요도 없지요."

"뭐 따뜻하니까 좋은데 이것보다 추우면 큰일이군요."

"그런데 이 열도(列島)는 같은 오키나와라 하더라도 북쪽 끝이고 북중국 방면에서 차가운 바람을 맞아 겨울은 상당히 힘들지요."

"그럼 뭘 덮고 자는 거예요?"

"저거예요."

저것이란 쌀자루라든가 누더기를 잇대어 꿰매 결도 안 보이는 낡은

---

56) 新妻莞,「琉球を訪ねて」, 湧上聾人 編,『沖縄救済論集』, pp. 44~5.

천이다. 손에 들자 이상한 냄새가 코를 찔렀다. 이부자리 겸 옷이라곤 이것뿐이라는 말을 듣고 나는 다음에 물어봐야 할 말을 잃었다.

이것은 이헤야지마(伊平屋島)를 시찰한 니이즈마와 촌장의 대화를 니이즈마가 기록한 것이다. 시찰하러 온 사람이 현지 정보제공자에게 질문하고 설명을 듣는 이런 대화 방식은 도리이 류조가 오키나와 조사 때부터 계속해 온 오키나와에 관한 기술의 기본적 구도라고 할 수 있다. 그렇지만 니이즈마와 촌장 간의 대화의 특징은 단순히 기술자와 정보제공자의 관계라기보다, 구제되어야 할 대상을 살피려는 시선과 현지인의 설명(목소리)에 귀를 기울이고 구체적 사실을 제시하려는 기술자의 태도이다. 이 두 가지 특징으로 제시한 구체적 사실들은 구제되어야 할 오키나와의 제유로서 읽히게 된다.

우선 지적해야 할 것은 이 구제되어야 할 오키나와를 살피려는 시선은 기존의 오키나와 이미지에 대한 비판적 담론으로 등장한다는 점이다. 예컨대, 니이즈마 역시 시찰 중에 "오키나와현인은 개으름뱅이이고 끈기가 없다", "오키나와인은 저축심이 없다"라는 기존 "오해"[57]를 직접 시찰을 통해 발견한 사실과 통계학적 수치를 가지고 뒤집으려 한다. 이러한 비판적 담론에는 기존의 왜곡된 오키나와 이미지를 비판하며 진짜로 구제되어야 할 "순박"[58]한 오키나와 이미지를 찾아내려는 시선이 존재한다. 이것은 레이 초우(Rey Chow)가 말하는 왜곡된 이미

---

57) 같은 글, pp. 10, 30.
58) 같은 글, p. 47.

지를 비판하는 반제국주의 비평가의 시선이기도 하고, 거기에는 진정한 진실을 알고자 하는 욕망, 환언하면 "속지 않는 자"(the non-duped)가 되고자 하는 욕망이 존재한다.[59] 이러한 욕망을 니이즈마의 기술에서 발견할 때 현지의 목소리를 청취하는 니이즈마의 자작자연(自作自演)이 띤 우스꽝스러움이라고도 할 만한 자기기만이 부각된다. 촌장이 가리키는 "이불"이나 "마루"와 같은 실질적인 물질은 그의 문장에서는 모조리 구제되어야만 할 진정한 오키나와를 나타내는 징후로 기술된다. 다른 곳에서도 마찬가지로, 니이즈마는 초등학교 아동에게 「어제 하루」라는 작문을 짓게 해 "나는 어제 아침 일찍 일어나 우물에 가서 세수하고 …… 돌아와서 풀을 베고, 저녁을 먹고, 자습을 하고 잤습니다"라는 아동의 하루 기록을 구제되어야 할 "눈물겨운" 아이를 나타내는 징후로 기술하고 있다.[60]

지금 여기서 니이즈마의 우스꽝스러움을 거론하는 까닭은 촌장이나 아이들이 제시한 사실의 배후에 니이즈마가 상정한 것과는 다른 별도의 의도가 존재한다는 것을 말하고 싶어서가 아니다. 의견이 어긋나거나 소통이 안 되는 것이 문제가 아니다. 중요한 것은 그의 우스꽝스러움이 백일하에 드러나는 것이 속지 않는 자가 되고자 하는 니이즈마의 욕망을 충족시키지 못한다는 점이다. 그렇기 때문에 이 비판적 담론에서 발견되는 식민자의 욕망을 충족하기 위해서, 바꿔 말해 우스꽝

---

59) Rey Chow, Writing Diaspora : Tactics of Intervention in Contemporary Cultural Studies, Indiana University Press, 1993, pp. 53~4, レイ・チョウ, 本橋哲也 訳, 『ディアスポラの知識人』, 青土社, 1998, pp. 92~3.
60) 新妻莞, 「琉球を訪ねて」, 湧上聾人 編, 『沖縄救済論集』, p. 49.

스러움이 드러나지 않기 위해서는 현지의 목소리가 늘 진정한 목소리여야 하며 거짓말을 하는 일은 절대 허용되지 않는다.

따라서 늘 생생한 진실의 목소리를 내는 현지를 원하는 시선은 거짓을 사전에 감시하여 간파하려는 경찰의 시선이기도 하다. 또 그것은 속지 않는 자로서 자신을 방어하는 보신술이기도 하다. 신청이 신청이기 위해서는 사실확인적 담론이 제시되어야 하고, 사실확인적 담론이 있는 곳에서는 이러한 보신에 기초하여 "진실을 말하라"는 예방적인 공갈이 존재한다. 거꾸로 말하면, 신청을 이루는 사실확인적 담론이란 신청을 청취하는 자를 기존의 거짓된 오카나와 이미지를 비판하고 진실을 밝히려는 조사자, 그리고 공술의 목소리에 담긴 거짓의 몸짓을 적발하는 경찰관으로서 끊임없이 조정(措定)해 가는 행위수행성을 띠고 있다.

요구하는 목소리들을 청취하여 그 목소리를 대변하는 매개자는 진실을 밝히려는 관찰자이며 거짓을 적발하면서 심문하는 경찰관이다. 이러한 매개자는 본인이 어떻게 생각하든 간에 숨겨진 법의 집행자로서 구제 인정에서 규범적 올바름을 보호하고 범례집의 묶음으로서의 역사를 내세우게 된다.

3_계속되는 위기

1. 소진점(消盡點)

앞서 언급한 것처럼 이하 후유는 1924년 『오키나와교육』(136호)에 「류큐민족의 정신분석―현민성의 신해석」이라는 글을 실었다. 전술한 바와 같이, 이 글은 기존의 이하 후유 연구에서 하나의 초점이었다, 즉, 이 텍스트는 이하가 소철지옥을 눈앞에 보면서 기존의 계몽운동에서 정치적·경제적인 제도변혁으로 이행한 획기를 보여 주었기 때문이다. 그러한 연구들에서는 이러한 전환의 기점으로 이하의 '절망'을 지적하고 있다.[61] 그러나 이 절망을 감상적 이해와 결부시키지 않기 위해서는 이 절망을 구제의 법과 더불어 생겨나는 새로운 질서와 함께 검토해야 한다.

그런데 이 텍스트의 특징은 프로이트가 정신분석학에서 무의식을

---

61) 예를 들면 鹿野政直,「沖縄そのものへある種の絶望」,『沖縄の淵―伊波普猷とその時代』, p. 168 ;「絶望の深さ」, 같은 책, p. 162.

발견한 것과 맑스가 사회를 발견한 것이 동시에 전개된다는 점이다. 결론부터 말하자면, 자신의 내부에서 찾아낸 무의식이라는 언어행위가 미치지 않는 말의 불가능성은 "의식이 존재를 규정하는 것이 아니라 존재가 의식을 규정한다"(『경제학비판』)를 거쳐 사회의 발견으로 향한다. 프로이트와 맑스를 접한 이하에게서는 말의 불가능성을 알면서 그것을 불가능성으로서 말의 밖으로 내던지는 일 없이, 그것에서 사회를 이야기하는 말을 투입하려는 기술자(記述者)로서의 이하가 부각될 것이다.

이하는 우선 "나는 정신분석에 대한 몇 권의 책을 읽어 가는 가운데 이 새로운 과학에 의거해서 류큐사를 연구해 보면 어떨까 하는 생각에"[62] 류큐민족을 정신분석학으로 분석하려 한다. 거기에는 류큐민족을 정의하려는 지식인 엘리트의 욕망이 우선 존재했을 것이다. 그렇지만 동시에 남의 일처럼 류큐민족을 분석하는 이하 자신 또한 이 류큐민족 안에 있다. 그렇기 때문에, 이러한 자기언급적인 분석으로 부각된 것은 단순한 말의 불가능성으로서의 무의식의 발견이 아니라 "내 나라이면서도 스스로 지배하지 못한"다는 자신의 결정불가능성이라고도 할 만한 사태이다. 그것은 확실히 절망이기는 하다.

이러한 절망에 대해서는 이 텍스트와 같은 시기에 역시 『오키나와교육』(137호)에 실린 「세키호군을 위하여」와 더불어 생각해야 할 것이다. 2장에서도 검토한 바와 같이, 이 글에서 이하는 "개성을 표현해야 할 자신의 말을 갖고 있지 않다"고 서술하고 있고, 이 '개성'이라는 말

---

62) 伊波普猷, 「琉球民族の精神分析」, p. 11.

의 정지는 「류큐민족의 정신분석」에서 자신의 결정불가능성과 겹쳐진다. 즉 자신을 결정할 수 없는 사태는 정치적 자원의 부재가 아니라 말과 관련된 주체의 결정불가능성이며, 이러한 의미에서 무의식이다. 서장에서도 지적한 바와 같이, 레비스토로스는 언어화할 수 없는 영역에 무의식이라는 이론적 명사(名辭)를 부여해 체계적인 시니피앙의 질서를 획득하고, 마나와 하우를 "특정사회의 인간들"의 문제로 설명하는 분석자의 위치로 몸을 옮겼다. 그렇지만 이하에게 무의식이란 분석자의 위치를 얻기 위한 이론적 용어가 아니라 자신의 말이 자신의 주체를 결정할 수 없다는 절망과 관련된 비유적 표현이다. 이하는 여전히 관찰되는 쪽에 있다. 또한 이러한 무의식과 관련한 절망은 단지 개인의 정신분석학이 아니라 자신을 내세울 때 사용된 '개성'이라는 말이 담당해 온 정치의 정지와 관련되는 것으로, 이러한 의미에서 이 절망은 아무런 감상적인 것이 아니고 우선 정치적 절망이다. 이하에게 정치는 말과 직결된다.

이러한 절망을 둘러싸고 다음에 검토해야 할 일은 절망을 겪은 후 표명되어야 할 정치적 '우리'를 어떠한 '우리'로 발견해 갈 것인가 하는 점에 있다. 결론부터 말하자면, 이 작업을 하는 데 다시 등장할 '우리'를 절망의 망각이라고 여기는 안이한 비판이나, 절망을 자원의 부재로 치환해 그 보충에 희망을 불어넣는 듯한 단조로운 정치를 비판적으로 검토하게 될 것이다.[63]

그런데 너무나 반복하는 것 같지만, 이 '개성'이라는 말에 류큐민족이라는 '우리'를 피지배민족에서 구별해 점령의 폭력에서 벗어나고자 하는 몸짓이 존재했다. 오키나와의 독자성을 식민지가 아니라는 것과 함께 주장하기 위해 이하는 이 '개성'을 정의하려 한 것이다. 나아가 이러한 구별의 몸짓에는 이하 자신이 청일전쟁 때 오키나와 주민들에 대한 말살계획과 자신이 그것을 수행하는 쪽에 서게 되었던 내전의 기억이 숨겨져 있다. 감지된 이 점령의 폭력을 이하는 오키나와의 '개성'을 일본 내부에서 제유적으로 위치 짓는 작업에서 불식해 가려 했다. 따라서 '개성'이 정지되는 것은 그때까지 불식하려 했던 점령의 폭력, 혹은 소멸시키려고 했던 내전의 기억, 나아가 류큐민족에게 총을 돌리기 위한 군사훈련을 받았다는 이하 자신의 기억이 그 존재를 주장하기 시작하는 것을 의미한다. 절망과 더불어 점령 상태가 확대된다.

그렇지만 '개성'의 정지로 시작된 것은 절망만이 아니었다. 「류큐민족의 정신분석」에서 자신의 결정불가능성은 "이것은 마음에서는 반드시 그렇게 하지 않으면 안 된다고 정해도, 뭔지 잘 모르는 다른 힘이 생겨나서 자신이 생각한 대로 하지 못하게 하는 것을 의미하는" "지문텐 아란"이라는 속담을 둘러싸고서도 전개된다.[64] 여기에서는 언어의 불가능성이 '뭔지 잘 모르는 다른 힘'을 감지하는 것과 연결되고 있다. '개성'이라는 '우리'가 곤란에 빠졌을 때, 이하는 절망과 함께 확대되는 점령상태에서 '다른 힘'을 감지한다. 그리고 이 지점에 맑스가 등장한다.

---

63) 여기서는 절망을 끌어안으면서도 말을 꺼내고 '곤란한 "우리"'를 수행적으로 표명하는 일을 염두에 두고 있다. 이 책의 서장 2-7 「재개」를 참조. 또한 이러한 이하의 절망에 버틀러의 다음과 같은 절망을 겹치고 있다. "여성주의자들의 '우리'는 언제나 환상일 수밖에 없다. …… 하지만 이 '우리'라는 위치가 희박하고 환상적이라 하더라도 절망의 원인은 아니다. 적어도 절망의 원인이 되지는 않는다." バトラー, 『ジェンダー・トラブル』, p. 250.
64) 伊波普猷, 「琉球民族の精神分析」, p. 8.

그렇지만 그 후 유물사관을 연구하여 **인간의 의식이 인간의 생활을 결정하는 게 아니라 그 반대로 인간의 사회적 생활이 인간의 의식을 결정**한다는 것을 이해함으로써 나는 환경이라는 것을 등한히 해서는 안 된다고 생각하게 되었다. 따라서 오키나와가 이렇게 된 원인을 그 제도에서 찾아야 한다고 생각하게 되었다.[65]

'개성'의 정지에서는 사회와 제도가 힘과 함께 발견된다. 여기에 위기와 가장 가까이에서 사유하는 이하가 있을 것이다. 그리고 이 경우 위기는 경제적 피폐도 소철지옥도 아니다. 위기란 사회를 다시 발견하는 기점이다.

나아가 이러한 위기 속에서 이하가 남도인(南島人)과 노동력을 기술하기 시작한 점을 상기해야 한다. 과잉인구 확대가 일으킨 사회체의 등기 양식이 붕괴되는 가운데 이하는 '개성'을 정지시켜 그 소진점(消盡點)에서 사회나 제도와 더불어 노동력을 발견한다. 이하는 위기 속에서 노동력으로서의 경험을 문서화하기 시작했다. 그것은 또한 이하가 이제 사회가 '개성'으로서는 부활할 수 없다는 것을 알고 있었다는 증거라고도 할 수 있다. 이 '개성'의 소진점에서 이하가 사회와 제도를 언급할 때, 거기에는 사회와 제도에 이미 등기할 수 없는 하수도가 동시에 발견되고 있다. 따라서 중요한 것은 이하가 위기의 수렁에서 발견한 사회와 제도는 곧바로 새로운 사회와 제도의 건설로 직결하는 것은 아니라는 점이다. 거기에서는 하수도에 자리한 자들만이 엿볼 수

---

65) 伊波普猷, 「琉球民族の精神分析」, p. 9. 강조는 원문.

있는 비판적 상상력을 간취해야 할 것이다. 또한 그렇기 때문에 구제의 법은 그 진압으로 향한다.

사회와 제도를 발견한 후, 이하는 그것들을 바로 구제가 필요한 사회라고 주장한다. "경제적 구제만이 우리에게 남은 유일한 수단이다"[66]라고 하면서 이하는 다음과 같이 말한다.

> 본 현은 매년 500만 엔의 국세를 납부하고 있지만 본 현이 받는 국고보조금은 불과 170만 엔에 지나지 않는다. 즉 300만 엔 이상의 대금이 국고로 수탈된다는 계산이 된다. 수탈된다고 하면 어폐가 있지만 국방이나 교육, 교통 등 국가에 필요한 설비로 사용된다. 그렇지만 본 현인은 그 은혜를 누릴 수 있는 일이 아주 적다.[67]

이하가 발견한 사회는 구제되어야 할 사회로서 곧바로 수치화되고 사실화되어 있다. '개성'이라는 '우리'의 정지에서부터 "은혜를 누릴 수" 없는 "본 현인"이 뛰쳐나오는 순간을 확인해 두자. 이 "본 현인"은 '개성'마저 부활시킨다.

> 우리가 납부해야 할 가장 귀한 세금은 개성 위에 핀 아름다운 꽃이어야 한다.[68]

---

66) 같은 글, p. 11.
67) 같은 글, p. 12.
68) 같은 글, p. 14.

「류큐민족의 정신분석」은 이 납세액으로 나타낸 '개성'으로 끝난다. '개성'은 닫히고, 그리고 그 순간에 수치화되어 사실화된 보충되어야 할 대상으로 다시 등장한다. 그것은 나가오카가 신탁통치에서 주창한 '개성'이기도 하다. 신청이 시작되었다. 그렇지만 이 '개성'의 정지에서 재개로의 전개에는 말을 잃고 끊임없이 폭력을 감지하는 소진점이 존재한다는 것을 확인해 두어야 한다.

2. 공통 이해

무엇이 시작되었는가. 무엇이 지금도 진행 중인가. 구제의 법을 향해 신청하고 계산 가능한 '우리'를 제시함으로써 성립되는 상담 과정이 시작된다는 것은 위기가 구제의 필요성으로 치환되어 가는 것이다. 그렇지만 그것만이 아니다. 위기 속에서 신청하기 시작한 자들이 통과했을 터인 소진점은 계산 가능한 '우리'를 끊임없이 위협함과 동시에 점령의 폭력과 노동력의 낭비를 감지하는 신경이기도 하다. 따라서 구제의 법이 계속되는 와중에서, 이러한 소진점은 부단한 예방적 탄압을 받을 것이다. 구제의 법을 둘러싼 정치란 미리 설정된 테이블에서의 상담이 아니다. 법이 역사를 획득하기 위해서는 끊임없이 위기가 치환되고 소진점이 진압되어 가는 것이 전제가 된다. 거꾸로 말하면, 이러한 상담은 늘 위기에 노출되어 있다.

이하는 구제의 법을 요구하며 "본 현인"이라는 "우리"를 주장했다. 이 '우리'에 대해 이하는 다음과 같이 말한다.

당쟁을 멈춰라. 분취(分取)주의를 버려라. 서로 협력 일치하여 이 근본문제의 관계에 열중하자.[69]

"협력 일치"하여 신청하는 "본 현인"이 여기에 있다. 여기에 이르러 '우리'의 곤란함은 말의 곤란함이 아니라 "당쟁"이나 "분취주의"로 이행한 점에 주의하자. 말의 곤란함은 "협력 일치"라는 합의 문제 속에서, 역으로 "당쟁"이라는 이해의 대립으로 설정되어 있다. 이 설정으로 말의 곤란함은 신청을 하기 위한 이해 조정과 합의 형성이라는 과제로 해소되고 만다. 이 이해는 말할 것도 없이 계산 가능하며 곤란함은 해결 가능해진다.

'우리'의 곤란함이 '우리'라는 이해에 대한 합의의 곤란함으로 치환되는 가운데 이 합의를 도맡아 관리하는 대리인이 등장하기 마련이다. 이 대리인은 전술한 요구를 청취하는 매개자이기도 하다. 이들은 양심적인 관찰자이자 진실을 들으려 심문을 거듭하는 경찰관이기도 했다. 나아가 이 대리인은 공통 이해에 대한 합의를 어렵게 하는 비용이나 리스크를 떠맡아 줌과 동시에 사람들에게 '우리'에 참여하기를 강요하는 조직자이기도 할 것이다. 그리고 이러한 관찰자, 경찰관, 조직자의 얼굴을 모두 가진 대리인의 등장이야말로 구제의 법과 함께 시작된 정치의 하나의 귀결이다. 그것은 이 대리인에 의해 조직되어 공통된 이해를 갖는 '우리'가 구제의 법에서의 숨겨진 법의 집행자, 환언하면 통치기관으로서 등장하는 것이기도 하다. 구제의 법 등장에 수반

---

69) 伊波普猷,「琉球民族の精神分析」, p. 12.

되는 새로운 사회는 이러한 '우리'로 구성된다.

오키나와 진흥계획을 제정하는 가운데 오키나와현회에서 "이 큰 계획, 큰 방침에 대해 조금이라도 방해를 하는 사람은 누구를 막론하고, 또 아무리 막강한 큰 회사라도, 모두 우리 현민의 적입니다"라는 발언이 있었다.[70] 즉 구제의 법을 신청하는 것은 구제되어야 할 오키나와와 걸맞지 않는 징후, 환언하면 구제를 원해 신청되는 공통 이해에 반하는 존재를 '적'으로 간주해 가는 것을 수반한다. 이 '적'의 적발이야말로 관찰자, 경찰관, 조직자의 얼굴을 모두 가진 대리인의 역할이다. 그렇다면 이 '적'은 누구인가. 공통 이해에서 정의된 '우리'를 결정적으로 위기에 빠뜨리는 자는 누구인가. 이들은 '우리'의 소진점에서 방어태세를 취하고 있는(sur la défensive) 자들이다. 구제의 법의 임계에 몸을 숨기고 있는 사람들이다. 이들은 하수도에 살면서 점령과 낭비를 감지한다. 그렇기 때문에 공통의 이해를 갖는 '우리'와 대리인은 이 소진점에서 방어태세를 취하고 있는 자들을 진압할 것이다.[71]

또한 신청이 시작되자 소진점에서 방어태세를 취하고 있는 자들은 공통된 이해에 반하는 자들로 명명되어 실체화될 것이다. '적'이라는 표현에는 분명 인격화 작업이 존재하여 '적'은 공통된 이해에 반하

---

70) 「第四七回通常県会議事録」, 『沖縄県史 3』, p. 737.
71) 풀란차스는 영토획득과 같은 노골적 폭력과 법과 관련된 폭력을 구분해 그것을 시계열적으로 표현하면서 후자에 대해 이렇게 말한다. "국가는 규범을 정하고, 법률을 선언하며, 그것을 통해 명령·금지·부인의 최초의 자리를 만들어 낸다. 이렇게 해서 폭력의 대상과 적용의 자리를 설정한다." 즉, 여전히 작동하는 영토확장의 폭력만이 아니라 구제법이 등장함에 따라 생겨나는 "폭력의 대상과 적용의 자리"가 바로 구제법의 등장과 관련해서 논의되어야 한다. プーランツァス, 『国家·権力·社会主義』, p. 80.

는 이기적 이해를 가진 인격으로 발견된다. 그렇지만 소진점에서 방어 태세를 갖추고 있는 자들은 이러한 '적'이라는 표현과 관련된 개인으로 추출돼서는 안 된다. 왜냐하면 개인으로 인격화된 시점에서 이미 신청은 시작되었으며, 소진점의 존재는 개인의 이해로 치환되었기 때문이다. 그 결과 '우리' 안에 조직되든지, 혹은 '적'으로 설정되든지 간에 계산 가능한 존재가 되고 만다. 소진점이란 이러한 개인을 단위로 한 이해 문제도 아니고 적과 아군을 구분하는 데서 표현되어야 하는 것도 아닌, 그야말로 신청한다는 행위에서 반드시 통과한 지점으로, 이것은 신청자에게 이미 함축되어 있다. 그것은 예컨대, 이하가 계산 가능한 '개성'을 주장하면서 동시에 '개성'을 정지시킨 것처럼, 신청하는 가운데 주장되는 공통 이해를 갖는 '우리'를 늘 흘려서 신경을 곤두세우게 하곤 한다.

이하가 말하는 신청자(즉, '오키나와현민')은 언제나 이 소진점에 홀려 있다. 그렇기 때문에 이하는 거기서 신경을 늘이고 폭력을 예감하면서 다른 기술(記述)도 생성해 갔다. 또한 나가오카가 말하는 '오키나와민족'도 홀려 있으며, 신청하는 데서 등장하는 이러한 소진점에 홀린 '개성'이 바로 아사토 데쓰시가 말하는 '오키나와'일 것이다.[72]

---

72) 소진점(消尽点)은 이미 지나간 과거도 아니려니와 지리적으로 포위된 사태도 아니다. 이는 신청과 승인의 정치 안에서 다음을 준비해 가는 행위의 기점이며, 그곳에서 끊임없이 짜내는 주체화가 바로 현실인 것이다. 또 그렇기 때문에 그것은 동시에 현실과 동떨어진 지점이기도 하다. 소진점은 지금도 존재한다. 이 책에서 지금까지 논의해 온 구체적 사상도 모두 이 소진점과 관련된다. 바로 그런 이유로 이 표현을 증후학적인 이름으로 명명하거나, 이론적인 용어로 치환하지 않기를 바란다. 이 책에서 말하는 소진점이란 오키나와라는 이름을 둘러싼 매우 구체적인 문제이다.

3. 공작자의 패배, 혹은 계속되는 위기

나가오카가 『오키나와민족독본』을 출간한 다음 해인 1947년, 이하는 마지막 저서 『오키나와역사이야기』를 간행했다. 죽기 한 달 전이다. 이 책은 『오키나와여 어디로』(1928)를 바탕으로 집필한 것으로 되어 있지만 소철지옥에서 패전 후에 이르는 시기에 대한 기술은 분명 가필된 것이다. 전후에 이른 이 시기는 거칠게 말하면, "어쨌든 오키나와 부흥계획이 진행되는 중에 일본의 정치 정세가 변전한 것은 오키나와에게는 아주 불행한 일이었다"라는 표현으로 요약되는 바와 같이, 구제의 역사로서 이해되고 있고, 1947년만 해도 구제는 아직 진행되는 도중에 있었다.[73] 이 도정에서 이하는 마지막 글을 썼다.

> 그런데 오키나와의 귀속문제는 곧 열릴 강화회의에서 결정되겠지만 오키나와인은 그때까지 귀속문제에 관한 희망을 말하는 자유를 갖는다고는 해도 현재의 세계 정세에서 추측건대 자신의 운명을 스스로 결정할 수 없는 처지에 놓여 있음을 알아야 한다. 그들은 그 자손에 대해 **이러고 싶다고** 원할 수는 있지만 **이래야 한다고** 명령할 수는 없을 터이다. 이것은 현의 설치 이후 불과 70년 동안에 인심이 변화한 것을 봐도 납득될 것이다. 아니, 전통조차도 다른 전통으로 바뀌는 일을 각오해 두어야 한다. 모든 것은 나중에 오는 이들의 의지에 맡길 수밖에 없다. 어쨌든 어떤 정치 아래 생활했을 때 오키나와인이 행복해질

---

73) 伊波普猷, 『沖繩歷史物語』, 沖繩靑年同盟中央事務局, 1947, 『全集 2』, p. 454.

까 하는 문제는 오키나와사의 범위를 넘는 것이기에 그것은 일절 다루지 않고 여기서는 단지 지구상에서 제국주의가 종언을 고할 때 오키나와인은 '니가요'〔にが世, 고통스런 세상〕에서 해방되어 '아마요'〔あま世, 행복한 세상〕를 즐기며 충분히 그 개성을 활용해 세계의 문화에 공헌할 수 있다는 한마디를 추기하며 붓을 놓는다.[74]

이하의 절필에 대해 많은 해석이 집중되었는데, 그 속에서 지금 아사토 데쓰시의 솔직한 평가만을 인용한다. "패배선언."[75] 이미 사체가 된 이하를 다양한 이름을 붙여 떠받들기 전에 이 글이 '패배'를 인정한 것임을 확인해야 한다. 구제는 아직 도중에 있다. 이 구제의 법안에서 이하는 이미 신청했고 정치는 계속되고 있다. 전통마저 바뀌고, 자기의 운명을 스스로 결정한다는 따위는 도저히 이루어질 수 없는 상황에서 이하는 말을 만들어 내고 전전(轉戰)하고 공작해 왔을 것이다. 그러한 이하가 정치는 다루지 않는다고 선언한다. 정치는 오키나와사의 범위를 넘는다고 본 것이다. 자신들의 운명을 결정하는 것이 불가능하다는 것이 비참한 것도 패배를 의미하는 것도 아니다. 불가능성을 스스로가 지어 온 말 밖으로 내던진 것이야말로 패배이다. 왜냐하면 그 순간 소진점에서 방어태세를 취하고 있는(sur la défensive) 자들은 역시나 말 밖에 놓이게 되기 때문이다. 그때 제국주의는 역사의 모든 것에 대한 결정권을 갖는 존재로 초연하게 등장하고, 그 뒤에

---

74) 같은 책, p. 457. 강조는 원문.
75) 安里哲志, 「「日琉同祖論」その可能性と不可能性—伊波普猷試論」, 『あやみや』 2号, 沖縄市立郷土博物館, 1994, p. 26.

는 반들반들한 사탕과 같은 '개성'이 남는다. 구제의 법은 도중에 있고 군사적 네트워크와 지역연구와 함께 바로 지금 제국이 뛰쳐나오려 하고 있는 그 순간 이하는 몸을 뺐다. 이하의 '개성'에는 그 소진점이 이미 매몰되어 있는 것은 아니었을까. 해방으로 보이는 것이 제국의 재개였다는 받아들이기 어려운 전개 속에 '개성'이 공통 이해로 그 중핵을 맡으려 할 때, 소진점에서 신경을 곤두세워 폭력을 예감하며 법의 역사와는 다른 역사를 법 안에 잠시 멈춰 서서 생성해 가는 일이야말로 '개성'을 내세우는 신청자의 공작자로서의 기술이 아니었을까.

그리고 이하의 절필을 "패배선언"으로 이해한다는 것은 이하가 공작자로서 기술해 갔다는 것을 이해하는 것이기도 하다. 공작자의 패배에 개인명을 붙이는 의의는 유일하게 그 투쟁을 계속시키는 데에만 있다. 패배자로서 이하의 글을 읽는 일은 이하라는 개인명으로 서명된 말을 계속 중인 궤적으로서 지금 읽는 것 이외에는 없을 것이다. 이때 개인화, 신격화, 고유화는 가장 경계해야 할 독서 형태이다. 이런 의미에서 이하 후유는 읽고 버려져야 한다.

이 새로운 제국이 도달하는 오늘날의 세계화란 경제사적인 단계가 아니라 잠재적으로 이어져 온 방어태세를 갖추고 있는 자들이 계산 가능한 '우리'도, 또 그 '적'도 아닌 얼굴을 가지면서 잇따라 등장하는 사태이다. 이름이 없거나 다양한 이름을 가진 이들의 얼굴에는 신경이 드러나고 있다. 그것은 신청하는 자들에게 매몰되어 있던 소진점에서 성장한 신경이기도 할 것이다. 이 신경은 폭력을 예감하고, 또 서로 결합한다. '제국주의에 종언을 고하는' 자들은 바로 이들이다. 하수도가 수량(水量)을 늘리면 늘릴수록 이들의 신경계 또한 확대되어 간다.

후기

이 원고를 마무리한 것은 2001년 9월 19일이었다. 이날은 나를 위해서도 기록해 놓아야 한다. 9월 11일 이후의 사건이 후기를 쓰는 내 상황을 침식한다.

텅 빈 황야에 벙커버스터를 땅 깊이 묻는 부시의 소행을 본 자들은 대지가 내지르는 단말마의 비명을 들어야만 한다. 샤론(Ariel Sharon, 이스라엘 전 수상)이 자행한 학살에 가까운 광경을 목격한 자들은 왜 자신이 무장 헬리콥터의 표적이 되지 않는지, 앞으로도 표적이 되지 않을 것이라고 믿을 수 있을지를 다시 생각해 볼 필요가 있다. 비명을 흘려듣는 일 없이 자신이 살아갈 세계를 검증하기 위해서는 지금이 가장 말이 필요할 때일 것이다.

그런데 현기증이 날 정도로 내용 없는 요설이 세계를 부식시키고 있다. 단말마의 비명이 들리고 학살이 벌어지고 있던 바로 그 옆에서 아무 내용도 없는 말을 내뱉고 있는 NHK 아나운서의 의기양양한 얼굴을 볼 때마다 그자들이 말하는 사회라는 것을 온몸으로 거부하겠다는 생각을 굳힌다. '테러와의 전쟁'이라는 소름 끼칠 정도로 공허한 말

을 상기된 얼굴로 지껄이는 그자들을 나는 결코 용서하지 못할 것이다. 그것은 부시와 샤론 그리고 고이즈미(小泉)만의 문제는 아니다. 정치인이든 언론이든 기업이든 군인이든 외교관이든 그들은 모두 적을 놓치지 않기 위해 마르코스(Marcos) 부사령관이 그랬던 것처럼 권력 지향적이다(마르코스 부사령관, 「逆さに覗いた望遠鏡」, 崎山政毅 訳, 『批評空間』 III-1, 2001).

거절과 동시에 등골이 서늘해짐을 느낀다. 그 감촉을 맛보면서 이렇게 내용 없는 말이, 내용이 없기 때문에 만들어진 세계로부터 나의 일부가 벗어나 있음을 은밀히 확인해 본다. 신체라고 부를 수도 있는 이 벗어난 부위는 세계로부터 퇴각하기 위한 비장의 상처이기도 하다. 그리고 이 상처는 치유를 단호하게 거부한다. 상처는 치유되는 것이 아니다. 비장의, 은밀하게 연락을 주고받는 신경인 것이다. 전세계를 상대로 계속해서 전투태세를 취하고, 9월 11일 마침내 최고 수준의 테러 경계령인 '포스 프로텍션 컨디션 델타'(Force Protection Condition D)를 발령하고, 다음 날 게이트를 넘어와 주민들을 총으로 위협하기 시작한 가데나[오키나와 미군기지 소재지] 옆에서 꼼짝하지 않고 계속 방어태세를 취하고 있는 자들과 말을 매개로 연결하고자 한다면, 이 상처를 매개로 하는 것 이외에는 다른 방법이 없다.

포학(暴虐)은 결코 지금 시작된 것은 아니다. 말의 부식 역시 이미 세계 각지에서 심화되고 있었고 이는 9월 11일을 계기로 명백해졌다. 헨미 요(辺見庸)는 이 부식을 '말의 무효'라고 표현했다. 어쨌든 중요한 것은 그가 기술을 계속하는 것처럼 말을 손에서 놓아 버려서는 안 된다는 것이다.

부식에 저항하면서 말을 만들어 내야 한다. 그 말이란 우선은 읽지 않고 내버려진 전단지이며, 길 위에 사라져 가는 선동(agitation)일 것이다. 아무에게도 들리지 않는 허공으로 사라져 가는 선동을 나는 예전에 사적인 자리에서 '말이 부서지는 경험'이라고 표현한 적이 있다. 지금 다시 생각해 보면, 전단지는 내버려질지라도 써야 하고, 허공으로 사라져 버릴지라도 선동은 계속되어야 한다는 것이다. 그것은 비장한 결의표명이 아니라, 사회로부터 고독하게 격리될 수 있도록 해주는 구아야키[Guayaki, 파라과이 선주민족]의 독창과도 같다.

물론 어떤 말로 전단지를 쓰고, 어떤 매체로 선동하는가는 중요한 문제지만, 전단지를 쓰지 않고 메가폰을 잡지 않는 순간부터 시작되는 사태에 미래를 맡길 수 없는 것만은 명백하다. 왜냐하면 폭력은 그 자리에서만 도구가 될 뿐이며 동시에 그것은 말이 폭력에 대한 무력이 됨을 의미한다. 조금 케케묵은 표현을 하자면, 폭력을 주체화의 문제로 보지 않는다면 주체화와 관련된 말은 폭력을 놓쳐 버리고 만다. 폭력이 사고되지 않게 된 후에는 '테러와의 전쟁' 따위와 같은 내용 없기 짝이 없는 말이, 도구로서의 폭력의 운용에 편승해서 유통되는 사태만 남게 된다. 힘이 있는 말이 생겨나는 것은 양자의 임계 영역인 것이다. 또, 이 책에서 말하고자 한 것은 이하 후유의 말을 그러한 지점에서 발화된 것으로 묘사하는 일이었다.

언제나 의연한 자세로 말을 대하는 다케무라 가즈코(竹村和子) 씨와의 대화에서 공감할 수 있었던 것은 글을 쓸 때 느끼는 세계와의 결합감이다. 이 안에는 글쓰기의 가능성 혹은 위험성이 모두 존재한다고 생각한다. 바꿔 말해서 글쓰기의 쾌락이라 할 수 있을지 모른다. 나 자신은 비참함을 개인적 경험에 가둬 버리기보다는 그곳에서 이론적 경구(警句)를 발화하는 편이 의미 있을 것이라고 생각하며, 그러한 문체로 세계와 소통하고 싶다. 그런데 이론적인지 아닌지는 기본적으로 아무래도 상관없다. 그보다도 말이 무효화되어 가는 이 세계에서 어떻게 글로 소통할 것인가, 글쓰기를 통해 사회를 생성하는 힘을 획득하기 위해서는 무엇을 해야 하는가가 더 중요하다. 학문에서 말하는 이론과 실증, 혹은 운동에서 말하는 이론과 실천이란 이런 물음 속에서 비로소 문제화되는 주제에 불과하다. 이론과 실증, 혹은 이론과 실천이라는 구분이 얼마나 보잘 것 없는지는 혹은 이론적인 것이 곧 정치적인 것임을 피해 가면서 한층 더 이론적인 것을 추구하고자 하는 철저함은 오래된 친구 나가하라 유타카(長原豊) 씨에게 배웠다.

그리고 나는 지금, 젊은 친구들의 논문이라고 불리는 글이 힘을 가지기 위해서는 어떻게 하면 좋을지를 고민하고 있다. 이는 또, 사키야마 마사키 씨, 천광싱 씨와 함께 고민하는 문제이기도 하다. 이 두 동료와 함께해 온, 때로는 확산되어 버리는 인간관계는 나에게 동지라고 부를 만한 존재이다. 모리 요시오(森宣雄) 씨도 이런 동지 중 한 사람이다. 이러한 사람들과 함께 조금 과장해서 말하면 논의를 계속하고 힘이 될 장소를 생산하려 하고 있다.

*

이 책에 실린 글은 1995년 봄부터 1년간 체류했던 뉴욕 주 이타카에서 시작한다. 사카이 나오키(酒井直樹) 씨, 브렛 드 베리(Brett de

Bary) 씨 그리고 그 자리에 모인 대학원생들과 재미있게 지내던 가운데 문화연구라든가 포스트콜로니얼 연구의 흐름을 알게 되었고, 이와 동시에 그 문제점도 생각하게 되었다. 당시 이타카에 체류하고 있던 엔도 가쓰히코(遠藤克彦) 씨는 앞으로 무엇을 생각해야 할지를 정확하게 제시해 준 소중한 친구였다. 이 두 가지 흐름은 그 후 다양한 형태로 유통되었으며, 때로는 '카르스타' 라든가 '포스콜로'*라는 식의 야유를 받으면서 오늘에 이르고 있다. 한 명 한 명 이름을 거론하진 않겠지만 나 역시 많은 동료들과 함께 이 부류 속에 분류되었다. 어쩌면 나 스스로도 의식적으로 그렇게 분류되길 원했는지 모른다. 또한, 7년 동안 내가 쓴 글 역시 이러한 전개에 대한 공감과 위화감이 뒤섞인 것이었다. 그래서 이 책을 정리하는 데 그 출발점이었던 이타카를 항상 떠올리게 되고, 사카이 씨와 엔도 씨의 존재가 매우 컸음을 느낀다. 또한, 내가 이런 학문적 흐름에서 무엇을 기대해 왔으며, 거기서 무엇을 볼 수 있었는지를 총괄하는 물음이 통주저음으로 항상 존재했다. 따라서 이 책은 그런 흐름에 관여했던 한 사람으로서의 일종의 '뒷수습'이라고 할 수 있겠다.

나는 학문적 명칭 따위는 그다지 중요하게 생각하지 않는다. 비판이든 야유든 간에 그것들은 모두 학문적 구분이나 명칭을 둘러싼 자리싸움과 같은 보신(保身)의 몸짓처럼 느껴진다. 그러나 거꾸로 생각하

---

* 문화연구(cultural studies)와 탈식민주의연구(postcolonial studies)의 약칭. 1990년대에 한 비평가가 이들 연구가 방법론에 대한 진지한 성찰 없이, 여러 학문 영역을 손쉽게 횡단하거나, 어려운 말로 말놀이 하는 것에 불과하다는 의미에서 '카르스타' 라고 낮추어 부른 데서 비롯된 말들이다.

면, 그것은 이런 흐름을 타고 단지 자리에 연연해하는 자들을 초조하게 하는 힘을 갖고 있을지 모른다. 특히 타이완, 한국, 홍콩, 싱가포르 등지에서는 유행하는 수입학문이 아닌, 각자의 자리에서 기존의 영역을 재편성하고, 사회운동과의 긴장관계를 수반한 새로운 관계 생성으로 등장했다. 거기에서는 학문분야의 명칭 따위는 아무래도 좋은 것이다. 명칭을 둘러싼 자리싸움을 볼 때, 나는 문화연구라든가 포스트콜로니얼 연구라는 호칭 싸움은 이제 그만두는 게 좋지 않을까 생각한다. 또 케케묵은 표현을 하자면 글은 밀폐된 교실에서 사용되는 교과서가 아니라, 버려지는 전단지이며, 팸플릿이라는 사실임을 주지하고 말을 자아낼 때의 긴장감을 생성하는 것이라고 생각한다.

이 긴장감이란, 오래된 친구인 사이가 게이코(雜賀惠子) 씨가 현장배기(現場拜棄)라는 말로 가차 없이 비판했던, 현장에 가지 않으면 알 수 없다는 식의 문제가 아니다(그렇다고 가지 않아도 된다는 뜻은 아니다). 한마디로 말하자면 미래를 그리는 상상력의 문제다. 또 이런 상상력이 바로 말이 갖는 힘일 것이다. 이정화(李静和) 씨의 글을 읽고 그것을 확신했다. 앞서 말했던 토론의 장을 만들어 내고 싶다는 말은 이러한 상상력을 생산하는 자유롭고 지속성이 있는 토의의 장(場)을 의미한다. 그것은 예컨대 니하라 미치노부(新原道信) 씨가 주장하는 본래적 의미에서의 심포지엄(饗宴), 즉 마음을 같이 하는 동료들과 한잔하면서 밤이 깊도록 이야기를 나누는 것이다. 혹은 융탁〔오키나와어로 수다를 떤다는 의미〕이다.

어쨌든 나는 대학에서 교육하는 입장이다. 만약 대학이란 제도가 이런 상상력을 저해하는 곳일 뿐이라면 미련없이 떠나는 편이 좋을 것이라고 생각지만, 다른 한편으로는 대학에서 만나는 동료와 대학원생과의 관계는 여전히 내게 중요하다. 오기노 미호(荻野美穂) 씨, 가와무라 구니미쓰(川村邦光) 씨, 스기하라 도루(杉原達) 씨, 나카무라 이쿠오(中村生雄) 씨 등과 같은 좋은 동료들이 있는 직장 환경은 앞으로 토론의 장을 함께 만들어 갈 소중한 사람들이다.

그리고 이 책과 관련된 사람들 몇몇을 더 언급하고자 한다. 후카다 다쿠(深田卓) 씨의 초인적 노력으로 계속 출간되고 있는 『임팩션』(インパクション)의 편집위원을 맡은 지 오래되었는데, 그 모임에서 만난 보기 드문 타입의 편집위원회 멤버들과, 편집 작업 중 만나는 많은 분들과의 논의는 말을 엮어 내는 작업이 얼마나 열린 형태로 진행되어야 하는가를 내게 가르쳐 주었다. 운동현장 보고부터 까다로운 논문까지 포함한 이 잡지는 말의 부식이 진행되는 요즘 점점 더 그 중요성을 더하고 있다. 또한, 이 책의 편집자인 고지마 기요시(小島潔) 씨를 비롯해 고마고메 다케시(駒腐武) 씨, 오가와 마사토(小川正人) 씨와 함께 진행 중인 비밀 작업 동아리(통칭 '포치 모임'〔포치는 일본에서 가장 흔한 강아지 이름으로, 필자가 키우는 강아지 이름이기도 하다〕)는 사료(史料)를 읽는 것이 상황에 개입하는 힘을 갖는가를 확인하는 장이기도 하다. 그것은 역사학이라든가 사상사 연구에서 흔히 사료적 가치라고 말하는 시시한 것이 아니다. 이 사료 독해 세미나에서 만난 사람들과 함께 우리가 기쁨을 갖고 확인한 것은 현재 상황에 개입하기 위해서는 사료를 정확하게 읽어야 한다는 당연한 사실이다. 그리고 '오키나와 융탁(수다)'이다. 노무라 고야(野村浩也) 씨가 페이스메이커 역할을 맡고 아라가키 마코토(新垣誠) 씨, 아라가키 쓰요시(新垣毅) 씨. 시마부쿠로

마리아(島袋まりあ) 씨, 다마키 나쓰코(玉城夏子) 씨, 히가 바이론(比嘉光龍) 씨 아사토 데쓰시(安里哲志) 씨, 도바루 가즈히코(桃原一彦) 씨, 이케다 미도리(池田綠) 씨, 마시코 히데노리(ましこひでのり) 씨, 모토야마 겐지(本山謙二) 씨, 긴조 마사키(金城正樹) 씨 등으로 구성된, 아메바처럼 움직이는 이 세미나와 같은 논의의 공간(융탁)이 없었다면 이 책은 태어나지 않았을 것이다. 융탁은 관계를 새롭게 구성하면서 생성하고 사회성을 잠재적으로 마련하기 때문에 이미 정치적이다. 이 '오키나와 융탁'의 장은 틀림없이 새로운 정치를 시작할 것이다. 물론 나도 동참한다.

이러한 관계는 모두 열린 것은 아니다. 사이버 공간이 매개하는 말의 역할이 점차 중요해지고 있음은 말할 필요도 없겠지만, 동시에 지금 요구되고 있는 것은 논의를 수행하고 말을 재구성하고, 생산해가는 대면(對面)적이고 매우 구체적인 공동 작업을 수행할 때의 규칙과 방법을 구성하는 일이다. 이것은 곧 바로 사이버 공간과 연결되는 것을 의미하지 않으며, 그렇다고 개인적인 관계를 추구하는 것도 아니다. 바르작거릴 수밖에 없다.

*

5년 전 '오키나와 융탁' 친구인 웨슬리 우에운텐(Wesley 上運天) 씨를 따라 북 캘리포니아 오키나와현인회 피크닉을 갔다. 그때 올드 맑스주의자라고 소개된 한 노인이 아무 말 없이 내게 두 가지 복사물을 주셨다. 하나는『이하 후유―사람과 사상』(伊波普猷―人と思想, 外

間守善 編, 平凡社)에 수록된 호카마 슈젠(外間守善)의 「이하 후유의 학문과 사상」의 마지막 부분을 요약한 자필 원고를 복사한 것이다. 다만 원본에 표기된 원호〔元號, 천황에 따라 시대를 구분하는 방식〕는 모두 서기로 수정되어 있었다. 또 하나는 이하가 사망한 다음 해에 출간된 잡지 『청년 오키나와』(青年沖縄)에 실린 것으로 이하가 편집한 「가와카미 박사 서간집」(河上博士書簡集)을 복사한 것이다. 이것은 1943년 가와카미 하지메(河上肇)가 이하에게 보낸 편지를 묶은 것이다. 이 피크닉을 갔을 때에는 이미 이 책의 2장과 관련된 글을 완성했지만, 지금 돌이켜보면 샌프란시스코 교외에 위치한 공원에서 오키나완 아메리칸(Okinawan-American)이자 맑스주의자인 노인에게 전해 받은 첫번째 복사물, 즉 곳곳에 주석이 달린 흔적이 있는 이하의 문장을 만난 것이 이 책의 논의의 방향을 결정하는 데 큰 역할을 한 것 같다.

내가 오키나와라는 말을 직접 접했던 것은 아마 초등학교 저학년 즈음 어머니가 오키나와와 관련된 흑백 영화 상영회에 데리고 가주셨을 때가 아닌가 싶다. 제목은 기억이 나지 않지만 당시 전군노(全沖縄軍勞働組合)위원장이었던 우에하라 고스케(上原康助) 씨가 MP(미국육군경찰)에게 고문을 당하는 장면만이 무서운 기억으로 어린 나의 뇌리에 새겨졌다. 어머니는 무슨 생각을 하시면서 그 영화를 보셨을까? 여쭤 보고 싶지만, 대학에 입학해서 내가 처음 오키나와를 찾았을 때 어머니는 이미 세상을 떠나셨다.

앞서 말한 샌프란시스코 교외 공원에서 전해 받은 가와카미 하지메의 서간에는 이하가 책과 흑설탕을 보내 준 것에 대한 감사의 말이 들어 있다. 가와카미가 영양실조로 죽기 2년 반 전 날짜가 적힌 이 편지에서 가와카미는 이하가 부쳐 준 흑설탕 선물을 '보물선'이라고 표현하고 있다. 가와카미가 그 '보물'을 고향 이와쿠니(岩国)에 계시는 어머니와 근처에 살던 손녀와 처조카들에게 나누어 주었다는 이야기가 나온다. 그곳엔 어머니도 계셨을 것이다. "이하가 보내 준 흑설탕을 드시고 계실 것이다."

오해가 없도록 부언하자면 이 이야기에 무언가 그럴싸한 의미를 부여하려는 것은 아니다. 이것은 말 그대로 '후기'다운 에피소드일 뿐, 거기에 해석이라든가 분석을 덧붙이고자 하는 어리석은 사람은 없을 것이다. 단, 나는 나를 관통하는 착종된 수맥이 이 순간 서로 부딪치는 것을 느꼈다. 그 충돌로 발생한 자장(磁場)은 여전히 나를 사로잡고 있으며, 이 책에서 거의 언급하지 않았던 이하와 가와카미의 관계라는 큰 논점은 이런 자장의 구속에 몸을 담그는 것에서부터 시작해야만 한다고 생각한다. 캘리포니아의 끝없이 맑은 하늘 아래 맑스주의자 노인과의 만남은 '제국주의가 종말을 고할 때'라는 이하의 말과 함께 어머니와의 뜻밖의 재회를 나에게 각인시킨 것이다.

이 책은 연구계획이나 프로젝트 결과물이 아니라 사람들과의 만남에서 나누었던 말들로 만들어진 것이다. 후기에서 이름과 모임에 대해 언급했던 것은 '아는 사이'임을 드러내거나 어떤 특별한 날에만 그럴싸한 말로 감사를 표현하기 위함도 아니다. '후기'를 쓸 수 있는 흔치 않은 기회를 빌려 앞으로 나아가야 할 방향성을 언급해 두고 싶었기 때문이다. 직접 이름을 언급하지 않았던 사람들도 포함해 여기서 언급한 모든 사람은 내게 앞으로도 소중한 사람들이다. 아울러 이 책을 담당해 주신 고지마 기요시 씨, 『사상』(思想) 편집부의 시미즈 에리

(淸水愛理) 씨, 『현대사상』 편집부의 이케가미 요시히코(池上善彦) 씨, 출판사 진분쇼인(人文書院)의 마쓰이 준(松井純) 씨도 이 안에 포함시키고 싶다. 앞으로도 잘 부탁드린다.

*

감사의 말을 전하고 싶은 세 '사람'이 더 있다. 먼저 아침 일찍 일하는 나와 같이 눈을 뜨고 글 쓰는 내 옆에서 다시 코를 골며 자는 포치. 고맙구나. 위로라는 말은 별로 좋아하지 않지만 너에게는 할 수 있겠구나. 다음으로 첫번째 독자로 늘 신랄한 의견을 던져 준 후루쿠보 사쿠라(古久保さくら) 씨. 당신과 함께한 세월이 이미 내 인생의 절반을 넘었습니다. 당신을 만나서 행복했다는 부끄러운 말도 당신에게는 할 수 있습니다. 마지막으로 오쿠노 로스케(奧野路介) 씨. 이 책을 쓰는 데 당신이 떠오르리라고는 솔직히 생각하지 못했습니다. 당신이 주신 논문과 당신이 던진 말을 상기하면서 당신이 도대체 무엇을 원하고 무엇에 초조해하고 무엇을 내게 전달하려고 했는지 지금도 생각하고 있습니다. 당신이 잠들어 있는 곳에 아직 한 번도 찾아가지 못했는데 다음에 하이라이트 담배와 캔맥주, 그리고 이 책을 갖고 가겠습니다.

2002년 5월 15일 새벽
교토 요시다에서
도미야마 이치로

이 책 각 장의 출처

각 장과 관련된 최초 수록 논문 목록을 붙인다. 모든 글은 대폭 수정했으므로 원형이 남아 있지 않은 것도 적지 않다. 수정 방향은 서장을 참조하기 바란다.

1장_증후학
- 「国民の誕生と「日本人種」」, 『思想』845号, 岩波書店, 1994.

2장_내세우는 자
- 「琉球人という主体─伊波普猷における暴力の予感」, 『思想』878号, 岩波書店, 1997.

3장_공동체와 노동력
- 「熱帯科学と植民地主義」, 伊豫谷登士翁・酒井直樹・ブレット・ド バリー 編, 『ナショナリティーの脱構築』, 柏書房, 1996.
- 「動員される身体─暴力と快楽」, 小岸昭・池田浩士・鵜飼哲・和田忠彦 編, 『ファシズムの想像力』, 人文書院, 1997.

4장_출항자의 꿈
- 「ユートピアの海」, 春日直樹 編, 『オセアニア・オリエンタリズム』, 世界思想社, 1999.

종장_신청하는 자
- 「「地域研究」というアリーナ」, 『地域研究論集』第1巻 第3号, 1999.
- 「帝国から」, 『現代思想』第28巻 第7号, 2000.
- 「暴力の予感─「沖縄」という名前を考えるための序論」, 吉見俊哉・栗原彬・小森陽一 編, 『越境する知 II』, 東京大学出版会, 2000.

옮긴이 후기

『폭력의 예감』이 출판되었을 때, 일본에서의 반응은 매우 호의적이었다. 기존의 방법과는 다른 방식으로 자료를 해독하여 이른바 오키나와(沖繩) 연구라고 불리는 연구 영역과 이하 후유(伊波普猷) 연구 영역을 쇄신했으며, 역사학에 새로운 방법론을 제시했다는 평가를 받았다.

그러나 이 책은 역사학이나 사회학, 인류학 그 어느 쪽으로도 분류되지 않는다. 굳이 분류하자면 오키나와학이나 이하 후유 연구 정도로 구분할 수 있겠으나, 어떤 특정한 학문 영역으로 규정하는 것은 적절치 않다. 왜냐하면 이 책에서는 자료나 사료에 기술되어 있지 않은 많은 것들을 기술하고 있기 때문이다. 이 책은 오히려 역사학에서 말하는 실증사학과는 정반대의 위치에 자리하며, 기존의 역사학에 걸맞지 않은 '역사학'이라고도 표현할 수 있을 것이다. 서장에서 기술하고 있는 식민주의의 시기 구분, 지리 구분을 거부하는 도미야마 이치로의 입장은 분명 기존의 역사학 방법론과는 동떨어져 있다. 또한, '예감하다'라든가 '방어태세를 취하다'라는 말에서 보이듯이, 기술된 것이 기술된 것 그 이상의 것을 가리킨다는 것을 추론적으로 읽어 내려 한다.

이런 서술 방식은 어쩌면 독자들에게 자료의 속뜻을 무리하게 읽었다는 느낌을 주거나 조금은 억측으로도 비춰질 수 있을 것이다.

『폭력의 예감』이 일본에서 간행된 지 어느덧 7년이 흘렀다. 출판 후 얼마 동안 침묵했던 도미야마도 다시 글쓰기를 재개했다. 이 책에서 문제 삼았던 '지금·여기'의 상황은, 몇 년이 지난 지금도 여전히 변함없다. 폭력이 난무하는 한편에서, 자신은 마치 폭력과 관계없는 저편에 있다고 믿게 하는 담론에 길들여진 일상 속에서 '우리'는 살고 있다. 낯선 타자가 직접적으로 폭력을 행사하는 곳에서 아주 멀리 떨어진 그곳에서 말이다. 텔레비전 화면이나 인터넷을 통해 그곳을 바라보는 우리가 있는 이곳. 이곳은 명확하게 구분된 지정학적 구도가 폭력이 행사되는 장면을 '비일상'으로 몰아넣고, 우리를 '일상'의 장(場)으로 안주하게 한다.

도미야마의 지금까지의 연구 궤적을 일목요연하게 정리하기란 쉽지 않다. 거칠게 정리하자면, '기억', '정동(情動)/감정', '정신분석'이라고 요약할 수 있겠다. 여기서 '기억'은 도미야마가 지속적으로 문제삼아 온 주제이기도 하다(『전장의 기억』[임성모 옮김, 이산, 2002]참조). 도미야마는 『폭력의 예감』을 거치면서 더욱 정신분석 쪽으로 기울어간 것 같다. 그러나 정신분석 이론을 통해 도미야마가 시도한 것은 어떤 사건이 가져오는 심리적 외상을 마음의 상처나 질환으로 개인화하려는 것이 아니며, 그렇다고 집합적 기억이나 집단적 트라우마와 같은 말로서 전체화하려는 것도 아니다. 전쟁과 관련된 '기억'이 이야기되기 시작하는 지점과 그 이후에 어떤 일이 벌어질 것인가 하는 것을 문제 삼는다. 이야기된 기억의 진위를 심판하려는 것이 아니라, 이야기되고 전해 들은 이야기가 기술되는, 바로 그 지점에서 생기는 관계성을 어떻게 말로 표현해 갈 것인가가 문제인 것이다. 그것은 말로서 폭력에 대항하는 가능성을 탐색하려는 시도이기도 하다.

도미야마는 이하 후유가 예감하고 방어태세를 취했던 것을 지각했다. 그리고 도미야마가 예감한 것을 독자 역시 지각하게 될 것이다. 『폭력의 예감』 한국어판을 통해 그 지각으로 포착된 무언가를 그 다음 독자에게 계속해서 말로 표현해 가기를 기대한다. 우리는 또한 이하 후유와 오키나와의 저편에 있는 현재의 일본과 동아시아, 세계체제에 대한 우리의 이해를 확장하고 심화시켜 나가는 데 있어 이 책이 또 하나의 중요한 출발점이 되기를 바란다.

이 책이 번역되어 나오기까지에는 많은 난관이 있었음을 고백하지 않을 수 없다. 우선 도미야마의 서술방식이 낯설었다. 사용된 용어 하나하나에 도미야마만의 체취가 묻어 있었기 때문에 이를 무시하고 우리말로 옮기기가 쉽지 않았다. 따라서 번역과정에서 도미야마 교수에게 수차례 문의를 하여 정확성을 기하려 노력하였다. 이 책의 번역을 쾌락해 주었을 뿐만 아니라 번역과정에서의 역자들의 거듭된 문의에 시종일관 호의적으로 응해 준 도미야마 교수에게 감사드리고자 한다. 또한 그린비 출판사와 편집자인 박순기 씨에게도 사의를 표해야 할 것이다. 이분들의 호의에 대한 보답은 역자들의 더 한 층의 학문적 발전이라 믿는다. 스스로에게 또 다른 출발을 다짐한다.

2009년 3월 17일
역자 일동

찾아보기